오늘날 우리 사회는 정치적 관점과 선택을 놓고 양극화의 몸살을 앓고 있다. 진영주의에 입각한 사고와 정서가 합리적인 판단을 압도한다. 그리스도인들도 예외는 아니다. 아니, 오히려 그리스도인들이 이런 양극화의 한 축을 담당하고 있다는 우려의 목소리가 높다. 성경은 우리의 순조로운 교회 생활이나 내적 평안을 위한 가이드북이 아니다. 성경은 우리 삶의 전 영역에서 가장 중요한 가치와 원칙을 제공하는 하나님의 말씀이다. 따라서 그리스도인이 공공 정책을 평가하고 선거에 참여할 때 성경적 관점이 무엇인지를 아는 것은 필수다. 그렇지 않으면 그리스도인의 생각과 판단도 특정 정파나 이념의 이해관계에 이용당하거나 매몰되기 쉽다. 고대에 기록된 성경으로부터 오늘날의 복잡다단한 사회적 문제에 적용할 지침을 찾는 작업은 말씀에 대한 신실함과 현안에 관한 예리한 판단력을 요구한다. 저명한 복음주의 구약 신학자인 저자는 현대의 정치적 의제에 대한 성경적 원칙을 신중하고 면밀하게 추적함으로써 그 두 분야를 동시에 다루는 역량을 드러낸다. 저자가 말한 것처럼 오늘날 일부 그리스도인들이 종교적 자유와 가치라는 자기 확신 속에서 두려움과 정치적 공격성을 과도하게 표출하는 모습은 복음의 매력을 반감시킨다. 이 책은 그리스도인의 충실한 복음 사역과 사회적 책임 모두를 위한 매우 중요한 성경적 원칙들을 상기시킨다.

김선일 | 웨스트민스터신학대학원대학교 실천신학·선교신학 주임교수

2020년 11월에 열린 미국 대통령 선거를 앞두고 미국의 그리스도인들은 진보와 보수를 막론하고 선거와 투표에 어떻게 임해야 할 것인가? 저명한 복음주의 성서학자인 트렘퍼 롱맨 3세는 미국 선거가 열리는 시기에 맞춰 이 책을 저술하였다. 시의적절하고 지혜로운 작업이었다. 이 책에서 저자는 성경적 원리의 빛 아래서 선거에 쟁점이 될 만한 다양한 주제들을 다룬다. 또한 성경적 원리를 공공 정책에 대입하는 방식으로 논의를 진행하기보다는 성서학자답게 구속적-윤리적 궤도라는 성경의 원리를 식별해내고, 그에 따라 현실의 사회 정치적 이슈들을 보는 시각을 균형감 있게 제시한다.

저자가 제안하는 모든 결론에 다 동의하지 않더라도 그가 안건으로 제시한 주제들에 대해 선입견을 잠시 내려놓고, 그가 성경의 원리를 통해 주제를 다루어가는 방식을 살펴보기를 권한다. 다음 대통령 선거까지 아직 시간이 남아 있지만, 한국 사회가

직면한 사회 정치적 이슈들 역시 미국의 그것과 그리 다르지 않다는 점을 기억해야 할 듯하다. 예를 들어 민족주의, 애국심, 세계화, 종교의 자유, 전쟁, 낙태, 형사 사법 제도와 사형, 이민, 동성 결혼, 환경, 빈곤, 인종 차별 같은 주제들은 모두 의견 수렴이 어렵고 진영을 나눠 갈등을 촉발하기 쉽다. 극도로 양분화된 한국의 정치 지형과 진영 논리가 위험스러울 정도로 폭발성을 지닌 뇌관이 된 한국교회와 교계의 환경에 속한 한국의 그리스도인들에게 이 책은 차분한 신학적 준거를 제공하는 착한 교본 역할을 할 수 있을 것이다.

류호준 | 한국성서대학교 초빙교수, 전 백석대학교 신학대학원 교수

이 책은 일차적으로 미국의 복음주의 그리스도인들을 위한 실천적 지침서다. 그런데 "미국의 그리스도인들은 나라를 분열시키는 당파 싸움에 휩쓸렸다"든지 "오늘날 정치적인 문제에 대해 우파나 좌파에 속한 그리스도인들은 불행하게도 세속의 상대를 모방하다가 중요한 논의에서 잘못된 어조를 취하게 된다"와 같은 저자의 진단을 보고 있노라면 오늘날의 한국교회에 대한 이야기를 듣는 것 같다. 따라서 이 책의 내용은 한국교회에도 적실성을 갖는다. 그리스도인들은 성경에서 하나님의 음성을 듣는다. 그리스도인들에게 성경은 신앙과 실천의 기준이 되는 정경으로 간주되기 때문이다. 저자가 누누이 강조하듯이 성경은 오늘의 특정한 공공 정책을 제시하지 않는다. 다만 그 원칙을 제시할 뿐이다. 저자는 성서학자답게 특정 주제와 관련된 성경 본문을 철저히 분석하면서 성경적 원칙을 천명하고 있다. 저자가 다루는 여러 항목 중 각자 관심이 가는 주제가 있을 것이다. 어느 민족보다 성경을 많이 사랑하고 열심히 읽는 한국 그리스도인들이 이 책을 참고하여 성경을 읽고 세상을 바라본다면 쟁점이 되는 여러 사회 문제에 관해 올바른 성경적 지침을 찾고 적용할 수 있을 것이다.

차준희 | 한세대학교 구약학 교수, 한국구약학연구소 소장, 한국구약학회 회장 역임

『성경과 현대의 공적 이슈』는 트렘퍼 롱맨 3세의 성경적 지식과 지혜 및 지적 진실성이 빚어낸 책이다. 그는 그리스도인으로서 "무엇을"이 아닌 "어떻게" 생각해야 하는지가 더 중요하다고 강조하면서, 그 구체적인 방법을 신학적으로 엄격하면서도 성경적인 방식으로 충실히 설명한다. 정치적인 견해를 적극적으로 표출하는 많은 복음주의 그리스도인들이 신앙의 평판을 떨어뜨리고 있는 이 시대에 저자는 오히려 그것을 영예롭게 한다.

피터 웨너 ㅣ *The Atlantic* 객원 편집자, 조지 W. 부시 대통령 수석 고문

이 책은 성경을 통해 정치적인 결정을 내리는 방법에 대한 조언을 구하는 그리스도인들에게 엄청난 선물이다! 트렘퍼 롱맨의 전문적인 성경 지식, 하나님의 말씀에 대한 그의 사랑, 성경에 의해 형성된 그리스도인이 세워지기를 바라는 그의 열망이 모든 페이지에 드러난다.

스테파니 서머스 ㅣ 미국 공공 정의 센터(Center for Public Justice)

롱맨의 책은 공공 정책과 관련된 문제를 도덕적으로 성찰하는 데 도움이 되는 핵심적인 성경 원칙들을 조명한다. 우리 사회의 그리스도인들은 성경 해석을 다룬 도입부와 국내외 문제를 분석한 후속 사례 연구의 도움을 받아 신앙과 정치를 통합하는 도전적인 작업을 수행할 수 있을 것이다.

마크 암스투츠 ㅣ 휘튼 칼리지

The Bible and the Ballot

Using Scripture in Political Decisions

Tremper Longman III

The Bible and the Ballot

공적 의사 결정을 내릴 때
성경을 사용하는 법

성경과 현대의 공적 이슈

트렘퍼 롱맨 3세 지음 | 안영미 옮김

새물결플러스

새로 태어난 두 손녀
사만다 트렘퍼 롱맨(2018년 12월 23일생)
리디아 이스트윅 롱맨(2019년 1월 8일생)에게
이 책을 바칩니다.

목차

서문 *13*
감사의 말 *17*

서론   *19*
   교회와 세상   *22*
   기독교 세계의 유형   *26*
   비기독교 세계의 유형   *27*

1부 | 성경과 공공 정책

1. 성경을 읽기 위한 핵심 질문들   *32*
   해석의 목표: 의미의 위치   *35*
   저자-본문-독자   *36*

2. 정치적 결정을 내리기 위해 성경을 읽는 방법   *44*
   주요한 해석 원칙들   *44*
   구속적-윤리적 궤도   *66*
   구속적-윤리적 궤도에 대한 요약 및 결론   *72*

3. 성경의 주요한 신학적 주제들   *73*
   하나님의 형상으로 창조된 인간   *73*
   인간, 자기 본위의 죄인   *79*
   구속과 완성   *84*
   지혜   *90*
   우상숭배   *97*
   성향과 수사법   *101*
   요약 및 특정 문제들로의 이동   *103*

2부 | 논쟁의 여지가 있는 문제에 대한 성경적 원칙들

4. 민족주의, 애국심, 세계화   106
　민족들: 죄에서 유래됨, 은총의 징표   106
　신약   113
　세계화   124
　요약: 애국심, 민족주의, 세계화   125

5. 종교의 자유   128
　죄를 짓게끔 강요를 받았는가?   136

6. 전쟁   142
　신적 전쟁의 다섯 단계   143
　그렇다면 성경은 그리스도인의 전쟁 참여를 금지하는가?   151
　국가는 전쟁에 뛰어들 수 있는가? 어떤 조건에서 그렇게 할 수 있는가?   152
　성경에서의 자기방어   152
　요약 및 결론   163

7. 낙태   166
　낙태 문제와 관련된 성경 본문들   167

8. 형사 사법 제도와 사형   189
　구약에서 수집한 내용들   191
　신약에서 수집한 내용들   196
　응보적 정의 vs. 회복적 정의   206
　사형은 어떤가?   208

9. 이민   *214*

이민 문제와 관련된 용어들   *215*

약속의 땅에서 "게림"(*gerim*)으로서의 족장들   *218*

이집트에서 "게르"로서의 이스라엘   *219*

미디안에서 "게르"로서의 모세   *220*

이스라엘에서 "게림"이 갖는 권리와 책임   *222*

불법 이민자와 하나님의 형상   *241*

성역 도시와 교회   *248*

10. 동성 결혼   *253*

동성 관계에 대한 성경의 가르침   *255*

성에 대한 성경 신학   *255*

공공 정책에 대한 함의   *272*

11. 환경   *275*

창세기 1-2장에 나타난 하나님, 세상, 인간   *276*

창세기 3장에 나타난 하나님, 세상, 인간   *284*

하나님, 세상, 인간: 심판과 구속   *287*

기후 변화 논쟁   *292*

12. 빈곤   *299*

가난한 사람들을 향한 하나님의 태도   *300*

빈곤의 이유   *304*

가난한 사람들을 도우라는 명령   *309*

가난한 사람들의 기본적인 필요를 채워주는 것에 관한 구약의 율법   *312*

번영을 중시하는 사고방식의 죄   *315*

결론   *318*

13. 인종 차별   *323*

하나님은 자신의 형상대로 한 사람을 창조하셨다   *325*

모든 사람은 죄인이다   *328*

구속   *329*

오용된 본문들   *335*

적극적 우대 조치 및 배상의 문제   *343*

요약 및 결론   *350*

서문

왜 성경과 공공 정책을 다루는 책이 필요한가?

나는 미국의 그리스도인 중 특히 복음주의 그리스도인을 위해 이 책을 썼다. 대다수의 복음주의 그리스도인은 성경이 인간에게 주신 하나님의 계시라고 믿는다. 교회는 역사적으로 성경을 우리의 신앙과 실천의 기준으로 인식함으로써 그 신적 기원을 인정하고 정경으로 받아들여 왔다. 따라서 우리는 성경이 다루는 모든 문제에 대한 하나님의 음성을 듣고자 한다. 또한 성경이 이 책에서 다루는 열 가지 문제, 즉 ① 민족주의, 애국심, 세계화, ② 종교의 자유, ③ 전쟁, ④ 낙태, ⑤ 형사 사법 제도, ⑥ 이민, ⑦ 동성 결혼, ⑧ 환경, ⑨ 빈곤, ⑩ 인종 차별을 포함한 공공 정책 관련 문제에 대해 우리에게 전하고자 하는 바가 있다고 생각한다.

다만 처음부터 분명히 밝힐 것이 있다. 성경은 우리에게 특정한 공공 정책을 제시하지 않는다. 그 대신에 우리가 공공 정책과 관련된 문제에 대해 심사숙고 끝에 정치적 결정을 내릴 때 진지하게 받아들일 필요가 있는 일반 원칙을 제공한다. 책 전체에 걸쳐 이 점을 계속해서 강조할 것이다.

나는 40년 이상 성경을 전문적으로 연구해왔기 때문에 이 책을 쓸 수 있는 자격을 갖췄다고 생각한다. 나는 공공 정책 전문가는 아니지만, 어느 정도 교육을 받은 비전문가다. 다시 말하지만 나는 이 책을 통해 특정 공공 정책을 세우려는 것이 아니라 해당 문제를 다룰 때 내가 이해하고 적용하는 원칙들을 전하고자 한다. 나는 미국 역사에서 어떤 정책이 결정될 때 이 원칙들이 어떻게 가장 잘 이행될 수 있는지에 대해 확실한 의견을 갖고 있지만, 많은 경우에 내 생각을 드러내지 않는다.

그렇지만 그 원칙들이 무엇인지는 솔직하게 말할 수 있다. 나는 또한 성경이 어떤 부분을 강하게 이야기하는지, 반대로 어느 부분에서 명확히 입장을 밝히지 않는지에 대한 내 의견을 피력하기도 한다.

물론 그런 판단은 특정 구절이 문맥에서 어떻게 해석되는지에 따라 달라진다. 오늘날 성경의 주장을 알아내는 것이 어떤 연구나 깊은 숙고 없이 성경을 집어들고 읽는 것만큼이나 쉽다고 생각하는 사람들도 있다. 다시 지적하겠지만 그런 생각은 성경의 기본 메시지에 해당될 수는 있어도 여기서 논의되는 주제를 포함한 대부분의 문제에는 확실히 적용되지 않는다. 이와 반대로 성경이 매우 혼동을 일으키는 텍스트이기 때문에 기본적으로 본문으로부터 자신이 원하는 모든 주장을 이끌어낼 수 있다고 믿는 사람들도 있다. 이 역시 거짓된 견해다. 그러나 우리는 이 견해를 통해 성경이 하나님의 말씀이라고 단순히 주장하는 것 외에 하나님의 음성을 들을 수 있는 방식으로 성경을 해석하는 방법도 숙고할 필요가 있음을 깨닫게 된다. 그런 이유로 이 책의 서론과 1부는 올바른 해석에 관해 이야기한다. 각자 관심을 끄는 주제를 다루는 2부로 즉시 넘어가고 싶은 유혹을 느끼는 독자들에게, 나는 성경을 해석하는 방법을 다루는 앞부분을 반드시 읽으라고 권하고 싶다.

내가 과거에 지닌 정치적 견해가 이 책에 제시된 성경적 원칙에 대한 내 이해의 토대가 된 것이 아니냐고 지적하고 싶은 분들께 다음과 같은 답변을 드린다. 첫째, 나는 이미 형성된 이해가 해석에 영향을 미칠 수 있음을 염두에 두고 있기 때문에 나와 의견이 다른 사람들의 글을 읽는다. 둘째, 나는 이 책을 쓰면서 실제로 몇 가지 문제에 대한 견해가 바뀌었다. 나는 본문이 나의 이해를 형성하기를 원했으며, 많은 경우에 특정 주제를 연구하면서 생각이 바뀌었음을 인지하게 되었다. 셋째, 책 전체를 자세히 읽은 독자라면 성경이 결국 이 책에서 논의하는 모든 문제에 대한 특정 당파의 견해를 지지하지 않는다는 내 생각을 알게 될 것이다.

우리는 격동의 시대에 살고 있다. 당신의 정치적 견해가 전체 스펙트럼 상 어느 위치에 있든, 국가와 인류의 통합을 위협하는 분열, 독설, 당파주의를 인정해야 한다. 이로 인해 우리의 정치적 수사(修辭)가 한층 신랄해졌다. 양측은 서로를 악마화한다. 불행하게도 많은 그리스도인들이 상대에게 욕설을 내뱉으면서 수치심과 굴욕감을 주려는 시도에 가담했다. 그래서 나는 각 장의 끝마다 성경이 특정 주제에 대해 우리가 어떤 태도 및 성향을 지니기를 원하는지를 간단히 논하는 섹션을 추가하였다. 예를 들어 (이민자들 다수가 그리스도 안에 있는 우리의 형제자매라는 사실은 말할 것도 없이) 우리가 그들을 하나님의 형상을 지닌 창조물로 인식한다면, 불법 체류자라고 해도 그들에 대해 험한 말을 하기는 어려울 것이다.

이 책은 성경과 정치적 결정에 관한 문제를 다룬다는 점에서 최근 저술된 책들과 차별성을 지닌다. 통찰력 있는 그리스도인 학자와 정치 사상가들이 많은 정치 신학 이론들을 다듬어 소개해왔다.[1] 그러나 문학적, 역사적, 신학적 맥락에서 이루어지는 특정한 성경 본문과의 의도적인 상호 작용을 통해 확인할 수 있듯이 이 책은 다르다.[2] 내가 이 책에서 다루는 주제를 놓고

----

1 무엇보다도 나는 다음을 강조하고 싶다. Michael Gerson and Peter Wehner, *City of Man: Religion and Politics in a New Era* (Chicago: Moody, 2010); Tom Wright, *God in Public: How the Bible Speaks Truth to Power Today* (London: SPCK, 2016). 『광장에 선 하나님』(IVP 역간); James K. A. Smith, *Awaiting the King: Rethinking Public Theology* (Grand Rapids: Baker, 2017). 『왕을 기다리며』(IVP 역간).

2 의도에 있어서 나의 저술과 가장 유사한 책은 Wayne Grudem, *Politics according to the Bible:*

그리스도인들 사이에 논쟁이 벌어질 수도 있다. 나는 관련 원칙을 도출할 때마다 특정 본문을 뒷받침하는 근거를 밝히기 위해 노력했다. 솔직히 말해서 이 문제들에 대해 당신을 설득할 수 있기를 바란다. 나는 이것이 나만의 원칙이 아니라 하나님의 원칙이라고 말하고 싶다.

물론 나의 결론 중 틀린 것이 있을지도 모른다. 나는 그저 그리스도인 독자들이 우리의 삶에 대한 성경의 권고를 강하게 인지하기를 바랄 뿐이다. 다음과 같은 반응은 없었으면 좋겠다. "동성 결혼, 낙태, 전쟁, 이민에 대해 성경이 말하는 바를 밝히는 저자의 말은 옳지만, 나는 상관하지 않는다. 그 문제에 대한 내 견해를 고수할 테다." 앞서 지적했고 다음 장에서도 설명하겠지만, 우리는 성경에서 하나님의 음성을 듣기 때문에 교회는 성경을 신앙과 실천의 기준이 되는 정경(canon)으로 삼는다. 나는 독자 여러분이 오늘날 미국 사회의 긴급하고 중요한 문제들을 숙고할 때 성경과 씨름하게 되기를 간절히 바란다.

트렘퍼 롱맨 3세
웨스트몬트 대학 성서학과 명예교수, 저명 학자상 수상자

<hr>

A Comprehensive Resource for Understanding Modern Political Issues in Light of Scripture(Grand Rapids: Zondervan, 2010)다. 나는 Grudem의 접근 방식과 그의 많은 결론에 대해 심히 유보적인 태도를 취한다. 나는 그에 대해 지속적인 비평을 하지 않을 것이지만, 그의 책을 읽은 일부 독자들이 여기에서 내가 제시하는 관점을 고려해보길 바란다. 그는 자신에게 동의하지 않는 그리스도인들에게 더 깊은 대화를 위해 "내가 말하는 것에 반대하는" 논점을 발표하라고 권한다.

감사의 말

우리는 분열의 시대를 살고 있다. 복잡한 문제에 대해 서로 다른 의견을 가지고 있으면서도 좋은 의도를 지닌 사람들이 함께 모여 타협점을 찾는 시대는 지나갔다. 정치인들은 종종 자기 관점에 갇혀서 상대에게 한 치도 양보할 생각이 없다. 그 결과 이민, 환경, 인종 차별, 빈곤 등과 같은 문제를 해결하거나 개선하기 위한 일다운 일을 하지도 못하는 무능한 정부만 남았다.

미국의 그리스도인들은 나라를 분열시키는 당파 싸움에 휩쓸렸다. 신약 시대와 달리 교회와 각 그리스도인들이 외치는 목소리를 (항상은 아니지만) 사회 곳곳에서 들을 수 있다. 그러나 그리스도인 중에서도 이 책이 주 대상으로 삼고 있는 복음주의자들과 관련된 견해들은 얼마나 성경적인가?

이것이 내가 이 책에서 탐구하고 싶은 질문이다. 이 책의 첫 부분에서 설명한 바와 같이 그리스도인들은 현대의 긴급한 사회 문제에 대한 성경의 메시지에 관심을 가져야 한다. 우리는 성경을 통해 하나님의 음성을 듣는다고 믿는다. 그리고 성경은 특정 공공 정책까진 아니어도 중요한 원칙을 비롯해 민족주의, 애국심, 세계화, 종교의 자유, 전쟁, 낙태, 형사 사법 제도, 이민, 인종 차별 같은 문제에 대해 명확한 태도를 보인다. 그리스도인이라면 이 문제를 논하고 그에 대한 견해를 표현할 때마다 하나님의 음성에 귀를 기울여야 한다.

이런 주제를 본격적으로 다루기에 앞서 책을 집필하는 동안 격려와 지원을 아끼지 않은 분들께 감사드리고 싶다. 어드먼스 출판사의 앤드루 냅은 이 책을 집필하되 대통령 선거가 예정된 해 초반에 출판하자고 제안했다. 그의 제안이 없었다면 나는 이 책을 저술하지 않았을 것이다. 그렇게 할 수 있게끔 격려해주어서 정말 고맙다. 또한 내 생각을 한층 명확하게 표현할 수 있도록 도와준 편집자 저스틴 라이언 하웰, 제임스 어니스트, 제니 호프만과 어드먼스 직원들께도 감사드린다. 나는 친구들의 의견을 듣기 위해 원고를 보냈다. 2020년 초로 출간 일정이 잡히는 바람에 충분히 시간을 주지 못했다. 제시간에 맞춰 의견을 주기 어려웠을 텐데도 시간을 내어 중요한 피드백을 보내준 피터 웨너와 쉐인 켈리에게 감사를 표하고 싶다. 마감일 이후에 답변을 보내준 분들이 많았지만, 그들의 아이디어까지 다 통합할 수는 없었다. 분명히 밝히지만 내가 이름을 거론한 사람 중 그 누구도 이 책에 표현된 모든 견해를 공유하지 않는다. 여기에 기술한 견해들은 성경이 논란 많은 문제에 관해 우리에게 무엇을 말하는가에 대해 내가 내린 결론일 뿐이다.

그리고 그리스도인들 사이에서도 이런 문제에 대해 논란이 많다. 나는 모든 주제에 대해 최종적인 발언권을 갖고 있다고 생각하지 않는다. 단지 어떤 사람들이 공개적으로나 사적으로 나를 비판할 때 모호한 신학적 근거에 기대어 비난하기보다는 성경적 논거를 통해 그들의 견해를 정당화하길 바란다.

마지막으로 가장 중요한 우리 가족을 언급하면서, 특히 46년 동안 나의 아내로서 옆을 지켜준 앨리스에게 감사를 표하고 싶다. 우리에게는 멋진 세 아들과 여섯 손녀가 있다. 이전에 쓴 책들은 먼저 태어난 손녀들인 가브리엘, 미아, 아바, 에머슨에게 헌정했으니, 이 책은 새로 태어난 (팀과 캐리의 딸) 사만다 트렘퍼 롱맨과 (앤드루와 티파니의 딸) 리디아 이스트위크 롱맨에게 바치고자 한다. 얘들아, 나는 너희들이 이 감사의 말을 읽을 때쯤 우리가 사는 이 나라와 세계가 더 나은 곳이 되기를 간절히 기도하고 있단다.

서론

내가 아버지의 말씀을 그들에게 주었사오매 세상이 그들을 미워하였사오니, 이는 내가 세상에 속하지 아니함 같이 그들도 세상에 속하지 아니함으로 인함 이니이다. 내가 비옵는 것은 그들을 세상에서 데려가시기를 위함이 아니요 다만 악에 빠지지 않게 보전하시기를 위함이니이다. 내가 세상에 속하지 아니함 같이 그들도 세상에 속하지 아니하였사옵나이다. 그들을 진리로 거룩하게 하옵소서. 아버지의 말씀은 진리니이다. 아버지께서 나를 세상에 보내신 것 같이 나도 그들을 세상에 보내었고 또 그들을 위하여 내가 나를 거룩하게 하오니 이 는 그들도 진리로 거룩함을 얻게 하려 함이니이다(요 17:14-19).

예수는 제자들이 "세상 안에" 있지만 "세상에 속하지" 않는다고 가르치셨 다. 이 가르침은 다음과 같은 질문을 제기한다. 세상에 속하지 않는 그리스 도인들이 그들이 살고 있는 세상과 어떻게 상호 작용할 수 있는가? 예수의 가르침과 우리의 질문은 세상과 교회를 구성하는 그분의 제자들 사이의 차 이를 전제로 한다. 예수는 일찍이 제자들에게 이 세상 임금은 다름 아닌 사 탄이라고 가르치셨다(요 12:31; 14:30; 16:11). 제자들이 세상에 속하지 않았 음을 확실히 깨닫기를 원하시면서 그들을 "악한" 사탄으로부터 보호해달라 고 성부께 기도하신 예수의 행동은 조금도 놀랍지 않다.

그러나 다시 말하지만 그리스도인들은 세상에 살고 있다. 하지만 어떻게 살아야 하는가? 또 다른 복음서에서 예수는 세상에 사는 제자들의 모습이 "이리 가운데 있는 양"과 같을 것이라고 경고하신 다음 "그러므로 너희는 뱀같이 지혜롭고 비둘기같이 순결하라"(마 10:16)고 말씀하신다.

우리는 성경 해석과 공공 정책에 대한 문제에 접근할 때 이 모든 구절들(과 더 많은 구절들)을 마음에 새길 필요가 있다. 그리스도인은 예수를 따르는 사람이자 한 국가의 시민이다. 그리스도인은 교회와 문화 사이의 긴장 속에서 어떻게 하면 지혜롭고 순결하게 살 수 있는가?

첫 번째 단계로 국가가 교회가 아님을 인식해야 한다. 특히 미국 그리스도인들 사이에 국가를 교회와 동일시하는 오류가 만연해 있다. 이 책은 미국 교회를 주 대상으로 삼고 있으므로 이 중요한 신학적 오류를 인식하고 처음부터 그것을 비판할 필요가 있다. 따라서 우리는 서론에서 몇 가지를 지적하고 조금 긴 논의(민족주의, 애국심, 세계화에 관한 4장 참조)를 할 것이다.

오늘날 미국은 건국 헌법이나 현행 헌법상 기독교 국가가 아니다. 물론 건국자 중에는 신앙인도 있었지만 기독교의 원칙이나 신념보다는 다양한 형태의 계몽주의 철학에 영향을 받은 사람들이 많았다.[1] 그들이 모두 신실한 그리스도인이라고 할지라도 미국이 기독교 국가가 되진 않는다. 이런 점에서 D. A. 카슨이 다음과 같이 지적한 말은 일리가 있다. "'기독교적 서구'(Christian West)라는 말이 실제로 세계 여러 지역에서 복음의 진보를 억제한다. 그곳의 대항력 있는 종교와 이데올로기는 사람들이 기독교적 서구에 대한 고정 관념을 믿게 만든다. 그렇게 되면 기독교의 주장이 그저 서구적인 것으로 일축될 수 있기 때문이다." 또한 "성경에 충실하려고 노력하는 그리

스도인들은 그들이 지닌 하늘 시민권을 상기할 것이다."[2]

(구약 시대에 국한되지만) 오직 이스라엘만이 경건한 민족이었으며 그들은 하나님의 선택을 통해 그분의 축복을 나머지 세계에 전하라는 역할을 부여받았다. 하나님은 아브라함에게 다음과 같이 말씀하셨다.

> 여호와께서 아브람에게 이르시되 "너는 너의 고향과 친척과 아버지의 집을 떠나 내가 네게 보여 줄 땅으로 가라. 내가 너로 큰 민족을 이루고 네게 복을 주어 네 이름을 창대하게 하리니 너는 복이 될지라. 너를 축복하는 자에게는 내가 복을 내리고 너를 저주하는 자에게는 내가 저주하리니 땅의 모든 족속이 너로 말미암아 복을 얻을 것이라" 하신지라(창 12:1-3).

하나님은 구약 시대에 이스라엘을 택하셔서 그들이 주변 사람들과 구별된 삶을 살면서 하나님이 주신 율법에 순종하고(출 20:24) 그 순종에서 오는 축복을 통해 주변인들을 하나님께로 이끌도록 하셨다. 이 선택은 특별한 은총이라기보다는 세상의 유익을 위해 종종 고통을 부담해야 하는 섬김을 위한 것이었다.[3]

오늘날 미국을 포함한 그 어떤 나라도 구약 시대에 이스라엘이 누렸던 지위를 갖지 않는다. 구약에서 신약으로 접어들면서 우리는 하나님의 백성이 민족 국가(nation-state)에서 여러 나라와 인종을 기반으로 삼는 교회로 옮겨가는 것을 보게 된다. 미국이 어떤 은총을 입은 신적 지위나 역할을 부

---

2   두 인용문은 모두 D. A. Carson, *Christ and Culture Revisited* (Grand Rapids: Eerdmans, 2008), 195에서 가져온 것이다. 『교회와 문화 그 위태로운 관계』(국제제자훈련원 역간, 2009).

3   특별한 은총이 아닌 섬김으로서의 선택에 대한 이해를 위해서는 Joel Kaminsky, *Yet I Loved Jacob: Reclaiming the Biblical Concept of Election*(Nashville: Abingdon, 2007)을 참조하라.

여받은 국가라고 여기는 것은 실수일 뿐만 아니라 잠재적으로 우상숭배다. 하나님은 민족 국가가 아닌 교회와 관계를 맺으심으로써 교회를 통해 일하신다.

심지어 국가를 "세상"으로 인정하면서 교회와 국가가 다르다는 사실을 인식하는 것도 교회와 그리스도인이 세상에서 어떻게 살아야 하느냐는 질문에 답하는 데 도움이 되지 않는다. 이 질문은 계속해서 대립과 논쟁을 몰고 올 것이다.

제2차 세계대전 이후에 신학자 리처드 니버는 『그리스도와 문화』(*Christ and Culture*)라는 저서에서 세상(문화)을 향한 교회의 반응에 대한 다섯 가지 모델을 탐구했다.[4]

교회와 세상

문화와 대립하는 그리스도

"문화와 대립하는 그리스도"의 관점은 세상과 교회 사이에 근본적인 차이가 있다는 인식에서 비롯된다. 그리스도와 문화 간의 대립에 대한 이런 인식은 가능한 한 문화로부터 멀리 떨어지는 전략을 낳는다. 여기서 우리는 과거부터 현재까지 진행 중인 수도원 운동을 생각할 수 있다. 오늘날의 수도원 운동으로 베네딕트 옵션(Benedict option)이라는 것이 있다. 이는 기독교적 관점에 대한 적대감이 증가함에 따라 그리스도인들의 공적 발화에 대한 노력

---

4   H. Richard Niebuhr, *Christ and Culture* (New York: Harper & Brothers, 1951). 『그리스도와 문화』(IVP 역간, 2007).

이 무익해지는 것을 막고 교회가 세속적인 삶에 오염되지 않도록 하기 위해, 교회가 공공의 삶에서 물러나야 한다는 주장이다.[5]

문화의 그리스도

"문화의 그리스도" 관점을 채택하는 사람들은 기독교적 윤리 가치라고 여기는 것들을 주장함으로써 문화를 개선하려고 노력하는 한편 그리스도와 그들이 속한 문화 사이의 차이를 보지 못한다. 이런 점에서 "문화와 대립하는 그리스도" 관점과 정반대가 된다. 니버 자신은 사회 복음(social gospel)을 예로 사용했다. 사회 복음을 옹호하는 이들은 복음을 제시하기보다는 사람들이 더 공정하게 행동하도록 만드는 데 관심이 있었다. 필립 얀시는 몇몇 해방신학자들을 예로 인용했는데, 이는 하나님과의 관계는 별도로 둔 채 마르크스주의자의 렌즈를 가지고 성경을 읽은 다음 억압받는 자들에게 성경의 해방 원칙을 적용했기 때문이다.[6] 또한 현재 우리가 향유하는 문화를 그대로 기독교화하는 그리스도인들, 예를 들어 현대 문화의 성적 관습을 단순히 받아들이는 일부 주류 그리스도인들이나 자본주의를 신에 의해 용인된 경제학으로 명명하는 더 보수적인 그리스도인들이 또 다른 예가 될 수 있다.

문화 위에 있는 그리스도

니버에 따르면 이 "중립적인 교회"(church of the center)의 관점은 다음과 같이

---

5   Rod Dreher, *The Benedict Option: A Strategy for Christians in a Post-Christian World* (New York: Sentinel, 2017). 『베네딕트 옵션』(IVP 역간).

6   Philip Yancey, "A State of Ungrace," *Christianity Today* 41 (February 3, 1997): 31-37. 또한 그가 쓴 *What's So Amazing about Grace?*(Grand Rapids: Zondervan, 1997)도 참조하라.

주장한다. "그리스도와 세상은 단순히 서로 대립된 상태일 수 없다. 문화로서의 '세상'도 단순히 하나님이 없는 영역으로 간주될 수 없다. 그것은 적어도 자연으로서의 '세상' 위에 세워지고 자연의 창조주이자 통치자이신 분에 의해 지탱되지 않으면 존재할 수 없기 때문이다."[7] 이런 관점에서 볼 때 문화는 기본적으로 선한 것이다(그리고 대립은 그리스도와 인간 사이에서 발생하는 것이지 그리스도와 세상[문화] 사이에서 일어나는 것이 아니다). 하지만 문화는 기독교적 가치에 의해 개선되어야 한다. 토마스 아퀴나스는 종종 이 관점의 대표적인 예로 언급된다.

역설적 관계에 있는 그리스도와 문화

니버는 루터 신학의 일부 요소와 심지어 일부 칼뱅주의 신학자들이 일종의 "두 왕국" 개념을 옹호한다고 제안했다. 개인은 그리스도인이자 더 넓은 문화의 시민이다. 이 모델에서 교회와 사회는 개별적이지만 적법한 영역을 가지고 있다. 교회에서는 그리스도께, 공적 공동체 생활에서는 정치 지도자에게 순종한다. 예수는 자신을 따르는 자들에게 가이사의 것은 가이사에게 바치라고 말씀하셨으며(마 22:21), 바울은 독자들에게 각 사람은 위에 있는 권세들에게 복종하라(롬 13:1; 참조. 1-7절)고 촉구한다. 그렇지만 두 왕국이 신자에게 상반된 요구를 하면 그리스도인은 어떻게 해야 하는가? 그런 단순한 분기(分岐)로 인해 20세기 중반에 교회와 독일 나치 정부 사이에 있었던 부정한 협력과 비슷한 일이 되풀이될 수도 있다.

....

7   Niebuhr, *Christ and Culture*, 117-18.

문화의 변혁자인 그리스도

이 관점은 "문화와 대립하는 그리스도" 관점처럼 기독교가 더 넓은 문화와 서로 상충한다는 인식에서 비롯된다. 그러나 이 관점을 옹호하는 사람들은 물러서기보다는 문화의 변혁을 위해 노력한다. 니버 시대에도 기독교의 문화적 지배력이 약화되는 형국이었지만, 적어도 오늘날에 비하면 그의 생전에는 기독교의 영향력이 회복되는 것을 볼 수 있는 가능성이 제법 있었다. 세속주의가 아직 확고한 위치를 점하기 전이었다. 한편 많은 세속 문화 엘리트와 그들이 속한 기관, 그리고 교회 엘리트와 그들이 속한 기관 사이에 오늘날처럼 공개적인 적대감이 없었다. 즉 오늘날에는 문화 전쟁에 대한 논의가 일반적이지만 니버의 시대에는 그렇지 않았다. 따라서 좋든 나쁘든 적어도 복음주의자들 사이에서 변혁이란 종종 세속의 기관을 공격하거나 입법의 형태로 변화를 강요하는 것을 의미한다. 우리는 나중에 이런 유형의 입법 강요가 강력하게 나타나는 형태의 지혜와 적절성에 의문을 제기할 것이다. 이와 동시에 설득을 통해 상대적으로 미묘하고 부드러운 목소리로 변혁을 시도하는 기독교의 세력이 있고 심지어 그런 복음주의적 목소리와 기관이 여전히 존재한다는 사실을 잊어서는 안 된다.[8]

니버가 제시한 다섯 가지 범주는 『그리스도와 문화』가 처음 출간된 이후 50년 이상 영향력을 발휘했다. 그런데 최근 크레이그 카터가 *Rethinking Christ and Culture: A Post-Christendom Perspective*라는 저서를 통해 그 범주들을 비판했다.[9] 그는 재세례파의 관점에서 두 가지 핵심 사항에 대해 이의

....

8   여기서 나는 공공 정의 센터(Center for Public Justice, cpjustice.org)와 *Awaiting the King: Reforming Public Theology*(Grand Rapids: Baker, 2017)를 쓴 James K. A. Smith 같은 사상가들의 사역을 생각한다.

9   Grand Rapids: Brazos Press, 2006.

를 제기한다. 첫째, 카터는 니버가 문화란 근본적으로 기독교적이므로 그리스도인들이 변혁적 접근을 통해 문화의 본질적인 기독교적 성격을 회복해야 한다는 기독교 세계 관점(Christendom perspective)을 전제로 한다고 믿는다. 그러면서 그런 관점은 세상과의 타협을 수반한다고 비판한다. 카터에 따르면 우리가 후기 기독교 세계(post-Christendom period, 이때 교회는 명확히 더 넓은 문화 안에서 권리를 박탈당한 소수 집단이 된다)로 이동하는 중이다. 그는 니버가 "문화에 대립하는 그리스도" 관점의 중요한 측면을 잘못 표현했다고 주장한다. 카터는 분명 이 관점을 선호한다. 그는 니버에 관해 이런 의문을 제시하면서, 이를 대체할 여섯 가지 범주를 제안한 다음 그것들을 세 가지 범주로 구성된 두 그룹으로 나눈다. 여기서 첫 번째 그룹의 세 가지 범주는 그가 "폭력적인 강압"이라고 칭하는 것을 수용한다고 정의되는 기독교 세계 문화(Christendom culture)를 전제로 한다. 반면 두 번째 그룹의 세 가지 범주는 비기독교 세계 문화(non-Christendom culture)를 전제로 한다. 그의 정의에 따르면 이 범주는 폭력적 강압의 사용을 거부한다.

기독교 세계의 유형

유형 1: 문화를 정당화하는 그리스도

이 접근 방식은 자신들이 기독교 문화라고 생각하는 것을 만들기 위해 폭력을 사용하는 그리스도인들과 그들이 펼치는 기독교 운동 및 소속된 기관을 기술한다. 카터는 여기에 제2차 세계대전 이전부터 전쟁 기간에 나치를 지원한 독일 교회뿐만 아니라 중세 십자군까지 포함시킨다.

유형 2: 문화를 인간화하는 그리스도

여기에 속하는 그리스도인들은 기독교적 가치를 향해 문화를 이동시키기 위해 자신의 개인적인 신앙을 근간으로 문화에 접근한다. 카터는 이 방식의 예로 16세기의 개혁자 마르틴 루터와 최근 작고한 복음 전도자 빌리 그레이엄을 인용한다.

유형 3: 문화를 변혁하는 그리스도

이 접근 방식은 만유의 주가 되시는 그리스도께 만물을 복종시키기 위해서라면 힘이 사용될 수 있다는 개념에 기초한다. 16세기 영국의 정치 지도자인 토머스 크롬웰이 대표적인 예다.

비기독교 세계의 유형

유형 4: 문화를 변혁하는 그리스도

윌리엄 펜, 데스몬드 투투, 마틴 루터 킹 주니어 같은 그리스도인들은 그리스도가 우주의 주(主)라는 사실을 믿는다. 그러나 이들은 더 많은 문화가 그리스도를 닮은 모습이 되게 하려는 목적을 갖고 있으며, 그 목적을 달성하는 데 비폭력적인 설득 수단이 사용되어야 한다고 생각한다.

유형 5: 문화를 인간화하는 그리스도

마더 테레사 같은 그리스도인은 유형 2처럼 더 넓은 범위의 문화에 서서히 변화를 줘서 더 인간적인 문화로 만들기를 원했다. 유형 2를 옹호하는 사람은 행동 단체를 조직함으로써 사람들에게 올바른 행동을 강요하는 반면, 유형 5에 속하는 그리스도인은 사람들에게 본보기가 되려는 희망을 품고 세상으로 나가 인류를 섬길 것이다.

유형 6: 문화에서 분리되는 그리스도

여기서 카터는 문화에 매력적인 대안을 제시하는 대신 문화에 직접적인 영향을 미칠 의도 없이 문화로부터 멀어지려는 그리스도인들을 기술한다. 그는 아미시파를 예로 든다. 그들은 문화에 대해 일종의 반문화적 대안을 제공하기 위해 사회에서 분리되고자 한다.

*   *   *

내 연구의 목적이 명확하기 때문에 여기서 카터에 대해 니버를 옹호하거나 더 넓은 문화와의 상호 작용을 강조하는 특정 모델을 높이 평가하진 않겠다.[10] 나는 연구에 도움이 될 몇 가지 범주를 제시하기 위해 문화 간 상호 작용의 여러 선택지를 탐구하는 두 신학자의 예를 제시한 것이다.

개인적으로는 기독교와 문화 사이의 상호 작용에 대해 단일 전략이나 공식은 없지만 "뱀처럼 지혜롭고 비둘기처럼 순결하라"는 예수의 지시가 그리스도인들이 공공 생활에서 일어나는 특정 문제들에 반응할 때 지혜를 활용하라는 권고라고 생각한다. 다시 말해 모든 상황에 두루 적용되는 접근 방식은 없다. 우리는 때에 따라 물러서거나 적극적으로 개입하고 주장하기도 하며, 문화를 변혁하고 인간화하라는 요구를 받는다. D. A. 카슨은 다섯 가지 전략 중 네 가지가 "어느 정도의 성경적 근거를 주장할 수 있다"고 말

---

10   Carter에 대한 유용한 비평을 위해서는 Carson, *Christ and Culture Revisited*, 218-22을 참조하라.

하면서 이에 동의하는 것처럼 보인다.[11] 이 네 가지 전략은 한 가지 전략만 옳게 만드는 대안이 아니라 상황에 따라 그리스도인과 교회가 더 넓은 문화와 관계를 맺을 수 있는 다른 방식으로서 제시되는 것이다.

우리는 성경이 특정 정책을 결정하는 데 지침을 주지 않는다는 사실을 알게 될 것이다. 하지만 우리는 문화 속에서 상호 작용하기 위해 관련된 성경적 원칙들을 알아야 하며, 그것을 적용하는 방법을 깨우치기 위해 상황과 사람들을 파악할 수 있어야 한다.

....

11   Carson, *Christ and Culture Revisited*, 206. Carson은 "문화의 그리스도" 옵션은 성경적으로 옹호될 수 없다고 정확히 주장한다.

1부

—

성경과
공공 정책

1   성경을 읽기 위한 핵심 질문들

그리스도인이 공공 정책과 관련된 문제나 원칙에 관해 성경이 무엇을 말하는지에 관심을 가져야 하는 이유는 무엇인가? 그리스도인들은 성경을 정경으로 인식한다. 이는 성경이 하나님과 우리 자신 및 세상에 대한 우리의 생각(교리), 태도, 행동(실천)의 발전에 특권적인 위치를 차지한다는 뜻이다. 교회가 성경을 정경으로 인식할 때 비로소 성경이 하나님의 말씀으로서 우리 삶에 미치는 권위를 인정하게 된다.

    역사를 통틀어 전 세계의 모든 그리스도인이 교회 생활에서 정경으로서 성경이 갖는 특별한 위치를 인정해왔지만, 성경이 지닌 권위의 본질과 성경의 범위라는 두 가지 측면에서는 몇 가지 차이점이 있다.

    우선 성경의 범위에 관해 간략하게 설명해보자. 그리스도인은 누구나 개신교 정경 전체를 구성하는 구약과 신약을 긍정한다. 로마 가톨릭과 정교회 그리스도인들은 이 중 어느 것도 제하지 않지만 구약과 신약 사이의 기간에 해당하는 몇 권의 책도 포함시켰는데, 이를 가리켜 외경이라고 한다(외경에 포함되는 책들에 관해 로마 가톨릭과 정교회 그리스도인의 의견이 다르다). 외경의 포함 여부가 공공 정책을 위한 원칙 개발이라는 이 책의 목적에 영향을 주지 않을 것이므로 이 문제에 대해 판결을 내릴 필요는 없다. 그렇긴 하지만 나는 개신교인으로서 주로 개신교 독자들을 위해 글을 쓰기 때문에, 개신교 교회의 소위 좁은 정경 안에 포함된 책들만 다룰 것이다.[1]

특히 개혁주의 학파의 개신교인들은 성경만이 구속력 있는 교리와 실천의 발전을 위한 권위의 원천이라고 주장하기 위해 *sola scriptura*(오직 성경)에 대해 이야기한다. 개혁파를 포함해 많은 그리스도인이 전통, 이성, 체험의 역할을 인정한다. 알버트 아우틀러는 18세기 웨슬리 운동의 창시자인 존 웨슬리(John Wesley)의 저술을 바탕으로 웨슬리의 사변형(Wesleyan Quadrilateral) 또는 감리교 사변형(성경, 전통, 이성, 체험)에 대해 이야기했다. 오늘날 어떤 사람들은 이것들이 신의 계시를 (거의) 동등하게 전달하는 것처럼 말하지만 그것은 웨슬리의 요점이 아니다. 그에게 성경은 궁극적인 권위이기 때문에 참된 전통, 올바른 이성, 올바르게 이해된 체험은 성경의 분명한 가르침과 충돌하거나 모순되지 않을 것이다. 아우틀러는 웨슬리의 사변형이 "성경의 수위(首位)를 유지하고 전통의 지혜로부터 이익을 얻으며 비판적 이성의 훈련을 받아들이고 인간의 은혜 체험에 대해 강조함으로써 실존적인 힘을 부여한다"고 말했다.[2]

교회는 성경을 하나님의 말씀으로 인식하기 때문에 성경을 정경으로 인정한다. 우리는 성경책을 한 장 한 장 넘기는 가운데 하나님의 음성을 듣

---

1   Roger T. Beckwith, *The Old Testament Canon of the New Testament Church* (Eugene, OR: Wipf & Stock, 2008).

2   Albert C. Outler, "The Wesleyan Quadrilateral," in *The Wesleyan Theological Heritage: Essays of Albert C. Outler* (Grand Rapids: Zondervan, 1991), 26.

는다. 하나님의 말씀인 성경이 가르치는 모든 것은 사실이다. 하나님은 거짓 말하시거나 오도하시지 않는다. 개신교 복음주의자들은 이를 성경의 무오성(inerrancy of Scripture)이라고 일컫는데, 종종 성경은 오류가 없는(infallible) 것이라고 언급함으로써 동일한 주장을 편다. 성경의 완전한 진실성이 신학적, 윤리적 가르침에만 적용된다고 믿는 사람이 있는 반면, 역사적 주장도 포함된다고 생각하는 사람도 있다. 나는 성경이 (역사적 주장을 포함하여) 모든 진실한 가르침을 전한다고 여기지만, 이 책은 공공 정책의 문제와 관련이 있는 성경의 신학적, 윤리적 가르침에 초점을 맞출 것이다.

그러나 성경이 참되다고 말하는 것과 우리의 해석이 참되다고 이야기하는 것은 다르다. 이런 인식은 중요하다. 왜냐하면 해석의 과정을 통하지 않고는 성경의 의미에 접근할 수 없기 때문이다. 하지만 이로 인해 절망하거나 모든 사람이 자기가 원하는 방식으로 성경을 해석할 수 있다고 여기기보다는 성경을 해석할 때 겸손한 마음으로 주의를 기울여야 한다. 또한 성경에서 어떤 점이 분명하고 불분명한지를 염두에 두어야 한다(이 책 40-43쪽 참조).

따라서 우리는 자신의 성경 해석 방법을 의식하고 있어야 하며, 심지어 이제 막 성경을 집어 들고 읽기 시작한 사람들마저도 각자 어떤 방법에 의존하여 성경을 본다는 사실을 깨달아야 한다. 첫째, 성경은 히브리어와 그리스어 및 약간의 아람어로 기록되었기 때문에 오늘날 대다수 사람은 현대 번역본을 읽어야만 한다. 성경 번역에 수많은 해석적 결정이 포함되어 있음은 모든 번역가가 인정하는 사실이다. 즉 영어로 된 성경을 보는 사람은 이미 해석된 성경을 읽고 있는 것이다. 그러나 그 후에 더 많은 해석이 이루어져야 하며, 특히 공공 정책과 관련된 중요한 이슈를 다룰 때 우리가 어떤 해석 방법을 사용하는지 알고 있어야 한다.

이런 이유로 성경 본문의 해석 및 사용을 좌우하는 방법론을 간략하게 설명하고자 한다. 우선 해석의 목표를 확인한 다음 그 목표를 달성하기 위한 전략을 논의할 것이다.

해석의 목표: 의미의 위치

해석의 목표를 이해하기 위해서는 먼저 성경 본문의 의미가 어디에 위치해야 하는지를 식별해야 한다. 현재 우리가 사는 포스트모던 시대에는 본문이나 삶에 확정적인 의미가 있는지를 묻는 우리의 시도에 의문이 제기되어 왔다. 이 책은 성경 해석에 대한 포스트모던 비평의 주장을 충분히 분석하기 위한 것은 아니지만, 우리의 다음 논의를 보면 본문의 의미를 발견하려는 목표가 처음부터 불운한 것이라는 생각을 받아들이지 않으면서도 그것이 한때 생각되었던 것만큼 간단하거나 확실하지는 않음을 알 수 있다.[3] 다시 말해 해석 행위에 대한 포스트모던 비평은 성경 본문에 대한 적절하고 옹호할 수 있는 이해에 도달할 가능성을 훼손하지 않는다. 또한 포스트모던 비평은 해석에 있어 절망과 회의주의보다는 겸손을 낳는다.

이런 배경을 바탕으로 우선 문학적 소통(literary communication) 행위를 단순하게 기술해보려고 한다. 요컨대 저자가 독자들에게 본문을 쓴다.

---

3   이에 대해서는 Anthony C. Thiselton, *New Horizons in Hermeneutics* (Grand Rapids: Zondervan, 1992); Kevin Vanhoozer, *Is There a Meaning in This Text? The Bible, the Reader, and the Morality of Literary Knowledge*, 2nd ed. (Grand Rapids: Zondervan, 2009); Tremper Longman III, "Reading the Bible Postmodernly," *Mars Hill Review* 12 (1998): 23-30을 참조하라.

저자-본문-독자

해석자로서 우리는 저자가 쓴 본문의 독자가 된다. 따라서 나는 해석자의 목표가 저자의 메시지를 이해하는 것이라는 진술로 시작한다. 그것은 매우 단순해 보이지만 자세히 살펴보면 오늘날 성경을 해석하는 것은 더 복잡한 일이다.

저자는 누구인가?

창세기나 히브리서 같은 성경 본문의 저자들은 누구이며 우리는 그들이 전하는 의미에 어떻게 접근하는가? 이 질문은 몇 가지 다른 관찰로 이어진다.

첫째, 학자들 사이에서 종종 성경 저자에 대한 논쟁이 발생한다. 전통적인 주장대로 모세가 창세기를 썼는가? 만약 그렇다면 모세는 과거 사건에 관한 자료를 사용했는가? 나중에 그가 죽은 후 본문에 첨가되거나 변경된 내용이 있었는가? 아니면 모세가 죽고 오랜 시간이 지났을 무렵, 가령 바빌로니아 유배기에 기록되었는가? 심지어 히브리서의 저자에 대해서는 합의가 이루어지지 않았다.

정리하면 성경의 많은 책들은 익명으로 기록되었거나 저자에 대해 논쟁의 여지가 있다. 이런 문제가 우리의 성경 해석 목표에 중요한가? 더 깊이 들어가면 성경의 책 대부분은 단번에 한 명의 저자에 의해서가 아니라 책에 따라 장기간에 걸쳐 혹은 비교적 짧은 기간에 다수의 저자에 의해 기록되었다.[4]

우리는 성경 저자에 대한 이런 질문들이 해석의 문제에 중요하지 않다

---

4   구약과 관련된 이 문제들에 대한 나의 견해에 대해서는 Tremper Longman III and Raymond B. Dillard, *Introduction to the Old Testament*, 2nd ed.(Grand Rapids: Zondervan, 2006)을 참조하라.

고 주장할 것이다. 왜냐하면 성경 저자들은 모두 오래전에 죽어서 그들에게 독립적으로 접근할 방법이 없기 때문이다.[5] 우리는 저자가 쓴 본문을 통해서만 저자의 메시지를 들을 수 있다. 그러므로 해석자는 본문 자체에 초점을 맞춘다. 우리는 해석할 때 저자가 기록한 내용을 바탕으로 저자가 전하고자 하는 의미에 대한 가설을 세운다.[6]

문학적 소통 행위에 있어서의 본문에 대한 고찰로 넘어가기 전에, 성경 본문의 저자에 관한 우리의 이해에 또 다른 복잡한 문제를 추가해야 한다. 지금까지 우리는 성경 본문의 인간 저자에 초점을 맞췄는데, 일부 사람들은 여기까지만 다룬다. 그런데 앞서 언급한 대로 성경이 하나님의 말씀이라고 믿는 사람이 많다. 그것이 사실이라면 성경 본문의 궁극적인 저자는 하나님이다.

성경 저자들은 종종 자신들이 하나님을 대신하여 말하거나 기록하고 있다는 사실을 인지하고 있음을 드러낸다. 베드로는 다음과 같이 말함으로써 성경 전체에 대한 일반 원칙을 표현한다. "먼저 알 것은 성경의 모든 예언은 사사로이 풀 것이 아니니 예언은 언제든지 사람의 뜻으로 낸 것이 아니요 오직 성령의 감동하심을 받은 사람들이 하나님께 받아 말한 것임이라"(벧후 1:20-21). 바울은 디모데에게 보낸 편지에서 이와 동일한 이해를 드러낸다. "모든 성경은 하나님의 감동으로 된 것으로 교훈과 책망과 바르게 함과 의로 교육하기에 유익하니, 이는 하나님의 사람으로 온전하게 하며 모든 선한 일을 행할 능력을 갖추게 하려 함이라"(딤후 3:16-17).

---

5   우리는 성경 본문의 해석에 관심이 있기 때문에 저자가 아직 살아 있어서 자신이 쓴 글의 의미를 밝힐 수 있는 문학 작품의 문제는 고려하지 않을 것이다. 다만 그런 상황에서도 저자가 자신의 작품에 대한 무오한 해석자가 될 수 있느냐는 의문이 제기될 수 있다.

6   Geoffrey Strickland, *Structuralism or Criticism? Thoughts on How We Read*(Cambridge: Cambridge University Press, 1981)를 참조하라.

그렇다면 성경의 신적 저자와 인간 저자 사이의 관계를 어떻게 받아들여야 하는가? 그리고 이는 성경 저자의 메시지를 파악하는 것이 해석의 목표라는 우리의 이해에 어떤 영향을 미치는가? 다시 말하지만 이에 대해 많은 논쟁이 있다. 하지만 신약 저자들이 구약 저자들을 놀라게 했을 만한 방식으로 구약을 해석하는 모습을 보면 신적 저자의 의도가 인간 저자의 의식적인 의도와 완전히 일치하지 않는다는 점을 인정해야만 한다. 그렇긴 해도 둘은 모순되지 않는다. 연구 결과 신약 저자들이 구약을 사용함으로써 인간 저자들의 의도에 관한 연구에 의해 식별된 것보다 본문의 더 깊은 의미(*sensus plenior*)를 드러낼 수 있음이 밝혀졌다고 보는 것이 가장 좋은 결론이다. 그렇지만 우리는 영감을 받은 신약 저자가 본문에 감춰진 더 깊은 의미를 드러낼 때만 그것을 식별할 수 있다. 따라서 오늘날에는 인간 저자가 의도한 것이라고 믿는 것에 우리 자신을 제한시켜야 하며, 또한 그것이 신적 저자가 우리에게 전하길 원하는 메시지라고 가정해야 한다.

본문은 무엇인가?

우리는 이미 본문 자체가 생각보다 더 복잡한 기록임을 인정했다. 성경을 구성하는 책 대부분은 일정 기간에 걸쳐 저작되었다. 원본이 가장 확실하다는 의식을 기본으로 성경 각 권의 원래 핵심을 복구하려는 관심을 갖고 저작 역사를 재건하기 위해 본문을 연구하고자 하는 학문적인 욕구를 가진 사람들이 있다. 그러나 정경에 대한 교회의 확언과 일치하는 또 다른 욕구를 가진 쪽에서는 저작 역사와 상관없이 성경 각 권의 최종 형태가 중요하다고 본다. 따라서 하나님이 성경의 최종 형태를 만들어내는 과정에서 한 명 이상의 기록자를 사용하셨을 수도 있지만, 정경으로 인정된 것은 최종 형태다. 이는 좋은 일이다. 왜냐하면 원형을 발견하려는 기획은 주로 추측을 근거로 삼기 때문이다.

예를 들어 욥기를 생각해보자. 우리가 현재 가지고 있는 욥기는 저자 미상에 날짜가 기록되지 않은 문학 텍스트다 보니, 욥기의 저작에 관한 이론이 많다. 욥의 이야기가 이른 시기를 배경으로 한다는 지식은 욥기의 정확한 기록 시기를 밝히는 데 큰 도움이 되지 않는다. 그러나 원문을 식별하려는 이론들이 있다. 원문은 나중에 첨가된 본문으로 인해 확장된다. 예를 들어 엘리후의 연설(32-37장)을 후대에 첨가된 본문으로 보는 이론이 있다. 엘리후는 32:1에서 등장하기 전까지는 소개되지 않으며 그가 말을 마친 후에는 아무도 그에게 응답하지 않기 때문이다. 그렇다면 엘리후의 연설이 포함된 욥기의 최종 형태에서 우리의 해석 대상은 무엇인가? 바로 교회가 정경으로 인정한 욥기의 형태가 우리의 해석 대상이다.[7]

해석의 목표는 신적/인간 저자의 메시지를 듣는 것이다. 우리는 본문과의 상호 작용을 통해 우리의 목표를 향해 나아간다. 따라서 본문을 정확하게 읽기 위해서는 그 당시에 사용된 문학적 관습을 배워야 한다(주요 해석 원칙은 2장을 참조하라).

독자는 누구인가?

저자는 독자에게 메시지를 전달하기 위해 텍스트를 쓴다. 우리는 성경을 읽으면서 무엇보다도 우리가 이 책의 원래 청중이 아니라는 사실을 깨달아야 한다. 성경의 모든 책은 고대 청중의 필요와 질문에 대해 이야기한다. 즉 우리는 성경이 우리를 대상으로 한 기록이 아니라는 점을 염두에 두고 성경을

---

7   욥기의 저작 역사에 대한 더 자세한 논의는 Tremper Longman III, *Job*, Baker Commentary on the Old Testament Wisdom and Psalms (Grand Rapids: Baker, 2012), 24-26을 참조하라. 『욥기 주석』(CLC 역간).

읽어야 한다. 그렇지 않으면 고대 청중과 우리가 맞닥뜨린 상황 사이의 불연속성을 고려하지 못한 채로 성급하게 메시지를 현 상황에 적용하려고 시도할 가능성이 크다.

로마서, 고린도전후서, 갈라디아서 같은 신약의 서신들을 예로 들어보자. 바울은 이 책들의 제목이 된 도시(로마와 고린도)와 지역(갈라디아)에 있는 교회를 대상으로 이 서신들을 썼다. 그들은 저자가 의식적으로 쓰는 편지의 의도된 청중이고, 저자는 그들의 관심사를 다룬다. 비록 우리가 성경의 모든 책이 각자 목표로 삼은 정확한 청중을 알지 못해도, 이 서신들에서 명백한 것은 다른 모든 책에도 해당된다.

성경을 공부할 때 우리가 성경의 의도된 첫 번째 독자가 아님을 아는 것이 중요하다. 특히 21세기 공공 정책과 관련하여 성경을 읽을 때 그 점을 꼭 인식해야 한다. 우리는 이민, 총기 규제, 낙태에 관한 구체적인 정책을 안내하는 성경의 특정 본문을 찾을 수 없다. 그 사실을 인정하되 그런 정책에 대한 우리의 입장과 관련된 원칙들을 찾아낼 것이다. 비록 우리는 성경의 첫 번째 독자가 아니지만, 성경은 그것을 구성하는 다양한 책의 원래 청중을 따르는 신실한 사람들인 우리를 위해 기록되었다.

나는 독자에 대한 주제를 마무리하기 전에 본문을 읽을 때 중요한 요소를 언급하려고 한다. 우리는 한 개인으로서 제한된 관점을 가지고 성경을 읽는다. 또한 유한한 관점을 가지고 본문을 읽는다. 우리를 둘러싼 특정 상황은 본문에 대한 우리의 관점을 넓히기도 하고 제한하기도 한다. 우리는 이 사실을 인식할 필요가 있다. 나는 기독교 신앙인, 남성, 경제적으로 부유한 사람, 미국인, 고대 근동학 박사로서 본문을 읽는다. 나를 설명하는 이 모든 요소가 내 관점을 확대하기도 하고 제한하기도 한다. 예를 들어 나는 고대 근동학 연구로 박사 학위를 받았기 때문에 다른 사람들이 쉽게 인식할 수 없는 구약성경 본문의 배경을 이해할 수 있다. (물론 글을 써서 다른 사람들과 나의 이해를 공유하려고 노력할 때도 있다.) 그러나 이런 학문적 관심에 과도하게 몰입하다 보면 본문이 현재 상황과 맺고 있는 관련성을 놓칠 수도 있다. 교육받지 못한 사람 및 나와 견해를 달리하는 사람들 모두 성경 본문에 대한 나의 이해에 영향을 줄 수 있다.

이것은 절망의 공식인가? 전혀 그렇지 않다. 그런 한계에도 불구하고 우리는 여전히 성경의 의미와 본문이 오늘날 우리와 맺는 관련성을 적절히 파악할 수 있다. 그러나 우리의 한계는 본문을 해석할 때 다른 사람들, 특히 우리와 같지 않은 사람들의 말을 경청하게끔 만든다. 그렇기 때문에 이 책을 위해 나는 여전히 제한된 관점일지라도 다른 관점에서 성경을 해석하는 사람들의 글을 읽었다. 다양한 성서학자, 신학자, 철학자, 목사, 정치 사상가가 쓴 글을 읽었다. 공공 정책에 대해 다른 견해를 가진 사람들의 글을 읽었다. 정치적으로 나보다 더 진보적이거나 보수적인 사람들이 쓴 글을 읽었다. 공공 정책을 통한 현대 문화의 철회, 통합, 변형을 옹호하는 기독교 사상가들의 글을 읽었다. 이런 주제에 대해 남자들과 여자들이 하는 이야기에 귀를 기울였다. 나는 그들의 의견에 동의할 때도 있고 동의하지 않을 때도 있다. 다른 제한된 관점에서 본문을 읽는다고 해서 그로 인해 누군가를 옳다 그르다 판단할 수는 없지만, 우리는 그 과정에서 어려운 성경 본문을 더 깊이 성찰할 수 있게 된다. 물론 나는 우리나라의 공공 정책과 관련이 있다고 믿는 특정 성경 원칙들에 대해 독자인 당신을 설득하려는 의도를 갖고 이 책을 쓰고 있다. 내가 당신을 설득하지 못하더라도 당신이 이를 계기로 그런 문제에 대해 성경적인 사고가 필요하다고 생각하게 된다면, 나는 제법 큰 성취감을 느낄 것 같다.

앞서 언급한 내용을 정리해보자. 현대 독자들은 유명하거나 이름 없는 여러 인간 저자들이 남긴 글을 통해 하나님의 음성을 듣기 위해 성경 본문을 읽는다. 우리는 이제 성경을 통해 하나님의 음성을 듣고자 하는 목표를 달성하기 위해 노력하는 동시에 성경을 연구하는 데 필요한 주요 해석 원칙들에 대한 논의를 시작할 것이다. 이에 앞서 해석 작업이 항상 쉬운 일은 아니며 종종 의견 불일치로 이어진다는 점을 언급하고 싶다. 이런 인식을 혼란스러워하는 사람들이 있기 때문에, 나는 작업을 시작하기에 전에 성경의 중요한 가르침이 갖는 근본적인 명확성을 강조하고자 한다.

17세기에 작성된 웨스트민스터 신앙고백(Westminster Confession of Faith)은 다음과 같은 올바른 이해를 보여준다.

> 성경에 있는 모든 내용은 그 자체가 동일하게 명백한 것도 아니고 모든 사람에게 동일하게 분명한 것도 아니다. 그러나 구원을 위해 알아야 하고 믿어야 하며 준수해야 하는 것들이 성경 여기저기에 너무도 명확하게 제시되고 공개되어 있어서, 배운 사람뿐만 아니라 배우지 못한 사람도 평범한 수단을 적절히 사용하면 충분한 이해에 도달할 수 있다.

우리는 이 진술을 통해 성경이 우리의 구원과 관련된 문제들을 분명히 밝히고 있음을 확인해야 한다. 하나님은 인간을 그분의 형상대로 선하게 창조하셨지만, 인간은 그분에게 반역하고 죄를 지음으로써 하나님, 다른 사람, 피조물과 맺은 관계를 붕괴시켰다(하나님의 형상과 죄에 대해서는 3장을 참조하라). 하지만 하나님은 인간 피조물과 화해를 추구하시는데, 이 사역은 예수 그리스도의 죽음과 부활에서 절정에 이른다. 그분을 믿는 사람들은 하나님과 화해를 이루고 만물이 새롭게 창조되는 그분의 재림을 기다린다.

우리는 초기에 기록된 신조 중 하나를 읽으면서 성경의 분명한 가르침

을 이해하는 또 다른 방법을 발견한다. 사도신경(Apostles' Creed)은 성경의
분명한 핵심 가르침을 다음과 같이 요약한다.

> 나는 전능하신 아버지 하나님, 천지의 창조주를 믿습니다.
> 나는 그의 유일하신 아들, 우리 주 예수 그리스도를 믿습니다.
> 그는 성령으로 잉태되어 동정녀 마리아에게서 나시고,
> 본디오 빌라도에게 고난을 받아 십자가에 못 박혀 죽으시고,
> 장사된 지 사흘 만에 죽은 자 가운데서 다시 살아나셨으며,
> 하늘에 오르시어 전능하신 하나님 우편에 앉아 계시다가,
> 거기로부터 살아 있는 자와 죽은 자를 심판하러 오십니다.
> 나는 성령을 믿으며, 거룩한 공교회와 성도의 교제와
> 죄를 용서받는 것과 몸의 부활과 영생을 믿습니다. 아멘.

성경에 분명히 제시된 이 가르침은 전 세계 그리스도인들을 하나로 연합시
킨다. 그리스도인들의 의견이 일치하지 않는 문제들은 종종 중요하기는 하
지만 성경의 주요 메시지를 이해하는 데 필수적인 것은 아니다. 물론 이 책에
서는 가르침이 분명하게 제시되지 않은 문제들을 다루고 있기 때문에, 공공
정책에 적용되는 원칙들의 명확한 표현과 그 원칙의 현대적인 적용 방법에
대해 지속적으로 논쟁이 발생할 것이다. 그 과정에서 상대적으로 어떤 원칙
이 더 분명하게 드러나겠지만, 우리는 이를 통해 겸손한 자세로 해석에 임해
야 하며 의견이 불일치할 때는 예의를 갖춰야 함을 확인한다. 어떤 의견에 대
해 강경하게 반대할수록 나의 의견이 얼마나 보잘것없는지가 드러난다. 오
늘날 정치적인 문제에 대해 우파나 좌파에 속한 그리스도인들은 불행하게도
세속의 상대를 모방하다가 중요한 논의에서 잘못된 어조를 취하게 된다.

2   정치적 결정을 내리기 위해 성경을 읽는 방법

주요한 해석 원칙들

우리의 목표는 성경을 읽을 때 성경에서 하나님(궁극적인 저자)의 음성을 듣는 것이다. 그러므로 신실한 사람들에게 성경 읽기는 성스러운 일이다. 그것은 독자로서 비판적인 능력을 내려놓는다는 의미가 아니다. 앞서 말했듯이 성경의 가르침은 모든 면에서 참일 수 있지만 우리의 해석은 그렇지 않다. 우리는 성경을 읽으면서 비판적인 능력을 계속 활용해야 한다.

    동시에 성경이 하나님의 말씀임을 염두에 두고 읽어야 한다. 따라서 우리는 기도하면서 성경을 읽어야 하고, 성경이 우리를 불편하게 만들지라도 성경의 가르침을 믿고 순종할 준비를 갖춰야 한다. 만약 불편한 감정이 들지 않는다면 성경을 올바르게 읽고 있는 것이 아닐 수 있다. 삼위일체 하나님은 성경을 통해 말씀하신다. 바울은 "우리가 이것을 말하거니와 사람의 지혜가 가르친 말로 아니하고 오직 성령께서 가르치신 것으로 하니 영적인 일은 영적인 것으로 분별하느니라"(고전 2:13)고 주장한다. 그는 계속해서 이것이 사실이기 때문에 "육에 속한 사람은 하나님의 성령의 일들을 받지 아니하나니 이는 그것들이 그에게는 어리석게 보임이요, 또 그는 그것들을 알 수도 없나니 그러한 일은 영적으로 분별되기 때문이라. 신령한 자는 모든 것을 판단하나 자기는 아무에게도 판단을 받지 아니하느니라. 누가 주의 마음을 알아서 주를 가르치겠느냐? 그러나 우리가 그리스도의 마음을 가졌느니라"(고전 2:14-16)고 말한다.

이 말은 믿음이 없는 사람들은 성경 본문의 의미를 이해할 수 없다는 뜻이 아니다. 또한 성령을 모시고 있는 사람들은 오류가 없는 해석 능력을 갖고 있다는 의미도 아니다. 읽고 이해하는 신실한 사람들은 하나님의 음성을 듣고 있다는 사실을 깨달음으로써 단순히 지적인 이해를 넘어서 변화된 삶으로 인도된다는 것이 바울의 참뜻이다.

그렇다면 기도의 맥락에서 공공 정책(또는 그 문제에 대한 다른 주제)과 관련된 우리의 생각을 인도할 원칙들을 발견하기 위해 성경 본문을 읽을 때 어떤 해석 전략을 염두에 두어야 하는가?

어떤 유형의 글인가? 장르를 식별하라

꼭 성경이 아니어도 우리는 자신이 읽고 있는 문헌의 종류를 알고 있어야 한다. 저자들이 완전히 새로운 문학적 소통 양식을 만들어내는 것은 아니다. 그렇게 하면 고대나 현대의 독자들이 그 글을 인지할 수 없게 된다. 우리는 독자의 입장에서 저자들의 말을 받아들이는 방법을 알기 위해 그들이 우리에게 보내는 신호에 주목한다. 즉 장르(문학 유형에 대한 전문 용어)는 우리에게 읽기 전략을 제공한다. 저자는 문학 유형의 경계를 넓힐 수는 있지만 완전히 새로운 범주를 만들지는 않는다. 독자들은 그 신호에 주목하여 자신이 읽고 있는 글의 장르를 인식하고, 그렇게 저자들이 글을 통해 전달하는 메시지를 이해함으로써 유능한 해석자가 된다.

오늘날 서점에 가면 전기, 소설, 역사책, 자습서 등의 다양한 섹션이 있다. 사실 소설은 표지만 봐도 바로 소설임을 알 수 있다. 때때로 글 자체에서 강한 신호가 나온다. "옛날 옛적에…"로 시작되는 문구는 그 작품이 동화임을 알려준다.

성경은 단권이 아닌 여러 종류의 책들을 모아놓은 것이다. 이 책들은 고대 문학이며(다음 소제목 참조) 그 장르가 바로 눈에 드러날 정도로 명확하지 않을 수 있음을 기억해야 한다. 여기서 나는 진지한 성경 독자가 되기 위해서는 성경 문학의 다양한 유형과 그것들이 작동하는 방법에 정통할 필요가 있음을 강조하고 싶다. 그럼에도 불구하고 성경의 주요 메시지는 성경 장르에 얼마나 해박한 지식을 갖고 있는지와는 관계없이 모든 독자에게 분명히 드러난다(성경에서 명확한 것과 명확하지 않은 것에 대해서는 앞서 논의한 내용을 참조하라). 그러나 공공 정책과 관련된 원칙들을 분별하기 위해 성경의 다양한 부분을 해석하고 적용할 때는 우리가 역사, 법, 시, 지혜, 예언, 서신, 묵시 중 어떤 장르를 읽고 있는지를 아는 것뿐만 아니라 각 장르가 작용하는 방식을 이해하는 것이 중요하다.

다른 책에서는 성경 장르에 관한 개관을 설명한 적이 있지만,[1] 이 책에서는 다른 방식을 취하려고 한다. 여기서는 성경 연구 및 공공 정책과 관련된 경우에만 특정 장르에 대한 연구를 소개할 것이다(예를 들어 법에 관한 연구는 다음 섹션들을 참조하라).

----

1   다양한 성경 장르에 대한 읽기 쉬운 개론에 관심 있는 독자는 Tremper Longman III, *Reading the Bible with Heart and Mind*(Colorado Springs, CO: NavPress, 1997)를 참조하면 된다.

기억하라: 성경은 우리를 대상으로 기록된 글이 아니다

우리는 성경을 읽으면서 성경이 우리가 아닌 고대의 청중을 대상으로 기록된 글이라는 점을 끊임없이 상기할 필요가 있다. 고대의 청중에게는 그들만의 질문과 관심사가 있었다. 성경 저자는 원래 청중이 이해하는 방식으로 그 관심사를 다루고 당시 문화적 맥락에서 통용된 은유를 사용함으로써 그들에게 친숙한 방식으로 이전의 성경을 인용하고 반향시키는 등의 일을 한다.

성경이 현재를 사는 우리를 대상으로 한 기록이 아니라는 점을 인식하지 못한다면, 우리는 성경 구절을 성급하고 불합리하게 지금 상황에 적용할 것이다. 미국의 기독교 공공 정책과 관련해 가장 오용되는 구절 중 하나는 아마도 역대하 7:14일 것이다. "내 이름으로 일컫는 내 백성이 그들의 악한 길에서 떠나 스스로 낮추고 기도하여 내 얼굴을 찾으면 내가 하늘에서 듣고 그들의 죄를 사하고 그들의 땅을 고칠지라"(대하 7:14). 이 구절은 미국의 상황을 언급하면서 자주 인용되곤 한다. 그들은 만약 이 나라가 하나님께로 향하고 (비록 그리스도인 사이에서 악한 행위가 무엇인지를 놓고 의견 차이가 있더라도) 우리가 저지른 악한 행위에서 돌아서면 하나님께서 이 땅을 고치실 것이라고 주장한다. 그런데 이런 사고방식을 지닌 사람들은 이 구절이 원래 하나님이 이스라엘의 왕 솔로몬에게 하신 말씀이라는 사실을 잘 모른다는 게 문제다. 이스라엘은 하나님과의 관계에 있어서 미국을 포함한 다른 민족이 공유할 수 없는 특별한 지위를 가지고 있는 나라다. 이에 대해 앞서 설명했지만 (20-21쪽 참조), 일단 구약과 신약 사이의 연속성과 불연속성을 주의 깊게 고려하면 이 구절은 국가보다 교회에 적용되는 것이 더 적절하다. 오늘날에는 교회가 하나님의 백성이기 때문이다.

성경이 우리를 대상으로 쓰인 기록이 아니라는 사실을 다루는 일이 왜 중요한지는 우리의 나중 연구와 관련이 있지만, 그 중요성이 확장된 예로 우리가 구약의 율법을 어떻게 읽어야 하는지에 관해 생각해보자. 이 책을 읽는 독자들은 소위 십계명(실제로는 성경 본문[신 10:4]에서 "열 개의 말씀들"이라 불림; 출 20:2-17; 신 5:6-21)에 친숙할 것이다. 십계명은 일반적인 윤리 원칙처럼 제시되는데(전문 용어로 필연법[apodictic law]이라 함), 이는 고대 근동에서도 독특한 형태였다.[2]

출애굽기 20:1-17(숫자는 덧붙인 것임)

하나님이 이 모든 말씀으로 말씀하여 이르시되

"나는 너를 애굽 땅, 종 되었던 집에서 인도하여 낸 네 하나님 여호와니라.

① 너는 나 외에는 다른 신들을 네게 두지 말라.

② 너를 위하여 새긴 우상을 만들지 말고 또 위로 하늘에 있는 것이나 아래로 땅에 있는 것이나 땅 아래 물속에 있는 것의 어떤 형상도 만들지 말며 그것들에게 절하지 말며 그것들을 섬기지 말라. 나 네 하나님 여호와는 질투하는 하나님인즉 나를 미워하는 자의 죄를 갚되 아버지로부터 아들에게로 삼사 대까지 이르게 하거니와 나를 사랑하고 내 계명을 지키는 자에게는 천 대까지 은혜를 베푸느니라.

③ 너는 네 하나님 여호와의 이름을 망령되게 부르지 말라. 여호와는 그의 이름을 망령되게 부르는 자를 죄 없다 하지 아니하리라.

---

2   적어도 에쉬눈나(Eshnunna), 리피트이쉬타르(Lipit-Ishtar), 함무라비(Hammurabi) 법전 같은 다른 법 모음집과 비교하면 그렇다.

④ 안식일을 기억하여 거룩하게 지키라. 엿새 동안은 힘써 네 모든 일을 행할 것이나 일곱째 날은 네 하나님 여호와의 안식일인즉, 너나 네 아들이나 네 딸이나 네 남종이나 네 여종이나 네 가축이나 네 문안에 머무는 객이라도 아무 일도 하지 말라. 이는 엿새 동안에 나 여호와가 하늘과 땅과 바다와 그 가운데 모든 것을 만들고 일곱째 날에 쉬었음이라. 그러므로 나 여호와가 안식일을 복되게 하여 그 날을 거룩하게 하였느니라.

⑤ 네 부모를 공경하라. 그리하면 네 하나님 여호와가 네게 준 땅에서 네 생명이 길리라.

⑥ 살인하지 말라.

⑦ 간음하지 말라.

⑧ 도둑질하지 말라.

⑨ 네 이웃에 대하여 거짓 증거하지 말라.

⑩ 네 이웃의 집을 탐내지 말라. 네 이웃의 아내나 그의 남종이나 그의 여종이나 그의 소나 그의 나귀나 무릇 네 이웃의 소유를 탐내지 말라."

한편 십계명 뒤에 나오는 율법들(출 20장; 신 5장)은 일반적으로 사례법(case laws)이라고 불린다. 다음은 사례법의 몇 가지 예로서 일부는 이후 논의와 관련이 있다.

① 제단법(altar law)

내게 토단을 쌓고 그 위에 네 양과 소로 네 번제와 화목제를 드리라. 내가 내 이름을 기념하게 하는 모든 곳에서 네게 임하여 복을 주리라. 네가 내게 돌로 제단을 쌓거든 다듬은 돌로 쌓지 말라. 네가 정으로 그것을 쪼면 부정하게 함이니라. 너는 층계로 내 제단에 오르지 말라. 네 하체가 그 위에서 드러날까 함이니라(출 20:24-26).

② 노예제와 일부다처제

네가 히브리 종을 사면 그는 여섯 해 동안 섬길 것이요 일곱째 해에는 몸값을 물지 않고 나가 자유인이 될 것이며 만일 그가 단신으로 왔으면 단신으로 나갈 것이요 장가 들었으면 그의 아내도 그와 함께 나가려니와, 만일 상전이 그에게 아내를 주어 그의 아내가 아들이나 딸을 낳았으면 그의 아내와 그의 자식들은 상전에게 속할 것이요 그는 단신으로 나갈 것이로되…사람이 자기의 딸을 여종으로 팔았으면 그는 남종 같이 나오지 못할지며 만일 상전이 그를 기뻐하지 아니하여 상관하지 아니하면 그를 속량하게 할 것이나 상전이 그 여자를 속인 것이 되었으니 외국인에게는 팔지 못할 것이요 만일 그를 자기 아들에게 주기로 하였으면 그를 딸 같이 대우할 것이요 만일 상전이 다른 여자에게 장가들지라도 그 여자의 음식과 의복과 동침하는 것은 끊지 말 것이요 그가 이 세 가지를 시행하지 아니하면, 여자는 속전을 내지 않고 거저 나가게 할 것이니라(출 21:2-4, 7-11).

③ 임신한 여성과 태아에게 입힌 상해

사람이 서로 싸우다가 임신한 여인을 쳐서 낙태하게 하였으나(문자적으로는 "그녀의 아이가 밖으로 나왔다") 다른 해가 없으면 그 남편의 청구대로 반드시 벌금을 내되 재판장의 판결을 따라 낼 것이니라. 그러나 다른 해가 있으면 갚되 생명은 생명으로, 눈은 눈으로, 이는 이로, 손은 손으로, 발은 발로, 덴 것은 덴 것으로, 상하게 한 것은 상함으로, 때린 것은 때림으로 갚을지니라(출 21:22-25).

④ 월경 중인 여성과의 성교

너는 여인이 월경으로 불결한 동안에 그에게 가까이하여 그의 하체를 범하지 말지니라(레 18:19).

⑤ 동성애 관계

너는 여자와 동침함같이 남자와 동침하지 말라. 이는 가증한 일이니라(레 18:22).

누구든지 여인과 동침하듯 남자와 동침하면 둘 다 가증한 일을 행함인즉 반드시 죽일지니 자기의 피가 자기에게로 돌아가리라(레 20:13).

⑥ 밭에 두 종자를 섞어 파종하지 말 것

네 밭에 두 종자를 섞어 뿌리지 말며(레 19:19).

⑦ 지붕에 난간을 만들라는 명령

네가 새 집을 지을 때에 지붕에 난간을 만들어 사람이 떨어지지 않게 하라. 그 피가 네 집에 돌아갈까 하노라(신 22:8).

⑧ 재판장 임명

네 하나님 여호와께서 네게 주시는 각 성에서 네 지파를 따라 재판장들과 지도자들을 둘 것이요, 그들은 공의로 백성을 재판할 것이니라. 너는 재판을 굽게 하지 말며 사람을 외모로 보지 말며 또 뇌물을 받지 말라. 뇌물은 지혜자의 눈을 어둡게 하고 의인의 말을 굽게 하느니라. 너는 마땅히 공의만을 따르라. 그리하면 네가 살겠고 네 하나님 여호와께서 네게 주시는 땅을 차지하리라(신 16:18-20).

이는 출애굽기, 레위기, 민수기, 신명기에서 십계명 이후에 발견되는 수많은 사례법의 몇 가지 예에 불과하지만, 사례법이 구약 시대에 어떻게 기능했는지를 보여주는 데 도움이 될 것이다(이 법이 오늘날 어떻게 읽히고 적용되어야 하는지에 대해서는 다음에 나오는 연속성과 불연속성에 관한 논의를 참조하라).

사례법은 십계명에서 표현된 일반적인 윤리 원칙들(ethical principles)을 적용한 것이다. 다시 말해 각 사례법은 십계명에서 발견되는 하나 이상의 윤리 원칙을 취해 그것을 이스라엘인들의 삶의 특정한 상황에 적용한다. 특히 사례법은 당시 이스라엘과 관련이 있는 방식으로 원칙을 적용한다. 따라서 각 조항은 구약 시대 동안 하나님의 백성이 처한 문화적, 사회학적, 구속사적 상황을 보여준다. **구속사적 상황**(redemptive-historical situation)은 단순히 이 율법들이 예수가 오시기 전의 기간에 적용되었다는 것을 의미한다. **문화적, 사회학적** 상황은 하나님의 백성이 주로 농경 부족 연합체—결국 군주 국가와 가부장제 사회(아래에서 설명됨)가 된다—를 이루어 살던 때에 각 조항이 적용되었다는 것을 의미한다. 이는 포괄적인 설명이라기보다는 예시를 위한 것이다.

그러나 이 개념들을 앞서 언급한 소수의 사례법에 적용함으로써 우리가 의미하는 바를 설명할 수 있다. 독자들이 참조하기 쉽도록 각 구절을 절을 나타내는 숫자가 아니라 우리가 임의로 부여한 번호나 제목으로 인용할 것이다. 1-6, 8번 사례법은 이스라엘 사람들이 직면했던 특정한 상황에 십계명의 일반적인 윤리 원칙을 어떻게 적용하고 있는가?

1-5번 사례법과 8번 사례법은 십계명에 분명한 뿌리를 두고 있다. 제단법(1번 사례법)은 형상을 만드는 것을 금지하는 제2계명을 적용한다. 만약 다듬은 돌로 제단을 만들면, 제단을 만드는 일은 위험할 정도로 우상을 제작하는 일과 비슷해진다. 노예제 및 일부다처법(2번 사례법)은 도둑질을 금하

는 제8계명을 고려한다. 왜냐하면 할당된 시간을 초과해서까지 한 사람을 종으로 두는 것은 납치 행위가 되기 때문이다. 그러나 이 법은 제7계명도 가리키는데, 이는 두 번째 아내를 취할 때 갖추어야 하는 조건들을 규정함으로써 간음을 금지한다. 임신한 여성과 태아에게 입힌 상해에 관한 법(3번 사례법)은 살인 즉 불법적으로 생명을 빼앗는 것을 금지하는 제6계명을 적용하고, 살해뿐만 아니라 상해도 금지한다. (임신한 여인이 조산한 것으로 표현한) NIV의 번역에도 불구하고 히브리어로는 태아가 사산된 것(유산됨)과 대조적인 의미로서 "조산된" 것인지가 분명하게 드러나지 않는다. 여기서는 이 점을 간단히만 언급하고 7장에서 유산에 대해 자세히 논의할 예정이다.

4번과 5번 사례법 아래에 열거된 법들도 명백히 간음에 관한 제7계명과 연결되어 있으며, 10장에서 동성애와 동성 결혼에 대해 논의할 때 이 내용을 더 살펴볼 것이다. 이스라엘에서 재판장의 임명에 관한 법(8번 사례법)은 십계명과 여러 연결점을 가지고 있다. 첫째, 이 법은 권위를 세우는 것과 연관되어 있기 때문에 부모를 공경하라는 제5계명과 관련이 있다. 뇌물 수수에 관한 경고의 관점에서 이 법은 도둑질을 금하는 제8계명과 연결된다. 그리고 일반적으로 공정한 정의를 주장한다는 점에서 모든 계명과 동일한 목적을 가지고 있다.

이제 밭에 두 종자를 섞어 뿌리는 것에 관한 법(6번 사례법)이 남았다. 세심한 독자라면 지금까지 우리가 제단에 오르는 계단을 만드는 일을 금지하는 제단법의 일부에 대한 설명이 없음을 알아챘을 것이다. 이것은 어떻게 해석해야 하는가?

또한 이 법들은 십계명의 일반적인 윤리 원칙들을 단순히 적용하는 것 외에도 현실적으로 작동하는 원칙들을 가지고 있다. 동시에 우리는 이 법들이 구약 시대에 특별한 긴급성을 가지고 있었음을 보게 될 것이다.

종자를 섞어 뿌리는 것을 금지하는 법(그리고 한 가지 이상의 재료로 된 옷을 입지 말라는 법과 유사한 다른 법들; 레 19:19도 보라)은 이스라엘이 다른 민족과 분리되어야 하는 이유를 이해시키기 위한 것이다. 이스라엘은 열방에 대한 하나님의 축복의 통로가 되어야 했기 때문에(창 12:1-3) 이방인들과 분리되어야만 했다. 그렇다고 해서 이 기간에 이방인들이 이스라엘에 합류할 수 없었다는 뜻은 아니다(룻, 헷 사람 우리야, 살갈 등 많은 이들을 생각해보라). 실제로 이스라엘은 이집트에서 나올 때도 혼합된 무리였다(수 8:30-35). 이스라엘은 완전히는 아니어도 적어도 다른 민족과 뚜렷이 구별되는 종교 집단이어야 했다. 그리고 밭에 종자를 섞어 뿌리는 것을 금지하는 이런 법은 이스라엘의 특성을 상기시키는 역할을 했다.[3]

그런데 제단으로 올라가는 계단의 설치를 저지하는 법은 어떤가? 이 역시 이방인과의 분리를 명하는 법과는 약간 다르지만 당대의 유사한 문제를 보여준다. 또한 주변의 이교 민족과 특히 바알을 숭배하는 가나안 사람들이 하는 행동을 금지하는 법들도 있다. 가나안 사람들(그리고 다른 주변 민족들)의 종교에는 숭배와 관련된 성적 의식(sexual rituals)이 있었다. 심지어 이스라엘에서는 백성들이 제단 주변에서 벌어지는 성적 의식을 알아차리지 못하게끔 계단 설치를 금하는 법을 제정함으로써 예복 아래로 드러나는 제사장의 몸을 보지 못하도록 조치를 취했다.

이런 법이 만들어진 동기 중 다수가 생소하게 여겨진다 해도 십계명의 일반적인 윤리 원칙들이 문화적, 종교적 순간에 적용되고 있는 것이기 때문에 놀라운 일은 아니다. 그렇다고 해서 구약의 모든 사례법이 오늘날 우리와

---

3 이스라엘인과 이방인 사이의 구별을 유지하는 데 관심이 있는 법들의 실례로서 하나님의 백성에게 주변 민족과 구별된 음식을 먹으라고 지시하는 음식법(레 11장)도 인용할 수 있다.

관련이 없다는 뜻이 되는가? 우리가 제단법을 준수하지 않고 일부다처제나 노예 제도를 따르지 않으며 혹여 종자를 섞어 뿌릴까 봐 걱정하지 않는다고 해서 성에 관한 법들이 우리와의 연관성을 잃게 되는가? 우리는 다음 섹션에서 이 질문에 대해 살펴볼 것이다.

> **해석 원칙 2:** 반드시 성경 본문을 먼저 원래의 고대 맥락에서 읽어라.

구약과 신약 사이의 연속성과 불연속성

구약과 신약 사이의 관계의 본질은 성경을 읽는 그리스도인이 맞닥뜨리는 가장 중요하고 복잡한 해석 문제 중 하나다. 이 관계는 그리스도인들이 그리스도 이후의 시대에 구약을 읽고 적용하는 방식에 막대한 영향을 미치기 때문에 현대의 공공 정책 분야와 구약을 접목시키려 할 때 매우 중요한 문제다. 이 문제에 대한 견해는 오늘날 현대 미국의 정치 상황과 관련하여 특히 구약이 어떻게 인용되는지에 영향을 미칠 것이다. 엄격한 연속성이나 절대적인 불연속성 중 어느 하나를 가정하는 사람들은 구약에서 이용할 수 있는 자원을 오용하거나 무시하게 된다.

최근 및 현대의 해석적 관행과 이론에서 완전하거나 근사한 불연속성뿐만 아니라 완전하거나 근사한 연속성의 양극단에 가까운 예를 발견할 수 있다. 전자의 경우 신정(theonomy)이나 기독교 재건주의(Christian reconstruction)라는 학설로 알려진 학자 그룹의 작업을 인용할 수 있다. 이들은 1970년대 후반부터 밀레니엄 전환기까지 번성했다.[4] 지난 20년간 영향

---

4   Rousas John Rushdoony, *The Institutes of Biblical Law* (Nutley, NJ: Craig, 1973); Greg L.

력을 미치다가 사라졌지만, 그들의 주장은 구약과 신약의 강한 연속성을 고수하는 사람들의 사고방식을 보여준다. 실제로 그들은 미국이 성경적 가치를 반영하기 위해서는 구약의 율법과 형벌을 채택해야 한다고 주장했다. 또한 전성기에는 도덕적 다수파 운동(Moral Majority movement)의 주요 인물인 제리 폴웰(Jerry Falwell)과 팻 로버트슨(Pat Robertson) 같은 사람들의 사고에 큰 영향을 미쳤다.

이와 다른 진영에 속한 사람들은 구약과 신약 사이에 강한 불연속성이 있으며 전자는 율법, 후자는 은혜의 시대라는 견해를 표현한다. 세대주의자(dispensationalist)와 루터 신학의 특정 형태가 이 사고방식을 장려한다. 물론 예수께서 오신 이후로 구약이 더 이상 그리스도인과 관련이 없다고 주장하는 오늘날의 기독교 지도자들이 훨씬 더 급진적이다.

우리는 신약이 구약을 어떻게 전용하는지를 살펴보는 과정에서 적절한 이해가 발견될 수 있음을 관찰했다. 연속성과 불연속성이 모두 존재한다. 다시 말하지만 이 책은 이 문제를 논의하기에 적합한 공간이 아니다. 그럼에도 불구하고 나는 구약과 신약 사이에 불연속성 및 연속성이 존재한다는 생각을 뒷받침하는 몇몇 본문을 인용할 것이다.

우리는 일반적인 진술로 논의를 시작할 수 있다. (복음서 이야기에서 묘사된 예수뿐만 아니라) 신약의 저자들은 결코 구약을 부인하지 않았으며 예수의 삶과 사역이 구약의 기대가 성취된 결과라고 생각했다. 실제로 누가는 예수가 자신을 특별한 구약 구절뿐만 아니라 성경 전체에 걸쳐 기대되었던 분으로 인식하셨다고 말한다. 죽은 자들 가운데서 살아난 다음 하늘로 올라가시

Bahnsen, *Theonomy in Christian Ethics* (Nutley, NJ: Craig, 1977). 광범위한 비평은 William S. Barker and W. Robert Godfrey, *Theonomy: A Reformed Critique*(Grand Rapids: Zondervan, 1990)을 참조하라.

기 전에 예수는 그의 죽음으로 혼란스러워하는 제자들에게 다음과 같이 말씀하셨다.

> 이르시되 "미련하고 선지자들이 말한 모든 것을 마음에 더디 믿는 자들이여, 그리스도가 이런 고난을 받고 자기의 영광에 들어가야 할 것이 아니냐?" 하시고 이에 모세와 모든 선지자의 글로 시작하여 모든 성경에 쓴 바 자기에 관한 것을 자세히 설명하시니라(눅 24:25-27; 참조. 24:44-45).

이와 비슷하게 요한복음에서 예수는 의심하는 자들에게 다음과 같이 반응하신다. "너희가 성경에서 영생을 얻는 줄 생각하고 성경을 연구하거니와 이 성경이 곧 내게 대하여 증언하는 것이니라. 그러나 너희가 영생을 얻기 위하여 내게 오기를 원하지 아니하는도다"(요 5:39-40).

이 두 구절과 다른 구절들은 구약과 신약 사이의 연속성을 드러내는 주요 자리가 예수 자신임을 분명히 한다. 그러나 여기에는 불연속성도 있다. 중세 초기의 위대한 신학자 아우구스티누스는 이를 다음과 같이 표현했다. "신약은 구약 안에 감추어져 있고, 구약은 신약 안에 계시되어 있다."

우리는 또한 다양한 성경 언약과 관련하여 구약과 신약 사이의 연속성과 불연속성을 설명할 수 있다. 구약에서 하나님은 노아(창 9장), 아브라함(창 12:1-3; 15, 17), 모세(출 19-24), 다윗(삼하 7장)과 언약을 맺으신다. 구약 시대 말에 이스라엘이 언약을 파기하자 하나님은 예루살렘 멸망과 바빌로니아 포로 생활의 형태로 심판을 내리셨다. 그러나 심판 중에서도 회복과 훨씬 더 좋은 언약의 도래에 대한 소망을 주셨다. 예레미야는 이를 새 언약(new covenant)이라고 부른다.

여호와의 말씀이니라. "보라, 날이 이르리니 내가 이스라엘 집과 유다 집에 새 언약을 맺으리라. 이 언약은 내가 그들의 조상들의 손을 잡고 애굽 땅에서 인도하여 내던 날에 맺은 것과 같지 아니할 것은 내가 그들의 남편이 되었어도 그들이 내 언약을 깨뜨렸음이라." 여호와의 말씀이니라. "그러나 그날 후에 내가 이스라엘 집과 맺을 언약은 이러하니 곧 내가 나의 법을 그들의 속에 두며 그들의 마음에 기록하여 나는 그들의 하나님이 되고 그들은 내 백성이 될 것이라." 여호와의 말씀이니라. "그들이 다시는 각기 이웃과 형제를 가르쳐 이르기를 '너는 여호와를 알라' 하지 아니하리니 이는 작은 자로부터 큰 자까지 다 나를 알기 때문이라. 내가 그들의 악행을 사하고 다시는 그 죄를 기억하지 아니하리라." 여호와의 말씀이니라(렘 31:31-34).

신약은 이 언약이 예수의 강림과 함께 완전히 효력을 발휘한다고 선언한다(눅 22:20; 히 8:7-13; 10:15-18). 오늘날 그리스도인들은 새 언약 공동체의 구성원이다. 따라서 구약과 신약 공동체 사이에는 불연속성이 있다. 나는 이에 대해 이 책 전체에 걸쳐 설명할 것이다. 나중에 더 자세히 살펴보겠지만 구약 공동체는 한 민족인 이스라엘인 반면, 새 언약 공동체는 모든 민족으로부터 나온 교회다. 어떻게 그런 연속성과 불연속성이 구약의 하나님 백성(민족)에게서 도출된 원칙들을 신약의 하나님 백성(교회)에게 적용할 수 있는 방향으로 영향을 미치는지는 이어지는 장들을 통해 확인할 수 있다.

옛 언약과 새 언약 사이에 엄격한 연속성이 있다고 보는 것도 잘못이지만, 옛 언약에서 새 언약으로의 이행이 단순한 교체를 의미한다는 생각 역시 잘못된 것이다. 그것은 오히려 성취다. 예수가 얼마나 정확히 옛 언약을 성취하시는지를 살피는 것은 본 연구의 범위를 벗어난다.[5] 나는 원래 연구 목적을 위해 바울이 갈라디아서에서 언약들의 관계에 대해 진술한 내용을 간단히 인용할 것이다. 이런 맥락에서 바울은 그의 독자들에게 율법을 강조하는 모세 언약이 하나님의 은혜로운 약속을 강조하는 아브라함 언약을 단순히 대체했다고 믿는 사람들을 조심해야 한다고 경고하고 있다(갈 3:15-29). 그는 그런 것이 아니라며 다음과 같이 말한다. "내가 이것을 말하노니 하나님께서 미리 정하신 언약을 사백삼십 년 후에 생긴 율법이 폐기하지 못하고 그 약속을 헛되게 하지 못하리라"(갈 3:17). 또한 새 언약은 옛 언약을 버리는 것이 아니라(불연속성), 옛 언약과의 불연속성뿐만 아니라 연속성을 보존하는 방식으로 옛 언약을 성취한다. 그는 예수를 아브라함에게 약속된 궁극적인 씨(또는 자손)라고 부름으로써 이 사실을 전달한다(갈 3:16). 그는 사실상 하나의 이스라엘(Israel of one)이다. 그리고 이 하나의 이스라엘에 참여하길 원하는 사람들은 그들의 출생이 아닌 그리스도와의 연합 덕분에 그렇게 한다("너희가 그리스도의 것이면 곧 아브라함의 자손이요 약속대로 유업을 이을 자니라", 갈 3:29).

이 구절들은 구약과 신약 사이의 연속성과 불연속성을 설명하기 위해 선택할 수 있는 많은 본문 중 소수에 불과하지만, 이제 구약 율법의 문제로 돌아가자. 율법의 연속성과 불연속성의 문제를 어떻게 탐색하는가? 이 문제는 현대의 공공 정책 이슈를 다룰 때 숙고해야 할 성경적 원칙들을 이해하는 데 특별한 역할을 할 것이다.

예수께서 산상수훈에서 그 문제에 대해 명시적으로 진술하신 내용을 살펴봄으로써 우리의 대답을 시작한 다음에 이전 섹션에서 논의했던 사례

....

5   O. Palmer Robertson, *Christ of the Covenants*(Phillipsburg, NJ: P&R, 1987)는 이에 대해 도움이 될 만한 설명을 제공한다.

법(case laws) 연구로 돌아가자.

> 내가 율법이나 선지자를 폐하러 온 줄로 생각하지 말라. 폐하러 온 것이 아니요
> 완전하게 하려 함이라. 진실로 너희에게 이르노니 천지가 없어지기 전에는 율
> 법의 일점일획도 결코 없어지지 아니하고 다 이루리라(마 5:17-18).

둘 다 있다 하더라도 신약이 구약과 연속적인 때와 불연속적인 때를 어떻게
결정하는가? 불행히도 쉬운 공식은 없다. 오히려 신약이 구약을 어떻게 전
용하는지에 대한 주의 깊은 연구가 우리의 가장 확실한 지침이 된다. 설명을
위해 구약의 사례법을 살펴보자.

앞서 사례법의 기능을 사회학적, 문화적, 구속사적 맥락과 관련된 특정
상황에 십계명의 원칙들을 적용하는 것이라고 설명했다. 우리는 21세기 미
국의 그리스도인으로서 두 가지 의미의 다른 맥락에서 살고 있다. 그래서 사
례법이 여전히 우리의 삶과 관련이 있는지, 관련이 있다면 어떤 식으로 관련
이 있는지를 고찰할 때 이런 다른 맥락을 고려해야 한다.

사례법이 관련성을 유지하는지의 여부는 새로운 구속-신학적 맥락이
우리에게 어떻게 영향을 주는가에 달려 있다. 마태복음 5:17에 있는 예수의
말씀에서 우리는 다음과 같은 질문을 해야 한다. 이 율법은 "성취"되어서 더
이상 지켜질 필요가 없는가?

그리고 실제로 사례법 중에는 그리스도의 오심과 함께 그 목적이 성취
된 것이 많다. 여기에는 희생제사(레 1-7장), 제사장직, 거룩한 장소에 관한
법 등이 포함된다.

대표적으로 앞서 언급한 사례법 중 제단법(1번 사례법)은 우리와 더는
관련 없는 법의 좋은 예다. 제단은 하나님께서 인간을 인격적으로 만나신 거

룩한 공간을 의미했다. 그러나 지금은 예수께서 오셨으므로 모든 공간이 거룩하다. 우리는 더 이상 제단(또는 그 문제에 대해서는 성전)을 세우지 않는다.[6]

앞서 설명한 바와 같이 종자를 섞어 뿌리는 것을 금지한 것(6번 사례법)은 음식법을 포함한 다른 법들과 함께 이스라엘 백성과 이방인의 분리를 예시한 법의 한 예다. 새로운 구속사적 순간에 유대인과 이방인을 분리하던 벽이 허물어졌다. 그 분리를 강화하는 법들도 원래 목적을 달성했기 때문에 더이상 준수할 필요가 없다.

월경 중인 여성과 성관계를 갖는 것(4번 사례법)도 마찬가지다. 이는 이스라엘 사람들에게 특정한 신학적 개념들을 예시하기도 했던 정결법에 속한다. 이 경우에 사정한 남성처럼(레 15:16-17) 월경 중인 여성은 의식(儀式)적으로 부정한 존재로 간주된다. 왜 그런가? 이를 성경 본문이 우리에게 알려주지 않는 것은 사실이다. 하지만 거룩한 것과 접촉함으로써 의식적으로 부정하게 될 수 있으며 여성의 생식기관과 연결된 정액과 피는 생명과 연관되어 거룩하기 때문에 정액이나 피와의 접촉은 사람을 부정하게 만든다. 의식(儀式)적으로 부정한 이유가 무엇이든, 요점은 의식상의 정결에 대한 법들의 목적 또한 성취되었으므로 이 법들이 더 이상 준수되지 않는다는 것이다. 지파 안에서 재판관을 임명하는 문제를 논한 사례법(8번 사례법)은 하나님의 백성의 통치 체제 형성에 관한 것이라는 점에서 다른 사례법들과 약간 다르다. 하나님의 백성이 민족 국가가 아니라 교회라는 사실에 집중하면 이 율법의 목적이 성취되었다는 분명한 느낌을 받는다(4장, "민족주의, 애국심, 세계화" 참조, 113-123쪽). 신약과 구약의 하나님의 백성 사이의 불연속성은 이스라엘의

----

6 Tremper Longman III, *Immanuel in Our Place: Seeing Christ in Israel's Worship* (Phillipsburg, NJ: P&R, 2001)을 참조하라.

통치 체제와 관련된 법률에 중요한 영향을 미칠 것이다. 하나님의 백성 사이에는 지도자(장로와 집사)가 있으며, 이들은 정부 지도자가 있는 나라에 산다. 따라서 변함 없는 원칙들이 여전히 적용된다. 예를 들어 우리는 뇌물이나 기타 사리사욕으로 부패하지 않고 정의를 추구하는 교회와 정부의 지도자들을 찾는다.

노예제와 일부다처제(2번 사례법), 여성과 그녀의 태아에게 입힌 상해(3번 사례법), 동성애(5번 사례법)에 관한 법은 분명히 이스라엘의 의식(儀式)이나 통치 체제와 관계가 없으며 법의 목적이 아직 성취되지 않았으므로 그리스도 이후의 현대 그리스도인의 삶에 적용되는 것으로서 남아 있을 가능성이 높다. 나는 이 책의 후반부에 이르기 전까지는 이 법들을 자세히 논의하지 않을 것이다. 대신 이 장에서 노예제와 일부다처제의 문제를 검토할 것이다(섹션 "구속적-윤리적 궤도" 참고, 66-72쪽). 낙태에 관한 섹션에서는 여성과 태아에게 입힌 상해에 대한 법을, 동성 결혼에 관한 장에서는 동성애를 다룬 법을 살펴볼 것이다.

우리는 노예제와 일부다처제 법을 살펴보면서, 이 법이 이스라엘의 의식이나 통치 체제에 관한 법은 아니지만 그때와 현재 사이의 문화적 차이를 설명해야 할 필요가 있음을 알게 될 것이다. 지붕에 난간을 만드는 것에 관한 사례법(7번 사례법)도 마찬가지다. 고대 이스라엘에서 집이나 다른 건물의 지붕은 생활 공간의 일부였기 때문에 사람들은 거기로 올라가곤 했다. 그래서 생명을 보호하고 제6계명을 지키기 위해서는 사람이 떨어지지 않도록 난간을 설치할 필요가 있었다. 물론 오늘날 일반적으로 지붕을 생활 공간으로 사용하지 않는 미국에서 이 법을 단순히 적용하는 것은 어리석은 일이다. 다른 한편으로 이 사례법은 (수영장 주변의 난간처럼) 집 안에 있는 사람들이 해를 당하지 않게끔 적절한 조치를 취하게 만든다.

요약 및 결론

우리는 공공 정책 문제를 숙고할 때 필요한 성경적 원칙들을 고려하는 데 중요한 명확한 해석 전략을 기술하고 있다. 우리는 오늘날 우리와 연관성을 갖는 지점을 찾기 위해 당시 청중에게 전달된 저자의 메시지를 파악하고자 한다. 그러기 위해 법이라는 특정한 장르 중 사례법의 예를 사용했다. 먼저 (당시 하나님의 백성이 처한 사회학적, 구속사적 맥락에 따라 특정한 상황에 십계명의 원칙들을 적용하던) 원래 배경에서 사례법이 어떻게 기능했는지를 이해하는 것이 중요하다는 사실을 알았다. 그런 다음 다른 사회학적, 구속사적 순간을 제시하는 그리스도 이후의 맥락에서 이 법들을 보면서 연속성과 불연속성의 문제를 따져보았다.

그 과정에서 우리는 다양한 예를 통해 이 법들 중 일부의 목적이 성취되었고 (비록 신학적으로는 여전히 관계가 있지만) 그 법들과 우리의 행동 사이의 연관성이 끊어진 반면, 다른 법들은 지금도 준수되어야 한다는 것을 관찰했다(그 법들 중 일부의 경우 뒤에서 다룰 특정 주제에 대한 논의에서 이 점을 확인하게 될 것이다).

최종적으로 사례법에 대한 우리의 연구를 보면, 사례법 중 어떤 것도 오늘날 그리스도인의 삶이나 사고(思考)와 관련이 없다고 말하거나 사례법 전체가 삶과 사고와 관련이 있다고 말하는 것이 지나친 단순화임을 알게 된다.[7] 우리는 각 율법을 십계명과의 관계란 측면에서 검토한 다음 오늘날의 사회학적, 구속사적 맥락의 측면에서 연구해야 한다. 앞으로 특정 사례법과

---

7 사례법 모두가 우리의 신학적 이해와 관련이 있다고 말하는 것은 옳다. 그 법들이 우리에게 하나님의 본성에 대해 가르치기 때문이다. 예를 들어 비록 우리가 현재 동물로 희생제사를 드리지 않지만, 희생제사와 관련된 법 중 특히 속죄에 있어서 중요한 법들은 우리가 그리스도의 십자가 죽음의 본질을 이해하도록 돕는다. 그리스도는 그 법들의 목적을 성취하는 "단 한 번의 희생제사"를 마련하신다(히 10:11-14). 그러므로 우리는 더 이상 동물을 바쳐 희생제사를 드리지 않는다.

공공 정책에 대한 이해의 중요성을 강조하면서 그 측면을 주의 깊게 살펴보려고 한다.

*   *   *

신학자들은 구약에서 의식법(또는 제의법), 시민법, 도덕법이라는 세 가지 범주의 법을 식별함으로써 생각의 틀을 다지는 데 도움을 주었다.[8] 의식법은 이스라엘의 종교 의식 형태와 수행 방법, 구체적으로는 거룩한 장소(성소), 거룩한 사람들(제사장), 거룩한 행위(희생제사 등), 거룩한 시간(안식일과 절기)에 관한 것으로서 십계명에 포함된 한 가지 의식법인 안식일과 관련된 제4계명의 적용으로 볼 수 있다. 이 법들은 그리스도 안에서 예견되고 성취된 관행을 규정했기 때문에 원래 목적을 성취한 다음에는 더 이상 준수되지 않는다.[9] 앞서 언급된 것 중 제단법(1번 사례법)이 가장 적절한 예다.

    시민법은 민족 국가로서의 하나님의 백성(이스라엘)과 관련된 법이다. 앞서 재판장 임명에 관한 법을 예로 들었다(8번 사례법). 오늘날 하나님의 백성은 민족 국가가 아니라 교회이기 때문에, 적어도 이 법들 역시 같은 방식으로 관련되지 않는다. 그것들은 교회의 통치(governance)와 관련이 있거나 현재 정부가 실행하길 원하는 가치에 대한 우리의 소망을 드러낼 수는 있지만, 실제 상황에 적용할 때는 차이가 생긴다. 왜냐하면 교회가 한 나라의 정치 지도자를 임명하지 않기 때문이다.

---

8   일부 신학자들은 고대 이스라엘 사람들이 이 세 가지 그룹의 분류를 인식하지 못했으며 그 것들이 성경 법전에서 분리되지 않았다는 이유로 이 범주들에 반대한다. 나는 그 관찰에 동 의하지만, 신약이 구약 법을 어떻게 전용하는지에 비추어볼 때 이 삼중 구분이 발견적 가치 (heuristic value)를 보유한다고 믿는다.

9   여기에 안식일 자체가 포함된다는 것은 골 2:16-17과 같은 구절에서 확인할 수 있다. Longman, *Immanuel in Our Place*, 163-72을 참조하라.

그리고 세 번째로 도덕법이 있다. 우리가 예시한 바와 같이 이 법들은 일반적으로 우리가 어떻게 살아야 하는지에 대한 하나님의 소망을 깨닫게 하는 통찰력을 제공함으로써 유효성을 유지하고 있다. 하지만 고대에는 괜찮았어도 현대에는 적절하지 않은 형태로 표현될 수 있다. 2, 3, 7번 사례법은 도덕률이다. 그러나 노예제에 관한 법(2번 사례법)과 관련하여 우리는 그 법이 구속사의 발달에 의해 영향을 받는다는 사실을 알게 될 것이다. 우리가 주장하듯 동성애와 지붕 위에 난간을 만드는 것에 관한 법이 구속사의 발달에 의해 영향을 받지 않는 방식과 마찬가지로 말이다. 다음 섹션에서 그 주제를 살펴볼 것이다(66-72쪽).

이 세 가지 고전적인 범주에 네 번째 범주가 추가된다. 그것을 정결법 (purity laws)이라고 한다. 이 정결법에는 월경 기간 중 여성과 동침하는 것을 다룬 법(4번 사례법), 단일한 밭에 종자를 섞어 뿌리는 것에 관한 법(6번 사례법)에 더해 음식법(레 11장)이 포함된다. 앞서 언급한 이유를 생각해보면 왜 이 법들이 더 이상 준수되지 않는지 알 수 있다.

다시 말하지만 면밀히 연구해보면 기독교 윤리 및 가치의 발달에 따른 사례법의 지속적인 관련성 문제가 단순히 관련성이나 비관련성에 대한 논의를 벗어나 신중하고 철저하게 검토되어야 할 필요가 있다. 우리는 특정 주제를 살펴보면서(10장, "동성 결혼" 참조) 신약이 구약에서 발견된 것과 유사한 가르침을 반복하는지의 여부가 매우 유용한 지침으로 작동함을 확인하게 될 것이다.

그러나 그렇게 하기 전에 구약에서 신약으로의 발달을 상상할 수 있는지를 생각하고, 어떤 조건에서 그렇게 상상할 수 있는지뿐만 아니라 그 발달이 신약 시대 이후에도 계속될 수 있는지를 고려해야만 한다. 신약은 우리가 신이 의도한 최고의 윤리라고 일컬을 수 있는 것을 요약하고 있는가? 이 질문에 대답하기 위해 성경의 구속적-윤리적 궤도(redemptive-ethical trajectory)라는 것을 고찰해보자.[10]

> **해석 원칙 3:** 구약과 신약 사이에 연속성과 불연속성이 모두 존재하며, 이는 오늘날 공공 정책에 대한 구약의 지속적인 관련성을 논하는 데 영향을 미친다는 점을 인식하라.
>
> **해석 원칙 4:** 기독교적 해석은 항상 원래의 역사적 맥락에서 구약을 읽는 한편, 궁극적으로는 신약의 더 완전한 계시에 의해 정보를 얻는 읽기로 향할 것이다(눅 24장).

구속적-윤리적 궤도

노예 제도와 여성에 대한 성경의 입장 때문에 공공 정책의 문제를 철저히 따져보는 데 성경이 과연 유용한지 의문을 제기하는 사람들이 많을 것이다. 구약도 신약도 노예 제도를 금하지 않는다. 신약과 구약 모두 가부장적 문화를 반향하며 근본적으로 비판하지 않는다. 게다가 구약은 일부다처제를 규제하지만 그것을 금하지는 않는다(출 21:7-11). 일부 초기 그리스도인들도 일부다처의 관계를 맺고 있었으며 일부일처로 살도록 요구받지 않았다고 생각할 만한 충분한 이유가 있다. 요점은 노예를 소유하고 여러 명의 아내를 둔 가부장적 남성이 바울이 세운 교회에서 명성 높은 교인이 될 수 있었다는 것이다. 그리고 우리는 남북전쟁(Civil War) 때까지 남부 주들에서 노예 제도를 정당화하기 위해 성경을 사용하는 일부 신학자가 있었다는 사실을

---

10   William J. Webb, *Slaves, Women, and Homosexuals: Exploring the Hermeneutics of Cultural Analysis* (Downers Grove, IL: InterVarsity, 2001).

알고 있다. 심지어 오늘날에도 남성과 여성 사이의 가부장적 관계라 불릴 수 있는 것을 정당화하기 위해 성경을 사용하는 사람들이 있다. 반면 성경이 현대판 노예 제도, 가부장제, 일부다처제를 반대한다고 이해하는 사람들이 있으며 이들에게 어떤 근거로 그렇게 생각하는지 질문할 수 있다. 표면적으로 읽으면 성경이 노예 제도, 가부장제, 일부다처제를 지지한다고 생각할 수 있지만, 주의 깊게 읽으면 그런 결론으로 이어질 가능성이 줄어든다.

구약의 사례법이 항상 그리고 모든 경우에 하나님의 이상적인 윤리를 명령하진 않는다는 점을 우선 지적하려고 한다(앞서 살펴본 바와 같이 사례법은 당시 하나님의 백성이 처한 문화적, 구속사적 맥락에 따라 특정 상황에 십계명의 일반적인 윤리 원칙들을 적용한다). 오히려 사례법은 사람들을 있는 그 자리에서 취한 다음 이상을 향해 이동시키기 시작한다. 그러나 사례법이 하나님의 이상을 표현하지 않는다는 것을 어떻게 아는가? 그리고 그 이상이 무엇인지는 어떻게 아는가?

이 질문들에 답하기 위해서는 이혼에 관한 예수의 말씀을 살펴봐야 한다. 마태복음은 한 무리의 유대인 지도자들이 예수께 와서 "사람이 어떤 이유가 있으면 그 아내를 버리는 것이 옳으니이까?"(마 19:3)라고 물었던 때를 기술한다. 예수는 그들의 질문에 부정적으로 대답하신 후 자신의 논리적 근거로 창조 이야기를 인용하신다.

예수께서 대답하여 이르시되 "사람을 지으신 이가 본래 그들을 남자와 여자로 지으시고 말씀하시기를 '그러므로 사람이 그 부모를 떠나서 아내에게 합하여 그 둘이 한 몸이 될지니라' 하신 것을 읽지 못하였느냐? 그런즉 이제 둘이 아니요 한 몸이니 그러므로 하나님이 짝지어 주신 것을 사람이 나누지 못할지니라" 하시니(마 19:4-6).

이 대답은 유대인 지도자들을 어리둥절하게 만든다. 그들은 "그러면 어찌하여 모세는 이혼 증서를 주어서 버리라 명하였나이까?"(19:7)라는 질문으로 응수한다. 여기서 그들은 신명기에 기록된 이혼에 관한 사례법을 생각하고 있다. "사람이 아내를 맞이하여 데려온 후에 그에게 수치되는 일이 있음을 발견하고 그를 기뻐하지 아니하면 이혼 증서를 써서 그의 손에 주고 그를 자기 집에서 내보낼 것이요"(신 24:1). 율법은 계속해서 그녀가 다른 사람과 결혼하고 이혼한 다음 첫 번째 남편과 다시 결혼하는 것을 금한다. 예수를 대적하는 유대인 지도자들은 이 율법을 단순히 어떤 불특정한 수치스러운 일로 인해 아내가 마음에 들지 않는다고 말하면서 이혼 증서를 써주고 그녀를 내보냄으로써 남편이 아내와 이혼할 수 있다는 것을 암시하는 사례로 넌지시 언급하고 있다.

이제 예수가 이 사례법의 인용에 어떻게 응답하시는지에 주목하라. 예수는 그들이 법을 잘못 이해하고 있다고 지적하는 대신 다음과 같이 말씀하신다. "모세가 너희 마음의 완악함 때문에 아내 버림을 허락하였거니와 본래는 그렇지 아니하니라. 내가 너희에게 말하노니 누구든지 음행한 이유 외에 아내를 버리고 다른 데 장가드는 자는 간음함이니라"(마 19:8-9). 예수는 처음에 그들의 완고한 마음 때문에 신명기의 사례법이 그런 형태를 취했다고 말씀하지만, 그런 다음에 "처음"(개역개정에서는 "본래")에 호소하시는 방식에 주목하라. "처음"은 부부가 함께 머물며 이혼하지 않는 신적 이상(divine ideal)을 확립하는 창세기 2장을 가리킨다(예수가 앞서 인용하심). 우리는 또한 불륜의 경우 이혼을 허용하는 예수의 말씀은 우리가 아직 창조의 이상 또는 에덴의 이상이라는 것에 도달하지 못했음을 인정하는 처사임에 주목해야 한다. 그런 불충실의 시나리오는 타락 이후의 상황에서만 일어날 수 있기 때문이다.

우리는 마태복음 19장에 보고된 이혼에 관한 예수의 말씀을 살펴보았다. 왜냐하면 그분의 말씀은 구약의 사례법의 성격에 대한 중요한 통찰력을 제공함으로써 우리가 앞에서 정리한 내용을 보완하기 때문이다. 이는 우리가 신약의 그리스도인들로서 구약 율법을 사용하는 데 중요한 역할을 할 것이다. 이 에피소드에서 배운 것을 복습하고 그것을 노예제, 가부장제, 일부다처제에 적용해보자.

첫째, 우리는 사례법을 하나님의 창조의 이상이나 에덴의 이상을 반드시 전달하는 것으로 간주해서는 안 된다. 하나님은 (마음이 완악한) 그 시대 사람들을 취하셔서 그들이 그 이상에 더 가까이 가도록 하신다. 그들이 고대의 맥락에서 이상을 향해 더 가까이 움직이고 있다는 사실을 어떻게 아는가? 고대 근동의 법과 관습을 넓게 연구하다 보면 이스라엘은 당시 다른 문화에 비해 노예에게 더 많은 보호책과 기간 제한을 허용하고 여성들에게 더 많은 자유를 주었으며 한 남자의 여러 아내에게 더 많은 권리를 허락했음을 확인함으로써 알 수 있다.

그렇다면 그 이상은 어떻게 알 수 있는가? 이혼에 관한 예수의 말씀처럼 우리는 창세기 1장과 2장의 창조 이야기로 돌아간다. 우리는 그 이야기가 남자와 여자의 평등을 강조하고 있음을 안다. 그들은 모두 하나님의 형상으로 창조되었다(창 1:27). 여자는 동산을 지키는 협력자라는 의미에서 남자를 돕는 배필로 만들어졌다. 하나님은 남자의 발이나 머리가 아니라 그의 옆구리(또는 갈비뼈)에서 여자를 창조하셨다. 이는 상호성과 평등을 의미한다.[11] 한 마디로 창조 기사에서 묘사된 바와 같이 이 최초의 두 인간 사이에서는

---

11   전체 분석은 Tremper Longman III, *Genesis*, The Story of God Bible Commentary (Grand Rapids: Zondervan, 2016), 50-56을 참조하라.

가부장제나 노예제를 허용할 힘의 차이를 상상할 수 없다. 일부다처제와 관련하여 상황은 훨씬 더 분명하다. 결혼의 시작에 대한 창조 이야기의 설명은 분명히 일부일처제에 대해 이야기한다. 하나님이 남자의 옆구리(갈비뼈)에서 여자를 창조하신 후 다음과 같은 내용이 나온다.

> 아담이 이르되 "이는 내 뼈 중의 뼈요 살 중의 살이라. 이것을 남자에게서 취하였은즉 여자라 부르리라" 하니라. 이러므로 남자가 부모를 떠나 그의 아내와 합하여 둘이 한 몸을 이룰지로다(창 2:23-24).

둘(셋 이상이 아님)이 "한 몸"을 이룬다. 즉 일부다처제가 아닌 일부일처제가 하나님의 이상이다.

다음으로 이 주제들과 관련해 신약을 살펴보면 에덴의 이상을 향한 움직임이 보임에도 불구하고 그 이상을 요구하지 않는다. 우리는 이 움직임을 이혼에 관한 예수의 말씀에서 보았다. 구약 시대처럼 남자가 쉽게 이혼할 수는 없었지만 이혼은 여전히 성적 부정을 이유로 선택할 수 있는 사항이었다.[12] 그리고 우리는 여기서 구약에서 신약으로의 이동이 구약 사례법을 부적절한 것으로 만들거나 심지어 그것을 느슨하게 하는 대신, 실제로는 더 엄격한 적용으로 이끈다는 점에 주목해야 한다.

우리가 (남북전쟁 이후) 21세기의 관점에서 구약을 읽으면서 예수나 바울

---

12 우리는 바울도 믿지 않는 배우자에 의한 버림에 근거한 이혼의 가능성을 고려한다는 점에 주목해야 한다(고전 7:12-16). 어떤 정확한 상황들이 이 규정에 의해 다뤄지는가의 문제는 현재 프로젝트의 범위를 벗어난 주제다. 만약 이 책이 이혼을 다룬다면, 예를 들어 남편에 의해 학대받은 여성은 그녀의 믿지 않는(비록 그가 자신의 입으로 그리스도인이라고 공언했을지라도) 배우자에 의해 사실상 버림받은 것이므로 즉시 그를 떠나야 하며(그리고 경찰에 전화해야 하며) 이혼의 근거를 가지고 있음을 보여줄 것이다.

이 단순히 노예제나 가부장제를 폐지하는 것을 보지 못해 실망할 수도 있다. 그렇긴 하지만 구약의 관점과 그리스-로마의 문화적 맥락에서 판단할 때, 신약은 에덴의 이상에 가깝게 나아가지만 여전히 아직 거기에 도달하지는 못했다. 여성은 새로운 자유를 발견하고 평등을 향해 나아간다. 노예들은 그들의 주인에 의해 형제 또는 자매로 대우받아야 한다(몬 16). 신약은 일부다처제에 대해 명시적으로 말하지 않는다. 아내를 여러 명 둔 남자와 그의 여러 아내가 바울이 세운 교회에서 명성 높은 교인이 될 수 없었다고 생각할 이유가 없다. 그렇긴 하지만 우리는 교회 장로 및 집사와 관련해 에덴의 이상을 엿볼 수 있다. 그들은 "한 아내의 남편"이어야 한다(딤전 3:1, 12; 딛 1:6).[13]

다시 말하지만 신약은 이 주제에 대해 에덴의 이상을 요구하지 않는다. 하지만 그것은 오늘날 우리에게 어떤 의미가 있는가? 우리는 분명히 에덴의 이상을 향해 나아가야 한다. 그리스도인은 이혼을 허용하는 성적 부정을 행하지 않도록 노력해야 한다. 일부다처제와 관련하여 에덴의 이상은 명백하다. 그러므로 그리스도인들은 일부일처의 관계 속에 있어야 한다.[14] 신약 이후의 시대를 사는 그리스도인은 바울의 표현처럼 사람들 사이에 있는 에덴의 평등을 향해 나아가야 한다. "너희가 다 믿음으로 말미암아 그리스도 예수 안에서 하나님의 아들이 되었으니 누구든지 그리스도와 합하기 위하여 세례를 받은 자는 그리스도로 옷 입었느니라. 너희는 유대인이나 헬라인이나 종이나 자유인이나 남자나 여자나 다 그리스도 예수 안에서 하나이니

---

13 NIV는 관련 문구를 "그의 아내에게 충실한"(faithful to his wife)으로 번역함으로써 이 의미를 모호하게 한다. 그리스어는 "한 아내의 남편"(*mias gunaikos andra*)이라고 말한다.

14 예를 들어 (점점 더 드문 경우지만 예를 들어 아프리카 부족에서) 일부다처의 관계에 있는 남자가 그리스도인이 된다면, (여성에게 더 파괴적인 결과를 초래할 수 있기 때문에) 이혼을 요구받아서는 안 된다. 하지만 그렇다고 장로나 집사가 될 수도 없다. 또한 자신의 자녀에게는 오직 한 명의 배우자를 두라고 권장해야 한다.

라"(갈 3:26-28).

구속적-윤리적 궤도에 대한 요약 및 결론

따라서 오늘날 교회가 구약의 율법과 신약의 윤리적 선언들의 지속적인 유효성을 채택하거나 가정해야 한다고 생각하기 전에 그것들을 주의 깊게 검토하는 일은 중요하다. 우리는 일부 율법에 적어도 구속적-윤리적 궤도가 있음을 보았다. 물론 우리가 이것을 확인한 최초의 사람들은 아니다. 여러 시대에 걸쳐 많은 그리스도인들이 같은 이유로 모든 유형의 노예제와 일부 다처제 관습을 폐지하기 위해 노력해왔다. 또한 모두는 아니어도 많은 그리스도인들이 성평등을 위해 애써왔다.

그러나 우리는 구약의 모든 율법에 그런 구속적-윤리적 궤도가 있다고 가정할 수 없다. 그런 궤도가 있다고 제안하려면 구약의 율법이 그에 필적하는 고대 근동의 법보다 더 "진보적"이라는 점을 증명해야 한다(따라서 "마음의 완악함"이 설명되고 있음을 보여줌). 더 나아가 창세기 1, 2장에서 에덴의 이상이 율법에서 다뤄지고 있는 것과 다르게 나타나고 있음을 보여주어야 할 것이다. 그런 다음에는 신약에서의 움직임과 신약을 넘어서는 발전에 대한 암시를 확인해야 한다. 우리는 이런 경우가 항상 발생하지 않음을 알게 될 것이다(10장 "동성 결혼"을 참조하라).

> **해석 원칙 5:** 구약의 율법이나 신약의 윤리적 선언이 오늘날에도 유효하다고 가정하기 전에, 에덴의 이상을 향한 구속적-윤리적 궤도가 있는지 생각해보라.

3   성경의 주요한 신학적 주제들

공공 정책과 관련해 우리가 선택한 주제를 살펴보기 전에 연구에 중요한 성경의 중심적인 몇 가지 주제를 탐구할 것이다. 이 주제들은 전부는 아니지만 우리가 다룰 많은 주제와 관련이 있다는 점에서 중심적이다. 따라서 각 주제를 모든 측면에서 빠짐없이 다루기보다는 여기서 간략하게 설명한 다음 필요할 때 이 논의를 다시 참조할 것이다.

하나님의 형상으로 창조된 인간

공공 정책의 문제와 관련된 성경적 원칙들을 식별하는 데 중요한 해석 원칙을 결정할 때 우리는 공적 공간에서 서로 만나는 인간의 본성을 알아야 한다. 이를 다루기 위해 성경의 첫 번째 책인 창세기의 처음 세 장을 살펴볼 것이다. 창세기는 **시작**(beginnings)을 의미하며, 이 책의 처음 두 장은 우주와 지구와 인간을 포함한 살아 있는 모든 생명체의 시작을 다룬다.

다른 곳에서 나는 창세기 1-2장(실제로는 소위 원역사인 창세기 1-11장)이 과거의 실제 사건을 기술한다는 점에서 기본적 의미의 역사라고 주장했다. 이 역사는 하나님과 그분이 만든 인간 사이의 관계에 초점을 맞추고 있다. 그러므로 우리는 그것을 (경제적, 군사적, 정치적이 아닌) 신학적 역사라고 부른다. 그렇지만 해당 장들은 주로 비유적인 용어로 과거를 기술한다는 점에서 독특하다. 창세기 1장에는 해와 달과 별이 존재하기 전부터 저녁과 아침이 있는 날(days)이 존재한다. 우리가 성경의 다른 곳을 통해 하나님은 영이시며 폐가 없다는 사실을 알고 있음에도 불구하고, 창세기 2장에 등장하는 하나님은 첫 번째 사람을 창조하기 위해 흙에 숨을 불어넣으셨다고 묘사된다 (창 2:7). 창조의 문제와 관련하여 창세기 1-2장은 하나님이 모든 것을 **어떻게** 창조하셨는가보다는 **누가** 모든 것을 창조하였는가에 관심을 둠으로써 하나님이 모든 것을 창조하셨다는 사실을 우리에게 알려주는 데 집중한다. 그러나 저자가 창조를 묘사하기 위해 사용하는 비유적인 언어는 하나님, 인간, 피조물의 상호 관계뿐만 아니라 각각의 본질을 가르치기 위해 선택된다. 현재 목표하고 있는 바를 해결하기 위해, 우리는 인간에 대한 성경적인 이해에 관한 질문을 하면서 창세기 1-2장에 나오는 인간에 대한 기술을 참조한다. 우리는 누구이며 어떤 점에서 하나님의 창조 목적에 부합하는가?

존재하는 모든 것들은 하나님이 그것들을 창조하셨기 때문에 존재한다. 더 나아가 창세기 서론에 해당하는 장에 따르면 하나님은 그 존재들과 관계를 맺고 그것들을 돌보신다. 그런 가르침은 사실이며, 창세기 1-2장은 인간이 하나님의 창조에서 특별한 위치를 차지하고 있음을 강조한다. 하나님과 인간 사이의 특별한 관계를 나타내는 많은 신호 중 인간이 하나님의 형상으로 창조되었다는 가르침이야말로 우리의 관심을 집중시키고 공공 정책에 관한 우리의 생각에 큰 영향을 미친다. 창조의 여섯째 날과 마지막 날에 하나님이 하신 일을 기록한 내용에는 이 개념을 표현하는 핵심 구절이 등장한다. 하나님은 동물을 창조하신 후 다음과 같이 선언하신다.

> 하나님이 이르시되 "우리의 형상을 따라 우리의 모양대로 우리가 사람을 만들고 그들로 바다의 물고기와 하늘의 새와 가축과 온 땅과 땅에 기는 모든 것을 다스리게 하자" 하시고 하나님이 자기 형상 곧 하나님의 형상대로 사람을 창조하시되 남자와 여자를 창조하시고 하나님이 그들에게 복을 주시며 하나님이 그들에게 이르시되 "생육하고 번성하여 땅에 충만하라. 땅을 정복하라. 바다의 물고기와 하늘의 새와 땅에 움직이는 모든 생물을 다스리라" 하시니라(창 1:26-28).

이 핵심 구절의 많은 측면이 흥미로운 질문을 불러일으키지만,[1] 우리는 하나님의 형상으로 창조되었다는 것의 의미에 초점을 맞출 것이다. 이 가르침의 존엄성에 대한 함의뿐만 아니라 이 가르침의 중요성도 자명하지만, 그 개념 자체는 상세하게 설명되지 않는다. 왜냐하면 우리에게는 모호할지라도 원래 청중에게는 그 개념이 분명했을 것이기 때문이다. 그러므로 하나님의 형상이 인간의 존엄성을 나타내는 이유를 되살리기 위해서라면, 성경이 지금 우리가 아닌 고대의 독자를 대상으로 한 기록임을 기억하면서 그들의 사고방식에 우리를 이입시키는 데 최선을 다해야 한다.

신의 형상을 설명하는 가장 좋은 길은 "형상"(ṣelem, image)과 "모

----

1   이에 대해서는 Tremper Longman III, *Genesis*, The Story of God Bible Commentary (Grand Rapids: Zondervan, 2016), 34-38을 참조하라.

양"(demut[데무트], likeness)으로 번역된 히브리어 단어들이 관련된 언어나 성경의 다른 곳에서 어떻게 사용되는지를 살펴보는 것이다. 예를 들어 성경에서 느부갓네살이 두라 평지에 세운 큰 금 신상(단 3:1과 3장 전체)과 관련하여 "첼렘"(ṣelem)에 해당하는 아람어가 어떻게 사용되었는지를 볼 수 있다. 약간의 논쟁이 있지만 이것은 이전 장에서 다니엘이 해석한 꿈으로부터 영감을 받아 만든 느부갓네살 자신의 상(像)일 가능성이 높다. 다니엘은 느부갓네살이 여러 금속으로 된 신상의 머리라고 밝혔다.[2] 따라서 "첼렘"은 왕과 그의 권위를 나타내는 상(像)을 의미한다. "첼렘"이 왕을 대표하는 물체라는 개념에 대한 추가 증거가 또 다른 아람어의 예에서 발견되는데, 이것은 성경 밖의 증거다. 비교적 최근에 명문(銘文)이 포함된 기원전 9세기의 상(像)이 발견되었다. 이는 왕의 상으로서 명문에는 그 상이 하다드-이스이(Hadad-is'i)라는 이름으로 불린 왕의 "모양"과 "형상"이라고 기록되어 있다.[3] 월터 브루그만에 따르면 "인간 안에 반영된 하나님의 형상은 왕이 현장에 있을 수 없는 곳에서 주권적 통치를 발휘하기 위해 자신을 드러내는 방식이라는 설명이 현재 일반적으로 동의를 얻고 있다."[4]

이보다 더 최근에 나온 연구들도 형상과 신의 대표(representation)를 연결 짓는다.[5] 고대 근동에서는 신전에 모시는 신들의 물리적 조상(彫像)을 세

---

2   논쟁에 대해서는 Tremper Longman III, *Daniel*, The NIV Application Commentary (Grand Rapids: Zondervan, 1999), 97-99을 참조하라.

3   W. Randall Garr, "'Image' and 'Likeness' in the Inscription from Tell Fakhariyah," *Israel Exploration Journal* 50 (2000): 228. 또한 그의 상세한 연구인 *In His Own Image and Likeness: Humanity, Divinity, and Monotheism*(Leiden: Brill, 2003)도 참조하라.

4   Walter Brueggemann, *Genesis*, Interpretation: A Bible Commentary for Teaching and Preaching (Louisville: Westminster John Knox, 1980), 32.

5   Catherine L. McDowell, *The "Image of God" in Eden: The Creation of Mankind in Genesis 2:5-3:24 in Light of the mīs pî pīt pî and wpr-r Rituals of Mesopotamia and Ancient Egypt* (Winona

우는 관행이 있었다. 성경에서 종종 우상이라고 불리는 형상을 만들고 숭배하는 것은 거짓 신뿐만 아니라 심지어 유일한 참 하나님이신 야훼를 대표할 때조차도 금지되었고, 이는 제2계명에서 두드러지게 강조되고 있다. "너를 위하여 새긴 우상을 만들지 말고 또 위로 하늘에 있는 것이나 아래로 땅에 있는 것이나 땅 아래 물속에 있는 것의 어떤 형상도 만들지 말며 그것들에게 절하지 말며 그것들을 섬기지 말라"(출 20:4-5a). 그런 관행은 창조주를 피조물과 혼동시키며, 또한 브루그만에 의하면 그것은 그의 창조물 가운데서 신에 의해 승인된 유일한 형상으로서의 인간성 자체를 훼손한다.

"형상"을 왕이나 신을 나타내는 것으로 이해하거나 말거나, 하나님의 형상으로 창조된 존재라는 것은 인간에게 부여된 위엄 있는 지위다. 상(像)이 왕의 현존과 권세와 권위를 반영하는 것처럼 인간은 하나님의 영광을 반영한다. 달이 해의 영광을 반영하는 것처럼 인간이 하나님의 영광을 반영한다는 점에서, 비록 인간의 영광은 파생적이지만 창조물 안에서의 그런 지위는 시편 8편에서 전달되는 바와 같이 인간에게 큰 존엄성을 부여한다.

> 주의 손가락으로 만드신 주의 하늘과 주께서 베풀어 두신 달과 별들을 내가 보오니 사람이 무엇이기에 주께서 그를 생각하시며 인자가 무엇이기에 주께서 그를 돌보시나이까? 그를 하나님보다 조금 못하게 하시고[NIV, "그를 천사들보다 조금 낮게 지으시고"] 영화와 존귀로 관을 씌우셨나이다(시 8:3-5).

실제로 히브리어는 NIV 번역이 허용하는 것보다 더 고양된 묘사를 나타낸다. "그들을 하나님보다 조금 못하게 만드시고"(NRSV, 개역개정도 히브리어 성

Lake, IN: Eisenbrauns, 2016).

경과 일치한다).

그래서 우리는 성경의 창조 기사가 다른 방법으로 알 수 없는 무언가를 우리에게 전해준다는 사실을 알고 있다. 하나님은 그분의 형상으로 창조된 존재라는 존엄한 지위를 인간에게 주셨다. 그러나 이 지위에는 책임이 따른다. 앞서 인용된 창세기 1:28에 의하면 하나님은 인간에게 땅에 충만하고 땅을 정복하고 다스리라고 명령하신다. 이 절은 인간이 창조물 중 하나님의 왕적 대리인이라는 사실을 전달하기 위해 왕의 언어를 사용한다. 인간은 하나님이 행하시는 왕적 통치의 자애로운 대행자가 되어 피조물을 돌볼 책임이 있다. 리처드 미들턴이 말했듯이, **하나님의 형상**(*Imago Dei*)은 땅의 자원과 피조물에 대한 하나님의 통치나 관리에 참여하는 권한을 부여받은 하나님의 대리인과 대행자로서의 인간이 세상에서 갖는 왕적 직분 또는 소명을 가리킨다.[6]

따라서 창조 기사는 인간이 지상에서 하나님의 대리인이라는 존엄한 지위를 갖고 나머지 창조물 가운데서 하나님의 왕적 영광을 반영한다는 사실을 전해준다. 이 지위에는 나머지 창조물의 이익을 위해 잘 다스릴 책임이 따른다. 우리는 이 기본적인 가르침을 지속적으로 언급할 것이다. 왜냐하면 그것이 우리가 살펴볼 공공 정책의 다양한 주제와 관련이 있기 때문이다. 그럼에도 불구하고 이 가르침은 인간이 죄인이라는 인간 본성에 관한 또 다른 기본적인 성경의 가르침에 의해 조절되어야 한다. 하나님의 형상으로 창조된 영광스러운 피조물이 어떻게 그토록 악한 존재가 될 수 있는가? 어떻게 이런 일이 일어나는가? 이것이 바로 창세기 3장의 배후에 있는 이야기다.

....
6 J. Richard Middleton, *The Liberating Image: The "Imago Dei" in Genesis 1* (Grand Rapids: Brazos, 2005), 27. 『해방의 형상』(SFC 출판부 역간).

이제 우리는 그 이야기를 살펴볼 것이다.

인간, 자기 본위의 죄인

창세기 1장과 2장은 인간이 창조되었을 때 죄가 없었다는 점과 더불어 그 어떤 다른 방법으로는 우리가 알지 못했을 문제를 알려준다.[7] 형상을 지닌 지위를 부여받은 인간의 무죄함은 고대의 맥락에 비추어 창세기의 처음 두 장을 읽을 때 특히 분명히 드러난다. 메소포타미아의 유명한 창조 이야기(「에누마 엘리시」, 「아트라하시스 서사시」)에서는 악한 신의 피가 섞인 흙으로 인간이 만들어졌다고 전하며, 특히 「아트라하시스 서사시」에서는 신들의 침과 혼합된 흙으로 인간이 창조되었다고 묘사함으로써 인간을 처음부터 악한 존재로 그린다.[8] 이런 시각에서 본 인간은 신의 경멸의 대상이며 처음부터 악한 존재다.

만약 인간이 무죄하게 창조되었다면 오늘날 인간은 왜 죄가 있는가? 그 답은 창세기 3장에 나온다. 창세기 2장 끝에 묘사된 인간은 다른 인간, 하나님, 창조물과 조화로운 관계에 있다. 그들은 이제 나머지 창조물을 "다스리

---

7   이 책에서는 진화론과 관련하여 창조에 대한 성경적 가르침을 다루지는 않을 것이다. 나는 다른 곳에서 성경과 과학이 양립할 수 있다고 주장했다. 과학은 우리에게 성경이 관심이 없는 문제(하나님이 어떻게 창조하셨는가)를, 성경은 과학이 다룰 수 없는 것들을 알려준다. 하나님이 그렇게 하셨다. 그리고 하나님이 인간 피조물에게 형상의 지위를 수여하시기로 결정한 순간에 그들은 도덕적 선택을 할 수 있었고 무죄했다. 더 자세한 내용은 Tremper Longman III, *Confronting Old Testament Controversies: Pressing Questions about Evolution, Sexuality, History, and Violence* (Grand Rapids: Baker, 2019), 25-77을 참조하라.

8   「에누마 엘리시」와 「아트라하시스 서사시」의 영어 번역은 William W. Hallo, ed., *The Context of Scripture* (Leiden: Brill, 1997-2002), 1:390-402, 450-53에서 찾을 수 있다.

고" "정복할" 준비를 갖춘 채 동산을 돌보고 지키는 임무를 받았다(창 2:15).

그러나 창세기 3장의 시작 부분에서 걸어다니는 뱀의 형태로 문제가 등장한다.[9] 당시 고대 근동 지역에서 걸어다니는 뱀은 혼돈과 악의 상징이었다. 동산을 지켜야 할 책임을 맡은 아담과 하와는 뱀을 동산에서 쫓아냈어야 했다. 하지만 하와는 뱀과의 논쟁에 말려드는 실수를 저지른다. 뱀은 말도 안 되는 질문을 하며 논쟁을 불러일으킨다. "하나님이 참으로 너희에게 동산 모든 나무의 열매를 먹지 말라 하시더냐?"(창 3:1) 이 질문은 말도 안되는 질문이다. 만약 하나님이 동산에 있는 모든 나무의 열매를 먹지 못하게 하셨다면 아담과 하와는 굶어 죽었을 것이다. 하와는 동산을 지키는 대신 동산 중앙에 있는 한 나무만 제외하고 모든 나무의 열매를 먹을 수 있다고 대답해버린다. 그 한 나무는 "선악을 알게 하는 나무"라고 불린다(창 2:17).

창세기 3장의 이야기를 계속하기 전에 먼저 그 나무가 무엇을 나타내며 그들이 그 나무의 열매를 먹을 때 무엇이 문제가 되는지에 대해 생각해 보자.[10] 우선 열매를 먹는 것이 선과 악에 대한 지식의 습득을 나타낸다는 생각은 배제할 수 있다. 아담과 하와는 이미 그 나무의 열매를 먹는 것이 잘못임을 알고 있다. 히브리어 *yāda*'(야다, "알다")는 무언가에 대한 경험을 강조한다. 창세기 4장에서 아담은 그의 아내 하와를 "알았다"(개역개정에서는 "동침하다"로 옮겼다). 그리고 하와는 임신하여 아기를 낳았다(창 4:1). 여기서 우리

---

9   뱀이 걷고 있다거나 다리를 가지고 있다는 명시적인 언급은 전혀 없지만, 그것은 하나님이 뱀에게 내리신 저주("네가 모든 가축과 들의 모든 짐승보다 더욱 저주를 받아 배로 다니고 살아 있는 동안 흙을 먹을지니라", 창 3:14)에 함축된 자연스러운 의미로 보인다.
10 창 1-2장과 마찬가지로 우리는 이 이야기를 실제 사건의 비유적인 묘사로 인지한다. 이야기 배후에 있는 실제 사건은 하나님의 (도덕적) 권위에 대한 인간의 반역이다. 우리가 이 이야기에 대해 물어야 할 적절한 질문은 "에덴은 어디 있는가?"나 "이 나무의 모습은 어떻게 생겼는가?"가 아닌 "그 나무와 나무의 열매를 먹는 것은 무엇을 의미하는가?"다.

는 먹는 행동을 지적인 지식보다 그들의 도덕적 자율성에 대한 주장으로 보아야 한다. 그들은 금단의 열매를 먹는 것이 잘못이라고 하신 하나님의 말씀을 알고 있다. 그러나 그런 행동을 함으로써 하나님이 아닌 자신들이 도덕적 범주를 규정하려고 한다.

그래서 그들은 금단의 열매를 먹는다. 아담은 하와와 조용히 "함께" (3:6) 있으면서 그들의 도덕적 자율성을 주장했다. 그렇게 하나님의 권위에 반역함으로써 그분과의 관계를 깨뜨렸다.

그러므로 하나님으로부터 등을 돌림으로써 처음 창조되었을 때 누렸던 조화로운 관계가 깨어지는 순간 죄의 근원이 싹텄다. 이 반역은 서로의 관계에 즉각적인 영향을 끼친다. 그들은 등을 돌리고 숨는다.

이런 행동을 하자마자 영적 죽음이 온다. 이어서 궁극적인 육체의 죽음이 따를 것이다. 그들은 곧 생명 나무에 접근 가능한 동산에서 쫓겨날 것이다. 더 이상 생명 나무의 열매를 먹을 수 없다. 하나님은 창조의 조화가 지닌 모든 측면이 죄의 결과로 깨짐을 경험한다는 것을 보여주는 다른 결과를 선언하신다. 하나님은 한편으로는 뱀과 뱀의 후손, 다른 한편으로는 여자의 후손 사이에서 일어날 적대와 반목에 대해 뱀에게 말씀하신다. 우리는 성경의 나머지 부분을 통해 타인보다 유리한 입장을 점하기 위해 싸우는 인간의 갈등에 대해 듣는다. 곧 여자에 대한 선언을 통해 여자와 남자 사이의 갈등에 대해 듣는다. 히브리인들은 남자를 통제하려는 여자의 욕망(*tĕšûqâ*[테슈카]의 의미)과 여자를 지배하려는 남자의 반발에 대해 이야기한다. 그런 다음 인간과 피조물 사이의 조화가 남자를 향한 선언을 통해 표면화된다. 그들은 동산을 돌보고 지키는 사역에 비참하게 실패하고, 그 존엄한 사역은 이제 생계를 꾸려나가기 위한 고된 노동으로 대체된다.

창세기 3장은 우리에게 죄의 본질과 결과를 가르친다. 죄는 하나님의 권위를 거부하는 것에서부터 시작되어 하나님뿐만 아니라 다른 인간, 심지어 피조물 자체로부터의 소외로 이어진다. 죄는 하나님께 등을 돌리고 자아를 향하는 것이다. 우리가 본 바와 같이 죄의 결과는 파괴적이며 플랜팅가가 "샬롬"(shalom)이라고 부르는 창조의 조화를 깨뜨리는 모습으로 나타난다.[11]

그런데 이 이야기가 오늘날 우리와 어떤 관련이 있는가? 창세기 3장을 기독교적으로 읽기 위해서는 로마서 5:12-21에 나오는 바울의 해설을 고려해야 한다. 여기서는 현재 연구에 가장 도움이 될 부분만 인용한다.

> 그러므로 한 사람으로 말미암아 죄가 세상에 들어오고 죄로 말미암아 사망이 들어왔나니 이와 같이 모든 사람이 죄를 지었으므로 사망이 모든 사람에게 이르렀느니라.…한 사람의 범죄를 인하여 많은 사람이 죽었은즉…한 사람의 범죄로 말미암아 사망이 그 한 사람을 통하여 왕 노릇 하였은즉…그런즉 한 범죄로 많은 사람이 정죄에 이른 것 같이…사람이 순종하지 아니함으로 많은 사람이 죄인 된 것 같이…(롬 5:12, 15, 17, 18, 19).

특히 아담과 하와가 범한 원죄와 우리 사이의 관계의 본질에 대한 측면에서 이 단어들의 의미를 놓고 끝없는 논쟁이 벌어진다. 그러나 성경의 많은 다른 책과 마찬가지로 우리가 성경의 명료성(perspicuity)에 대한 논의에서 제안한 바와 같이(41-43쪽), 중요한 문제들은 분명한 반면 다른 문제들은 상대적으로 덜 분명하다. 여기서 바울은 창세기 3장에서 기술된 원죄가 인간 경험에 죄와 죽음을 들여왔다고 분명히 가르친다.[12] 그러나 또 다른 중요한 사실은

----

11   Cornelius Plantinga, *Not the Way It's Supposed to Be: A Breviary of Sin* (Grand Rapids: Eerdmans, 1996).
12   성경은 사망이 하나님의 형상으로 만들어진 인간의 경험 속으로 들어왔다고 가르친다. 그러

바울이 우리의 죄와 죽음을 아담 탓으로 돌리기보다는 우리 모두가 죄를 지었기 때문에 죽는다고 말했다는 점이다. 아담은 죄와 사망을 들여왔는데, 이는 아마도 우리가 그의 자리에서 했을 법한 일을 대표하는 것 같다. 그러나 그의 죄가 사회적, 우주적 질서를 무너뜨리는 바람에 우리가 죄를 짓지 않는 것이 불가능해졌다.

우리는 공공 정책의 문제를 숙고하는 동안 모든 사람이 죄인이라는 사실을 분명히 고려해야 한다. 바울은 로마서 3:23에서 이를 간결하게 진술한다. "모든 사람이 죄를 범하였으매 하나님의 영광에 이르지 못하더니"(롬 3:23). 성경은 일관되게 모든 인간이 죄인이라고 가르친다. 인류의 번영에 이르기 위해 공동선을 추구하는 것이 공공 정책의 일차 목표여야 하기 때문에, 우리는 인간으로서 우리가 누구인지 잘 알고 있어야 한다. 인간은 하나님의 형상으로 만들어진 존재이자 죄인이다. 이것은 정책 입안자들뿐만 아니라 "대중"에게도 해당된다. 정책에 관한 의견을 형성하려고 노력하는 신자들뿐만 아니라 정책 형성을 돕는 그리스도인들은 이 점을 염두에 둘 필요가 있다. 우리는 이런 관찰 끝에 겸손해져야 한다. 특히 다른 사람들의 죄라고 여기는 것에 관해 이야기할 때 더 겸손해야 한다. 예수는 산상수훈에서 제자들에게 비판하지 말라고 가르치심으로써 다른 사람들에 대한 도덕적 평가를 일괄적으로 금지하기보다는 타인에 대한 판단이 우리 자신에 대한 평가로 이어질 수 있음을 상기시키셨다("비판을 받지 아니하려거든 비판하지 말라. 너희가 비판하는 그 비판으로 너희가 비판을 받을 것이요 너희가 헤아리는 그 헤아림으로 너희가 헤아림을 받을 것이니라"[마 7:1-2]). 또한 이 말씀은 우리가 타인

나 타락 이전의 동물의 죽음에 대해서는 아무 언급도 하지 않는다. Ronald E. Osborn, *Death before the Fall: Biblical Literalism and the Problem of Animal Suffering*(Downers Grove, IL: InterVarsity, 2014)을 참조하라.

의 눈에서 "티"를 제거하기 전에 자기 눈에서 "들보"를 빼내야 한다는 인식을 바탕으로 다른 사람을 평가해야 함을 상기시킨다. 예수의 가르침은 최소한 우리의 개인 생활뿐만 아니라 공공 생활에서도 자신과 의견이 다른 사람들을 악마화하는 행동의 위험성을 알려준다.

이처럼 우리는 하나님의 형상으로 창조된 영광스러운 피조물인 동시에 우리 자신의 유익을 추구하는 흉악한 죄인이다. 그렇지만 하나님과의 관계에서 인간의 본질에 대한 성경적인 그림을 완성하기 위해, 그분의 형상을 지닌 자들에 대한 하나님의 반응을 고찰할 필요가 있다.

구속과 완성

성경의 드라마에는 네 개의 주요 막(幕)이 있다. 우리는 형상과 죄에 관해 연구하면서, 창세기의 처음 세 장의 주제를 이루는 두 개의 막인 창조와 타락에 초점을 맞췄다. 성경 이야기의 대부분은 세 번째 막에 해당하는 구속에 관한 것이다. 실제로 구속의 이야기는 창세기 3장에서부터 요한계시록 20장까지 펼쳐진다. 네 번째 절정에 속하는 막인 만물의 완성(consummation)은 구약과 신약에서 모두 예기되지만 결정적으로 성경의 마지막 두 장(계 21-22장)에 나온다. 공공 정책(또는 그 문제에 대한 어떤 주제)에 관해 성경적으로 생각하려면 성경 이야기 전체의 맥락 안에서 특정 성경 본문을 숙고해야 한다.

창세기 3장은 인간을 자아에 집중한 죄인으로 제시한다. 그러나 우리는 죄가 분명히 하나님의 형상을 지닌 자로서 인간의 지위를 박탈하지 않는다는 점을 지적해야 한다. 실제로 하나님은 홍수를 보내 세상을 창조 이전의 형태가 없는 상태로 되돌리고 세상을 재창조하신 다음 노아에게 "다른 사람의 피를 흘리면 그 사람의 피도 흘릴 것이니 이는 하나님이 자기 형상대로 사람을 지으셨음이니라"(창 9:6)고 말씀하신다.[13] 모든 인간은 현재 하나님과의 관계와 상관없이 하나님의 형상으로 창조되었다.[14]

하나님은 인간의 죄에 어떻게 반응하시는가? 창세기 3장에 대한 연구에서 우리는 하나님이 죄를 심판하셨으며 죄가 하나님과 인간 사이의 조화로운 관계를 깨뜨렸다는 것을 보았다. 이는 하나님이 일찍이 아담에게 하신 경고(창 2:17)를 고려할 때 예상되는 일이다. 놀라운 것은 하나님이 인간으로 하여금 계속 존재하도록 허락하실 뿐만 아니라 즉시 인간과의 화해를 추구하셨다는 점이다. 창세기 3장에서 인간에 대한 하나님의 지속적인 돌봄은 인간에게 갓 생겨난 수치를 고려하여 옷을 선물로 주신 것으로 상징된다(창 3:21). 학자들은 이 행위를 은혜의 징표로 보았다.

흥미롭게도 소위 원역사(창 1-11장)의 나머지 부분은 우리에게 세 개의 이야기를 더 들려주는데, 이 이야기들은 창세기 3장과 동일한 문학적, 신학적 패턴을 따르는 족보들로 연결된다. 그것들은 죄에 대한 이야기로서 심판에 대한 발언이 나오고 심판의 실행으로 마무리된다. 지금 우리가 관심을 갖는 것은 이 패턴의 네 번째 요소인데, 그것은 하나님이 죄 많은 피조물과 계속해서 관계를 맺으심을 상징하는 은혜의 징표다. 이 은혜의 징표에는 아담과 하와에게 선물로 주신 옷 외에 다른 사람들의 적대감으로부터 가인을 지

---

13   고대의 맥락에서 홍수 이야기에 대한 해석은 Tremper Longman III and John H. Walton,
      The Lost World of the Flood: Mythology, Theology, and the Deluge Debate(Downers Grove, IL:
      InterVarsity, 2018)를 참조하라. 『노아 홍수의 잃어버린 세계』(새물결플러스 역간).
14   인간이 살인자에 대해 심판을 집행해야 한다는 창 9:5-6의 요구에서 그 구절을 인간 정부에
      대한 최초의 성경적 명령으로 보는 사람이 많다.

킨 표(창 4:15)와 홍수 당시 노아와 그의 가족의 생존(창 6:8)이 포함된다. 바벨탑 이야기(창 9:1-11)에서는 얼핏 보기에 은혜의 징표를 찾아내기가 어렵다. 신의 심판은 언어의 혼잡이라는 형태를 취한다. 그래서 하나님이 인간의 의사소통의 모든 가능성을 근절하지 않고 다른 언어를 출현시킴으로써 의사소통을 더 어렵게 만드셨다는 사실에서 은혜의 징표를 찾을 수 있을 것이다.[15] 비록 그렇다 하더라도 바벨탑 이야기에서는 앞에서 식별한 규칙적인 패턴으로 은혜의 징표를 식별할 수 없다. 바벨탑 이야기에 누락된 은혜의 징표로 인해 우리는 다음에 오는 아브람(나중에 아브라함이라 명명됨)의 부르심을 은혜의 징표로 간주하게 된다.

하나님은 다음과 같은 중대한 말씀을 전하심으로써 그분의 구원 목적에 봉사할 새로운 민족을 탄생시키신다.

> 여호와께서 아브람에게 이르시되 "너는 너의 고향과 친척과 아버지의 집을 떠나 내가 네게 보여 줄 땅으로 가라. 내가 너로 큰 민족을 이루고 네게 복을 주어 네 이름을 창대하게 하리니 너는 복이 될지라. 너를 축복하는 자에게는 내가 복을 내리고 너를 저주하는 자에게는 내가 저주하리니 땅의 모든 족속이 너로 말미암아 복을 얻을 것이라" 하신지라(창 12:1-3).

여기서 하나님은 훗날 이스라엘이라고 불리는 민족의 조상이 될 한 남자를 선택하셨다. 그리고 그 민족을 통해 세계에 도달할 계획을 세우셨다. 아브라

---

15 만약 그렇다면 여러 언어의 창조는 은혜의 징표다. 이는 창 10장에서 "족속과 언어"(창 10:31)에 의해 나누어진 70개 민족에 이름을 붙이는 고대의 언어 지도(linguistic map)로 언급된다. 창 10장과 11장이 연대기를 반영하는 순서로 되어 있지 않기 때문에 바벨탑 이야기가 더 빨리 아브라함의 부르심으로 이어질 수 있음을 주목하라.

함의 선택은 아브라함이나 훗날 이스라엘 자체의 지위 또는 혼자만의 이익을 위한 것이 아니다. 도리어 하나님은 전 세계에 이르기 위해 그들을 사용하실 계획이다. 실제로 아브라함과 그의 후손의 이야기가 계속됨에 따라, 우리는 그들이 특권과 지위를 누리기 위해서가 아니라 다른 사람들의 종이 되기 위해 선택되었음을 알게 된다. 이는 그들이 하나님을 따르고 순종할 때 그분의 축복을 경험할 것이며, 그 축복을 본 다른 민족이 하나님에 대한 이스라엘의 숭배를 보고 모방하게 될 것이라는 개념으로 보인다.[16]

그러나 구약은 세상에 대한 이런 증거가 이스라엘의 죄로 인해 더럽혀지고 이스라엘 역시 하나님의 축복은커녕 바빌로니아 포로 생활로 표현되는 심판을 경험하게 됨을 증언한다. 일정 기간이 지난 후 바빌로니아로 추방된 이스라엘 백성은 귀환할 수 있었지만, 하나님의 백성이 여전히 외세의 압제 아래서 살고 있기 때문에 어떤 의미에서는 심판이 계속되고 있다. 그러나 다니엘, 스가랴, 말라기와 같이 포로기를 중심으로 활동한 예언자들은 하나님께서 장차 자신의 백성을 압제에서 구원하기 위해 오실 것이라는 소망을 표현한다.

신약의 메시지는 그 소망이 예수 그리스도 안에서 실현된다고 전한다. 예수께서 친히 말씀하셨듯이(눅 24:27, 44-45) 성경 전체(우리가 구약 또는 히브리 성경이라고 부르는 그 당시의 성경)가 그의 오심을 고대했음에도 불구하고 아무도 그가 기대하던 메시아라는 사실을 인지하지 못했던 것 같다. 왜냐하면 예수는 단순히 새로운 정치 왕국을 건설하기 위해 백성을 구원하러 온 다윗 가계의 인간 왕이 아니셨기 때문이다. 그는 오히려 완전한 인간이자 완전

---

16 히브리 성경의 선택 개념을 이해하고 싶다면 Joel S. Kaminski, *Yet I Loved Jacob: Reclaiming the Biblical Concept of Election*(Eugene, OR: Wipf & Stock, 2016)을 참조하라. 이 연구는 선택을 편애의 한 형태로 여기는 현대의 부정적인 이해에 도전한다.

한 신이고 전사였으며 악과 전투를 벌이다가 십자가로 끌려가셨다. 십자가에서 예수는 악한 영적 권력과 권세들을 무너뜨리셨다(골 2:12-15). 다시 말해 예수는 구약의 신적 전사(divine warrior)에 대한 기대뿐만 아니라 이사야 40-55장에서 발견되는 다양한 예언적 신탁(prophetic oracles)에 나오는 고난받는 종에 대한 기대가 실현된 존재였다.

그러나 예수의 죽음, 부활, 승천을 통한 악에 대한 승리는 "이미 결정되었지만 그러나 아직 완성되지는 않은"(already-not-yet) 승리였다. 예수는 다시 오셔서 십자가에서 자신이 행하신 일로 말미암아 이미 확보된 승리를 완성하실 것이다. 오스카 쿨만이 제2차 세계대전의 D-day와 V-day의 비유를 사용하여 그리스도의 초림과 재림 사이의 관계를 기술한 것은 유명하다.[17] D-day에 연합군이 노르망디 해변에서 승리했을 때 아직 많은 전투가 남아 있었지만 궁극적인 결과는 확실했다. 십자가는 모든 영적, 인간적 악에 대한 최종 승리를 보장하며, 이는 요한계시록과 신약의 다른 장소에서 묘사된 미래의 승리이기도 하다.

미래에 있을 예수의 재림은 성경의 위대한 드라마에서 제4막에 해당하는 만물의 완성(consummation)을 시작할 것이다. 요한계시록에서 완성은 새 예루살렘으로 묘사된다(계 21-22장). 새 예루살렘에 대한 묘사는 구원받은 인간이 에덴과 같은 그러나 오직 더 나은 생활로 되돌아감을 상징적으로 나타낸다. 에덴에서처럼 하나님의 현존이 구원받은 인간 존재 전체에 스며든다. 더는 성전이 필요치 않다(계 21:22). 바다가 없어짐은 혼돈과 악의 제거를 상징한다. 만물의 완성이 에덴으로의 단순한 회복을 능가한다는 것은 생명나무 두 그루의 존재에 의해 상징적으로 표현된다. 이 나무들은 각각 도시를

17   Oscar Cullmann, *Christ and Time*, 3rd ed. (Eugene, OR: Wipf & Stock, 2018).

관통하여 흐르는 강 좌우에 있다(계 22:2).

　　창조, 타락, 구속, 완성은 성경의 위대한 이야기에 나타나는 네 단계다. 그리스도인들은 여기서 자신이 어디에 위치해 있는지를 깨닫기 위해 이 이야기를 알아야 한다. 우리는 개인적인 삶과 사회생활뿐만 아니라 정치에 대한 우리의 사고에 영향을 미치는 방식으로, 삶의 이야기를 성경의 이야기 속으로 가져와야 한다. 우리는 하나님의 형상으로 창조되었음을 확인하고 타락에 비추어 우리의 악한 본성을 살펴보았다. 그러나 죄는 이야기의 끝이 아니다. 창조 이야기는 어떻게 하나님이 혼돈에 질서를 가져오셨는지를 말해주지만, 타락 이야기는 인간의 죄가 어떻게 창조된 질서에 적대적인 혼돈을 들여왔는지를 보여준다(롬 8:18-25). 그러나 하나님은 십자가 상의 그리스도 안에서 절정에 이르는 구속 행위를 통해 망가진 창조물을 고치시고 그것을 원래의 창조 의도대로 회복시키려고 하신다.

　　그리스도인은 자신이 "이미 결정되었지만 그러나 아직 완성되지는 않은"(already-not-yet) 승리 속에서 살고 있음을 이해해야 한다. 하나님은 그리스도를 통해 이미 승리하셨지만 그 승리는 아직 완성되지 않았다. 또 다른 성경적 은유를 사용하면, 왕국은 이미 우리와 함께 있지만 아직 완전히 실현되지 않았다. 하나님 나라가 실현되기를 바라는 우리의 희망은 헛된 것이 아니라 십자가에 근거한 확신에 찬 소망이다.

　　그러므로 우리는 신앙에 대해 적대적인 현 세상 속에 사는 그리스도인으로서 두려워하거나 절망해서는 안 된다. 마치 하나님 나라의 승패가 넓은 범위의 문화적, 정치적 반대에 대한 승리에 좌우되는 것처럼 살아선 안 된다. 또한 다른 사람에게 성경적 가치에 따르는 삶을 강요해서도 안 된다.

　　그렇긴 하지만 우리는 성경적 가치와 일관된 삶을 살기 위해 노력해야 한다. 그리고 우리가 믿는 가치를 표현해야 한다. 동시에 공동체뿐만 아니라 이웃 국가 및 전 세계 이웃들의 번영에 도움이 된다고 생각하는 가치들을 놓고 동료 시민들을 설득하는 데 애써야 한다.

우리는 공공 정책과 관련된 성경적 원칙들을 밝히기 위해 창조, 타락, 구속, 완성이라는 이 장대한 이야기의 윤곽 안에서 성경을 읽는다. 앞서 언급했듯이 성경은 우리에게 특정 공공 정책 대신 정책의 틀을 구성하는 원칙들을 제시한다. 구체적인 공공 정책 문제에 원칙을 적용하려면 지혜가 필요하다. 이제 그 주제를 살펴보자.

지혜

성경은 우리에게 특정한 공공 정책을 제시하지 않는다. 이 점을 이해하는 것은 매우 중요하다. 우리는 이를 계속해서 상기할 것이다. 뒤에서 다룰 내용을 예를 들어 미리 논하면 이렇다. 하나님의 백성은 그들 가운데 있는 빈자, 외국인, 이민자 같은 취약한 사람들을 돌보아야 한다는 원칙이 성경의 가르침이라는 것에는 의심의 여지가 없다. 그러나 성경이 이들을 어떻게 돌봐야 하는지에 대한 특정한 지침을 알려주지는 않는다. 정부는 커야 하는가? 아니면 작아야 하는가? 부자나 기업에 대한 세율은 어떻게 정해야 하는가? 국가는 얼마나 많은 이민자와 난민을 어떤 이유를 들어 국경을 통해 받아들여야 하는가? 이를 포함한 많은 문제들이 성경에 명시되어 있지 않다. 성경은 우리가 어떤 공공 정책을 옹호하고 시행할 때 마음에 새겨야 할 태도나 성향 및 필수적인 원칙들을 알려줄 것이다. 그러나 해당 정책의 정확한 성격은 구체적인 역사적 상황과 관련된 여러 요인에 따라 정해진다.

그러므로 공공 정책과 관련된 성경적 원칙을 이행하기 위해서는 원칙

자체뿐만 아니라 관련된 사람들과 정책이 개발되고 있는 순간의 상황에 대한 지식이 필요하다. 성경은 특정한 상황에 적절한 방식으로 올바른 원칙을 적용하는 능력을 가리켜 "지혜"라고 부른다. 지혜라는 주제에 가장 초점을 맞춘 잠언에 따르면 성경적 지혜에는 세 가지 수준이 있다. 독자를 지혜롭게 만들기 위한 잠언의 서문은 지혜의 실용적, 윤리적, 신학적 차원을 이야기한다.[18]

> 다윗의 아들 이스라엘 왕 솔로몬의 잠언이라.
> 이는 지혜와 훈계를 알게 하며 명철의 말씀을 깨닫게 하며
> 지혜롭게, 공의롭게, 정의롭게, 정직하게 행할 일에 대하여 훈계를 받게 하며
> 어리석은 자를 슬기롭게 하며 젊은 자에게 지식과 근신함을 주기 위한 것이니,
> 지혜 있는 자는 듣고 학식이 더할 것이요 명철한 자는 지략을 얻을 것이라.
> 잠언과 비유와 지혜 있는 자의 말과 그 오묘한 말을 깨달으리라.
> 여호와를 경외하는 것이 지식의 근본이거늘 미련한 자는 지혜와 훈계를 멸시하느니라(잠 1:1-7).

지혜의 실용적 차원

지혜는 통찰력, 지식, 분별력, 이해력 같은 실용적 특성과 관련이 있다. 이런 수준의 지혜에는 신중한 판단을 내리고 올바른 원칙을 적용하기 위해 상황을 읽는 능력이 포함된다. 실제로 잠언에 제시된 원칙을 당면 상황에 의해 조절되지 않는 절대적인 원칙으로 여길 경우 때때로 모순적일 수 있다. 모순

---

18 성경적 지혜에 대한 완전한 분석은 Tremper Longman III, *The Fear of the Lord Is Wisdom: A Theological Introduction to Wisdom in Israel*(Grand Rapids: Baker, 2017)을 참조하라.

되는 잠언의 예는 다음과 같다.

> 미련한 자의 어리석은 것을 따라 대답하지 말라.
> 두렵건대 너도 그와 같을까 하노라.
> 미련한 자에게는 그의 어리석음을 따라 대답하라.
> 두렵건대 그가 스스로 지혜롭게 여길까 하노라(잠 26:4-5).

지혜로운 사람은 어떤 원칙을 적용해야 하는가? 그건 상황에 달려 있다. 지혜로운 사람은 어리석은 자에게서 나올 법한 반응을 예상해야 하며, 어리석은 사람은 대답으로부터 이익을 얻지 못할지라도 다른 사람들이 대답으로부터 이익을 얻을 수 있는지의 여부를 평가해야만 한다. 잠언을 아는 것은 중요하지만 그것만으로는 충분치 않다. 또한 지혜로운 사람은 다른 사람의 생각과 상황을 읽는 법을 배워야 한다. 그리고 공공 정책에 관한 문제를 다룰 때 더 넓은 시각으로 사회를 읽는 법을 배워야 한다. 우리는 특정한 정책을 다루는 장에서 이 문제를 더 구체적으로 살펴볼 것이다.

지혜의 다음 차원으로 넘어가기 전에, 실용적인 지혜라는 것이 **감성 지능**이나 **사회성** 같은 이름으로도 불린다는 점을 지적하고 싶다. 적시에 옳은 것을 말하고 옳은 행동을 하며 상황에 적절한 감정을 표현하고 사회의 번영으로 이어질 올바른 특정한 공공 정책을 옹호하고 시행하는 방법을 알기 위해서는 감성 지능이 필요하다. 이런 연결성을 강조하는 이유는 감성 지능이 고전적인 방식에 의해 측정된 지능보다 인간의 삶을 개선하는 데 훨씬 도움을 준다는 최근의 연구 결과 때문이다.[19]

....

19 감성 지능에 대한 고전적인 설명은 Daniel Goleman, *Emotional Intelligence*(New York:

그러나 만약 지혜에 성경뿐만 아니라 문화와 사람들을 해석하는 능력이 필요하다면, 어떻게 해야 이런 능력을 갖추면서 성장할 수 있을까? 잠언은 여기서 다시 우리가 실수로부터 배우고 전통, 경험, 관찰을 중요하게 여겨야 한다고 말한다. 이런 자원을 활용해 배우기 위해서는 겸손이 필요하며, 이는 잠언에서 매우 높게 평가되는 미덕이다(3:5, 7; 15:33; 29:23). 겸손의 반대말인 교만은 다른 사람의 말을 듣지 않게 하고 심지어 실수를 인정하지 못하게 한다. 지혜로운 사람은 현대와 과거(전통)를 막론하고 다른 사람의 조언에 귀를 기울인다. 지혜로운 사람은 무엇이 도움이 되고 상처가 되는지를 배우기 위해 자신의 경험을 주의 깊게 살핀다. 지혜로운 사람은 실수를 인정하고 그것을 고칠 방법에 대해 생각한다.

지혜의 윤리적 차원

지혜의 첫 단계는 실용적 단계다. 그러나 우리는 여기서 지혜에 윤리적 측면이 있음을 확인하려고 한다. 잠언 1:3은 지혜의 윤리적 성격을 강조하면서 지혜로운 사람은 "지혜롭게, 공의롭게, 정의롭게, 정직하게 행할 일에 대해" 훈계를 받을 것이라고 말한다. 지혜로운 사람은 단순히 자신을 유익하게 하는 방식으로만 행동하지 않고 공동체의 향상을 추구한다. 또한 가족과 이웃 및 더 큰 공동체의 안녕을 추구한다.[20]

의인이 형통하면 성읍이 즐거워하고 악인이 패망하면 기뻐 외치느니라.

Bantam, 1995)를 참조하라.

20 공동체 생활을 위한 지혜의 유익에 대한 연구는 William P. Brown, *Character in Crisis: A Fresh Approach to the Wisdom Literature of the Old Testament*(Grand Rapids: Eerdmans, 1996)를 참조하라.

성읍은 정직한 자의 축복으로 인하여 진흥하고 악한 자의 입으로 말미암아 무너지느니라(잠 11:10-11).

공의는 나라를 영화롭게 하고 죄는 백성을 욕되게 하느니라(잠 14:34).

거만한 자는 성읍을 요란하게 하여도 슬기로운 자는 노를 그치게 하느니라(잠 29:8).

특히 지혜로운 사람은 가난한 자, 고아, 과부 같은 약자를 지원하고 보호하는 데 관심을 가진다.

의인은 가난한 자의 사정을 알아주나 악인은 알아줄 지식이 없느니라(잠 29:7).

여호와는 교만한 자의 집을 허시며 과부의 지계를 정하시느니라(잠 15:25).

옛 지계석을 옮기지 말며 고아들의 밭을 침범하지 말지어다.
대저 그들의 구속자는 강하시니 그가 너를 대적하여 그들의 원한을 풀어 주시리라(잠 23:10-11).

고대 이스라엘에서는 왕이 공동체에 미치는 영향력이 명백했기 때문에 그가 지닌 지혜가 매우 중요했다. 로버트 알터에 따르면 지혜는 국정 운영 기술의 필수 조건이며 통치자들은 지혜를 통해서만 효과적인 통치를 수행할 수 있다.[21] 많은 구절 가운데서 특히 지혜 여인(Woman Wisdom)의 말을 살펴보자(지혜에 대해서는 다음 섹션을 참조하라).

> 나로 말미암아 왕들이 치리하며 방백들이 공의를 세우며
> 나로 말미암아 재상과 존귀한 자 곧 모든 의로운 재판관들이 다스리느니라(잠 8:15-16).

> 지혜로운 왕은 악인들을 키질하며 타작하는 바퀴를 그들 위에 굴리느니라(잠 20:26).

지혜롭게 다스리는 왕은 사회에 큰 이익을 가져다주지만, 어리석은 왕은 멸망을 가져온다.

> 가난한 백성을 압제하는 악한 관원은 부르짖는 사자와 주린 곰 같으니라(잠 28:15).

이처럼 고대 이스라엘의 왕이 미친 여러 형태의 영향력은 잠언에 잘 드러나 있는데, 현대 미국 사회에서는 지역과 전국 단위에서 선출된 지도자들이 이런 영향력을 발휘할 수 있다. 또한 국가는 잠언이 강조한 미덕들, 구체적으로 겸손, 온건한 언어 및 감정 표현, 정의와 공정성에 대한 열망, 지혜로운 조언자의 조언을 경청하는 개방성, 취약한 사람들을 보호하려는 열망 등을 갖

----

21   Robert Alter, *The Hebrew Bible: A Translation with Commentary* (New York: Norton, 2018), loc. 7875.

춘 지도자를 보유함으로써 이익을 얻는다.

지혜의 신학적 차원

그렇지만 우리는 성경에서 말하는 지혜가 세속적 개념이 아님을 인정해야 한다. 잠언 서문의 마지막 절은 이를 매우 솔직하게 밝히는데, 그 메시지는 잠언뿐만 아니라 구약의 다른 곳에서 다양한 방법으로 반복된다. "여호와를 경외하는 것이 지식의 근본이거늘 미련한 자는 지혜와 훈계를 멸시하느니라"(잠 1:7; 참조. 전 12:13-14). 물론 이 두려움(경외)은 사람들을 달아나게끔 만드는 것이 아니라 창조주인 하나님과 피조물인 자신을 인식하게 함으로써 그들을 떨게 만드는 것이다(빌 2:12-13). 그런 태도는 실수로부터 배울 수 있는 겸손을 낳는다.

그러므로 하나님을 경외하지 않으면 참된 지혜도 없다. 그럼에도 불구하고 고대 현자들은 야웨를 경외하지 않아도 실용적 지혜와 윤리적 지혜를 얻을 수 있다고 보았다. 잠언을 저술한 고대 이스라엘 현자들은 야웨를 경외하지 않았던 이집트 현자들로부터 이런 걸 배웠던 것 같다. 잠언에 나오는 일부 이스라엘 잠언과 이집트의 교육 문헌에 있는 가르침 사이의 유사성을 보면 이런 영향을 짐작할 수 있다.[22] 또한 솔로몬의 지혜에 대해 "애굽의 모든 지혜보다 뛰어난지라"(왕상 4:30)고 평가한 것을 통해 이교적인 이집트의 지혜가 높이 평가되었음을 확인할 수 있다. 이것이 의도한 찬사가 되려면 이집트의 지혜가 유용한 것이어야 한다.

나는 미국이 신정 국가(theocracy)가 아님을 강조하고 싶다. 이스라엘에

---

22 상세한 내용은 Tremper Longman III, "Proverbs," in *Zondervan Illustrated Bible Backgrounds Dictionary*, ed. John H. Walton (Grand Rapids: Zondervan, 2009), 5:464-503을 참조하라.

서는 경건한 왕이 세워지는 것이 중요했지만(신 17:14-20), 오늘날 그리스도인들은 후보자의 신앙 여부에 기초해 투표해서는 안 된다. 우리는 공동체를 돕는 올바르고 공정한 정책을 시행할 수 있을 만한 실용적이고 윤리적인 지혜를 가진 사람들을 찾아야 한다.

이 책을 접하는 그리스도인 독자들이 정치인이든 투표하는 대중이든, 하나님은 우리가 세 가지 차원의 참된 지혜를 고루 갖추길 원하신다. 우리는 또한 성경에서 분별하는 원칙들을 취하고 공동체를 돕는 데 필요한 특정 공공 정책에 대해 숙고할 때 지혜를 사용해야 한다.

우상숭배

뒤에서도 우상숭배를 언급할 기회가 있을 것이다. 그때마다 우상숭배의 본질을 계속해서 정의하는 대신 여기서 정의를 내리고 이 논의를 다시 언급하려고 한다.

우상숭배의 정의는 단순하지만 실제로 알아내기는 어렵다. 우상숭배는 어떤 사물, 사람, 대의명분을 하나님보다 더 숭배하는 것이다. 인간이 사랑할 대상은 다양하지만 진정한 예배는 그 어떤 것보다도 하나님을 사랑하는 것이다. 모든 사람은 다른 어떤 것보다도 더 숭배하는 대상을 갖고 있다. 폴 틸리히는 사람에게 가장 중요한 것, 즉 **궁극적 관심**에 대해 말했다.[23] 만약 누군가의 궁극적 관심이 성경의 삼위일체 하나님에 가 있지 않다면 우상이

---

23 그의 방대한 저작 전반에 걸쳐 그렇게 하고 있지만 특히 Paul Tillich, *Dynamics of Faith*(New York: Harper & Row, 1957)를 참조하라. 『믿음의 역동성』(그루터기하우스 역간).

나 거짓 신에 꽂혀 있을 가능성이 크다.

구약에서 우상숭배는 일반적으로 유일하신 참 하나님 야웨가 아닌 다른 신을 숭배하는 것과 관련이 있다. 실제로 제1계명은 그런 우상숭배를 금한다("너는 나 외에는 다른 신들을 네게 두지 말라"[출 20:3]). 그리고 제2계명은 그것을 물질적으로 표현하지 못하게 한다("너를 위하여 새긴 우상을 만들지 말고 또 위로 하늘에 있는 것이나 아래로 땅에 있는 것이나 땅 아래 물속에 있는 것의 어떤 형상도 만들지 말며"[출 20:4]). 이스라엘은 종종 참 하나님이신 야웨보다는 주변 나라들이 섬기는 바알, 아세라, 마르두크, 이쉬타르 같은 신과 그 신을 물리적으로 표현한 형상을 숭배하라는 유혹에 넘어갔다. 바울은 우상숭배를 가리켜 "썩어지지 아니하는 하나님의 영광을 썩어질 사람과 새와 짐승과 기어다니는 동물 모양의 우상으로"(롬 1:23) 바꾼 것이라고 말하곤 했다. 이 거짓 신들은 실제로 창조의 측면(다산, 폭풍, 사랑)을 나타냈지만, 그런 우상숭배는 창조주보다 피조물을 숭배하는 것이었다.

그렇긴 하지만 구약도 우상숭배 이면에 있는 어두운 현실을 인식한다. 악한 영적 세력은 거짓 신들을 숭배하는 사람들의 상상력을 착취한다. 예를 들어 출애굽기에 나오는 이야기를 보자. 여기서는 이집트의 신들을 단순히 헛된 허구로 이해하기보다는 그것을 숭배하는 자들이 지팡이를 뱀으로, 물을 피로 변하게 할 수 있는 실제적인 영적 세력이라고 본다(출 7:8-24). 그렇기 때문에 마지막 재앙의 날 저녁에 하나님은 "애굽의 모든 신을 내가 심판하리라. 나는 여호와라"(출 12:12)고 선언하신다.[24]

그러나 구약에서도 우상숭배는 거짓 신을 상징하는 물리적인 물체에 대한 숭배에만 국한되지 않는다. 다시 말하지만 우상숭배는 하나님 외의 어

---

24 유사한 신약성경 구절을 고전 10:18-22에서 발견할 수 있다.

떤 것을 인간 존재의 중심으로 삼는 것을 의미한다. 이런 의미에서 전도서는 우상을 파괴하는 역할을 한다. 전도서는 주인공인 전도자가 (하나님의 계시와는 별도로) 이 세상의 권력, 지위, 일, 지혜, 부에서 의미를 찾으려고 노력하는 모습을 그린다. 하지만 결국 그는 좌절을 맛본 다음 인생은 무의미하다고 몇 번이고 반복해서 결론을 내린다. 자신의 아들에게 전도자의 생각을 보여준 두 번째 지혜자는 전도서의 마지막 장에서 하나님을 첫째 자리에 두라고 촉구함으로써 이 세상을 초월한 관점을 제시한다.

> 일의 결국을 다 들었으니 하나님을 경외하고 그의 명령들을 지킬지어다. 이것
> 이 모든 사람의 본분이니라. 하나님은 모든 행위와 모든 은밀한 일을 선악 간에
> 심판하시리라(전 12:13-14).

앞서 언급했듯이 우상숭배는 정의하기 쉽지만 알아내기는 어렵다. 모든 인간은 어떤 인물, 사물, 대의명분을 숭배하기 때문이다. 정의에 따르면 비그리스도인은 우상숭배자다. 제임스 스미스는 아우구스티누스의 사상을 전달하면서 이렇게 말했다. 그런 "우상숭배는 인간의 특징인, 숭배에 대한 근절할 수 없는 종교적 충동에 대한 불변의 증거다."[25] 그러나 그리스도인 역시 그런 거짓 숭배에 빠지기 쉽다. 장 칼뱅(Jean Calvin)은 인간의 마음이 우상을 찍어내는 공장이라고 말했다. 우리의 삶은 죄로 인해 쉽게 무질서해지지만 그 사실을 제대로 보기는 어렵다.

정치적 엄중함(political stridency)에 관해 제임스 스미스는 우리가 종말론

25　James K. A. Smith, *Awaiting the King: Reforming Public Theology* (Grand Rapids: Baker, 2017), 216.

적인 미래지향적 관점을 유지하도록 격려한다. 『왕을 기다리며』에서 그는 신칼뱅주의(카이퍼주의)의 정치적 개입에 대한 흥미로운 분석을 제시한다. 그의 비판은 우파나 좌파를 가리지 않고 모든 기독교 정치 활동으로 확장된다. 많은 기독교 정치 활동은 이 세상에 대해 체념하고 내세에 완전히 투자할 수 있는 초세속적 관점에 반대하여 지금 여기(here-and-now)의 중요성을 단언하는 성경적 창조 교리(doctrine of creation)에서 비롯된다. "예수께서 다시 오실 때 우리와 또 다른 사람들이 정의를 얻게 될 텐데 오늘날 누가 정의에 관심을 가질까?" 그런 견해가 (특히 다른 사람들을 위한 정의와 관련하여) 현재의 하나님이 창조하신 세계를 잘못 폄하하는 반면, 스미스는 우리의 노력에도 불구하고 진자가 다른 방향으로 너무 멀리 움직이는 바람에 예수께서 다시 오실 때까지 그 왕국이 완전히 오지 않을 것이라는 사실을 우리가 망각할 수 있다고 우려한다.

　　나는 정치적 우상숭배에 빠져들고 있는지를 개인적으로 확인하려면 정치적 희망 및 욕망에 대한 좌절에 자신이 어떻게 반응하는지를 관찰해보라고 제안하고 싶다. 자신이 옳다고 생각하는 것을 대표하기 때문에 지지한 후보가 선거에서 패하면 실망을 넘어 우울감이 밀려오는가? 나는 최근 특정 선거 결과에 너무 큰 충격을 받아 며칠 동안 침대에서 나오지 못한 그리스도인 친구들을 알고 있다. 우리가 지지하는 견해를 옹호하거나 옳지 않다고 생각하는 견해를 반대할 때 침착하고 이성적으로 그렇게 하는가? 아니면 독설과 귀에 거슬리는 말로 그렇게 하는가? 이런 현상은 정치적 우상숭배의 징후이며 보통 그런 어조는 역효과를 낳을 뿐 설득으로 이어지지 않는다.

　　우리는 우상숭배의 주제를 논하면서 당파 정치(partisan politics)의 문제도 고찰해야 한다. 티모시 켈러는 최근 특정 정당의 엄격한 열성 당원이 되는 것의 신학적 위험성에 관해 글을 썼다.[26] 그는 사회적 문제에 대해서는 공화당의 가치가 기독교적 가치와 일치할 수 있지만, 경제적 문제에 대해서는 민주당의 관점이 기독교적 가치와 더 일치할 수 있다고 제안한다. 그리스도인들은 한 정당의 노선에 맹목적으로 투표하기보다는 후보자들을 연구하고 특정 후보자들이 제시한 정책 공약들을 연구해야 한다. 그런 광경이 흔히 발견되지만, 그리스도인들은 자신이 반대하는 정당을 악마화하는 일을 삼가야 한다. 특히 성경적 원칙과 반대되는 특정 정책에 관한 그런 관행과 태도는 우상숭배에 빠지는 경향이 있는 마음과 정신을 드러내는 것이다.[27]

성향과 수사법

이 책은 공공 정책 문제를 해결하기 위해 숙고할 때 필요한 성경의 원칙들을 발견하는 데 집중한다. 이 원칙들은 성경이 우리에게 명확하고 구체적인 공공 정책을 제시하지 않는다는 점을 인식하면서 특정한 공공 정책에 대한 우리의 태도를 발전시키기 위해 지혜를 사용할 때 도움이 되는 지적인 정보를 준다.

그러나 성경은 원칙을 분배하는 정보 서적이 아니다. 만약 성경이 그런 책이었다면 지금과는 다른 형태를 취하고 있을 것이다. 아마 원칙을 줄줄

---

26 Timothy Keller, "How Do Christians Fit into the Two-Party System?," *New York Times*, September 29, 2018, https://www.nytimes.com/2018/09/29/opinion/sunday/christians-politics-belief.html.

27 이 주제에 관해 나는 Charles D. Drew의 탁월한 저서를 추천한다. Charles D. Drew, *Body Broken: Can Republicans and Democrats Sit in the Same Pew?*, 2nd ed. (Greensboro, NC: New Growth Press, 2012).

이 달아 목록을 만들어놓거나 우리의 지성에 호소할 수 있는 방식으로 원칙을 제시할 것이다. 그러나 성경에는 그런 형식이 없다. 오히려 성경은 이야기로, 더 나은 표현으로는 이야기 같은 역사(내러티브), 시, 편지로 이루어진 모음집이다. 우리가 성경의 내용에 이런 특성을 부여해서 정확한 단어로 표현할 수 있느냐에 대해 소모적인 논쟁을 벌일 수도 있지만, 어떤 단어로 묘사하든 그것이 우리의 마음과 소통할 수 있다고 생각하면 성경 문학의 실제 형태에 놀라게 된다.

그러나 성경이 우리 마음에 정보를 전달하기만 하는 것은 아니다. 나는 성경이 그렇게 하고 있다고 확실히 믿지만, 실제로는 그 이상의 일을 한다. 하나님은 성경의 인간 저자들을 통해 우리를 온전한 인격체로 만드신다. 또한 우리의 지성에 정보를 전달하실 뿐만 아니라 감정을 일깨워 상상력을 자극하시고 우리의 의지에 호소하신다. 하나님은 우리가 마음과 몸으로 된 전체 자아로 그분께 순종하기를 원하신다.

우리는 이를 염두에 두고 현재 탐구하는 주제를 건전하게 사고해야 하며, 생각을 말로 표현할 때 어떤 태도를 갖고 있는지 인식해야 한다. 성경은 잠언이나 야고보서 같은 본문을 통해 올바른 태도와 말을 강조한다. 우리는 그리스도인으로서 자신의 행동과 말을 통해 "성령의 열매"를 드러내고 있는지를 항상 염두에 두어야 한다("오직 성령의 열매는 사랑과 희락과 화평과 오래 참음과 자비와 양선과 충성과 온유와 절제니 이 같은 것을 금지할 법이 없느니라"[갈 5:22-23]).

여기서는 원칙에 주로 초점을 맞출 것이지만 우리의 성향(태도)과 수사법(말)에 대해 성경이 말하는 바에 대해서도 숙고하려고 한다. 나는 최근 들어 특히 이 영역들이 중요하다고 생각한다. 오늘날 정치적 당파주의는 정치나 신앙의 측면에서 동의하지 않는 사람들을 향해 매우 추악한 태도를 보이면서 함부로 말하는 쪽으로 발달했다. 성경을 긍정하는 그리스도인들은 중요한 일에 대해 단호하게 의견을 표현할 수 있지만, 다른 사람들 특히 자신이 동의하지 않는 사람들에게도 상냥한 태도를 갖추고 정중하고 공손하게 말해야 한다.

요약 및 특정 문제들로의 이동

이 책의 1부에서 성경이 공공 정책에 관해 말하는 바에 관심을 가져야 하는 이유를 살펴보았다. 구약과 신약으로 이루어진 성경은 하나님의 말씀이자 신앙과 실천의 기준인 정경이다. 하지만 성경이 공공 정책을 직접 제시하는 것이 아니라 특정 문제에 관한 우리의 생각을 인도하는 원칙을 보여준다는 점을 분명히 했다. 더 나아가 공공 정책과 관련이 있는 원칙에 도달하기 위해서는 성경 본문에 대한 해석이 필요하기 때문에 인간 저자와 궁극적인 신적 저자의 메시지에 도달하기 위한 적절한 해석 전략으로 여겨지는 것을 검토하는 데 상당한 시간을 할애했다.

주로 원칙에 강조점을 둘 것이지만, 나는 성경이 우리의 생각뿐만 아니라 마음과 말의 성격도 형성한다고 믿는다. 따라서 앞으로 각 장의 끝에서 그리스도인들이 세상에 널리 나타내야 할 성향, 태도, 말에 대해 간략하게 설명할 것이다.

이런 배경으로 우리 시대의 가장 중추적이고 논쟁의 여지가 있는 다음 열 가지 공공 정책 주제들을 살펴보려고 한다.
- 민족주의, 애국심, 세계화
- 종교의 자유

- 전쟁
- 낙태
- 형사 사법 제도와 사형
- 이민
- 동성 결혼
- 환경
- 빈곤
- 인종 차별

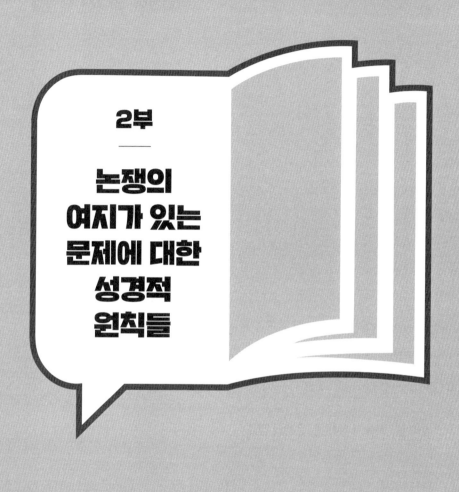

2부
—
논쟁의
여지가 있는
문제에 대한
성경적
원칙들

4   민족주의, 애국심, 세계화

인류의 모든 족속을 한 혈통으로 만드사 온 땅에 살게 하시고 그들의 연대를 정하시며 거주의 경계를 한정하셨으니 이는 사람으로 혹 하나님을 더듬어 찾아 발견하게 하려 하심이로되 그는 우리 각 사람에게서 멀리 계시지 아니하도다. 우리가 그를 힘입어 살며 기동하며 존재하느니라. 너희 시인 중 어떤 사람들의 말과 같이 우리가 그의 소생이라 하니(행 17:26-28).

민족들: 죄에서 유래됨, 은총의 징표

서구 특히 미국의 문화는 지나치게 개인주의적이라는 비판을 받아왔다. 미국인들은 자기 주도, 자급자족, 자려 정신을 높이 평가한다. 그러나 17세기 영국의 시인 존 던(John Donne)은 "인간은 섬이 아니다"라는 유명한 말을 남겼다. 이런 개인주의에도 불구하고 기본적으로 인간은 사회적 동물이다. 하나님이 우리를 그렇게 만드셨다.

성경은 창조의 시작부터 인간에 대한 이런 진리를 인정한다. 하나님은 첫 번째 사람을 창조하신 후(창 2:7) 이렇게 선언하셨다. "사람이 혼자 사는 것이 좋지 아니하니 내가 그를 위하여 돕는 배필을 지으리라"(창 2:18). 우리는 첫 번째 사람이 하나님 및 그분의 창조물과 조화로운 관계를 이루고 있었을 때 이 발언이 나왔다는 것을 기억해야 한다. 하나님은 그를 에덴에 두셨다. 에덴이라는 이름에는 **풍요**(abundance)라는 뜻이 담겨 있다.[1] 이 최초의 인간은 스스로 생존하고 번성하는 데 필요한 모든 것을 갖추고 있었을 것 같지만 실제로는 그렇지 않았다. 하나님은 인간을 사회적 관계 속에 있도록 만드셨다.

그래서 하나님은 그와 동등한 사람인 첫 번째 여자를 창조하셨다. 창세기 2:18에서 "돕는 배필"('ezer[에제르], helper)로 번역된 단어는 종속을 의미하지 않는다. 이 단어는 시편에서 종종 이스라엘을 도우시는 하나님을 설명할 때 사용되기 때문이다(시 33:20; 89:18-19; 참조. 신 33:39). 이 최초의 여자가 남자의 옆구리 또는 갈비뼈[2]로 만들어졌다는 사실은 둘의 근본적인 평등을 강조한다. 두 사람은 함께 땅에 충만할 뿐만 아니라 "땅을 정복"하고 "바다의 물고기와 하늘의 새와 땅에 움직이는 모든 생물을 다스리라"(창 1:28)는 임무를 받았다.[3] 이처럼 창세기 1-2장의 요지에 따르면, 하나님에 의해

---

1   창 1-2장, 실제로는 창 1-11장이 비유적인 언어를 사용하여 광범위한 역사적 사건들을 이야기하는 신학적 역사(theological history)라는 관점에 대해서는 Tremper Longman III, *Confronting Old Testament Controversies: Pressing Questions about Evolution, Sexuality, History, and Violence*(Grand Rapids: Baker, 2019), 25-77을 참조하라.

2   히브리어 단어 ṣēlā'(쳴라)는 "측면"(side) 또는 "갈비뼈"를 의미한다. 이 불일치는 우리가 집중하는 내용에 영향을 주지 않는다.

3   성경과 환경을 다룬 11장에서 이 구절을 다시 살펴볼 것이다.

창조된 인간은 관계 안에 있을 때 번성하는 사회적 존재다.[4]

흥미롭게도 최근의 진화론 역시 인간이 근본적으로 사회적 동물이라는 점을 인정했다. "적자생존"을 통해 진화가 진행된다는 개념이 호미노이드(hominoids, 사람상과), 호미니드(hominids, 사람과), **호모 사피엔스**(Homo sapiens)로 이어지는 발달 단계에서 이타주의(altruism)가 중요한 역할을 했다는 인식에 의해 보완되고 있다.[5] 실제로 현재 우리는 인간 게놈 연구를 통해 **호모 사피엔스**가 한 사람이나 한 쌍이 아닌 수천 명의 인구로부터 출현했다는 사실을 알게 된다.[6]

따라서 성경과 과학은 인간이 관계적 피조물이라는 것에 동의한다. 이런 관계는 가족, 친구, 씨족, 부족, 종교 단체, 비즈니스 관계와 같은 여러 형태로 나타난다. 그러나 우리는 한 특별한 유형의 사회적 관계, 즉 한 민족 국가의 시민이 되는 것에 관심이 있으며 또한 이것이 인류의 글로벌 공동체의 일부가 되는 것과 어떤 관계가 있는지를 알고 싶어 한다. 특히 그리스도인들은 한 국가의 시민이 되는 것을 어떻게 보아야 하며, 그것은 세계 시민이 되는 것과 어떤 관계가 있는가?

창세기 10장에는 이른바 나라들의 목록 형태로 민족이 처음 등장한다. 10장은 족보처럼 보이지만 실제로 민족 및 언어 그룹을 기록한 일종의 지도다. (분명히 상징적인 숫자로 보이는) 70개의 민족이 있는데, 이들은 노아가 낳은 세 아들(야벳, 함, 셈)의 후손으로 나뉜다. (약간의 변형이 있지만) 세 부분은 각각

---

4   창 2장에서 관계의 초점은 결혼이지만, 그 내포된 의미는 결혼을 넘어 다른 종류의 인간관계로 확장된다. 결혼은 우리의 사회적 필요를 충족시키는 유일한 관계가 아니다.

5   알기 쉬운 개론은 Augustin Fuentes, *The Creative Spark: How Imagination Made Humans Exceptional*(New York: Dutton, 2017)을 참조하라.

6   창 1-2장이 어떻게 그런 과학 이론과 양립할 수 있는지에 대해서는 Longman, *Confronting Old Testament Controversies*, 25-77을 참조하라.

공통된 반복구로 마무리된다. "이들은…자손이라. 각기 족속과 언어와 지방과 나라대로였더라"(창 10:5, 20, 32). 이 장 전체는 "이들은 그 백성들의 족보에 따르면 노아 자손의 족속들이요 홍수 후에 이들에게서 그 땅의 백성들이 나뉘었더라"(10:32)로 끝난다.

흥미롭게도 이 장은 바벨탑 이야기(11:1-9)보다 앞에 배치되어 있지만, 연대순으로는 그 이야기 뒤가 맞다. 바벨탑 이야기는 다른 언어와 민족의 형성으로 이어지는 사건을 전한다. 실제로 창세기 10장은 죄 많은 인류에 대한 하나님의 심판 후 내려진 은총의 징표로 여겨졌다. 하나님의 심판은 개인 간의 의사소통 가능성을 모두 제거하기보다 언어의 발달로 이어졌다. 각 사람은 "섬"으로 머물지 않고 함께 모여 민족 국가를 이루었다.

의미심장하게도 여러 해가 지난 후 모세가 다음과 같이 말한 내용을 보면, 그가 영적인 관점에서 민족의 형성 과정을 숙고했음을 알 수 있다.

> 지극히 높으신 자가 민족들에게 기업을 주실 때에, 인종을 나누실 때에 **하나님의 아들들의 수효대로**(NAB) 백성들의 경계를 정하셨도다. 여호와의 분깃은 자기 백성이라. 야곱은 그가 택하신 기업이로다(신 32:8-9).[7]

이 구절에서 모세는 하나님을 민족들에게 "하나님의 아들들"—천사들을 가리키는 것으로 잘 알려짐—을 분배하시는 분으로 그린다. 그러므로 이 구절에 따르면 각 민족마다 그 민족과 연관되어 특별한 관계를 맺고 있는 영적 존재가 있다. 다니엘 10장에는 가브리엘 천사가 다니엘에게 가는 데 왜 3주

---

[7]   NAB 성경은(NRSV 성경처럼) NIV 성경보다 나은 히브리어 본문을 사용하기 때문에, 나는 여기서 NAB 성경을 인용한다.

나 걸렸는지에 관한 이야기가 나온다. 가브리엘이 다니엘에게 가는 도중에 그의 행보를 방해하는 "바사 왕국의 군주"와 싸울 때 미가엘—"너희의 군주"(10:21)로 적시된다—의 도움을 받을 때까지 거센 저항을 받았기 때문이다. 그런 다음 가브리엘은 다니엘이 자신의 환상을 이해하도록 돕는 사명을 완수한 후 "헬라의 군주"(10:20)가 이를 것이라고 언급한다. 이 군주들은 다름 아닌 특정 민족과 관련된 영적 세력이다. 가브리엘과 미가엘은 천사라고 불리지만, 다른 두 군주는 사탄의 세력이다. 민족에는 영적 차원이 있고 반역과 죄를 통해 사악한 영적 세력과 연합할 수 있다. 그럼에도 불구하고 민족은 본질적으로 악하지 않다.

실제로 구약에서 하나님은 다른 모든 민족 가운데서 한 민족을 창조하시고 다른 민족들의 유익을 위해 특별히 봉사하라는 소명을 주셨다. 아브라함을 부르시는 유명한 장면에 이 내용이 나온다.

> 여호와께서 아브람에게 이르시되 "너는 너의 고향과 친척과 아버지의 집을 떠나 내가 네게 보여 줄 땅으로 가라. 내가 너로 큰 민족을 이루고 네게 복을 주어 네 이름을 창대하게 하리니 너는 복이 될지라. 너를 축복하는 자에게는 내가 복을 내리고 너를 저주하는 자에게는 내가 저주하리니 땅의 모든 족속이 너로 말미암아 복을 얻을 것이라" 하신지라(창 12:1-3).

하나님이 이 "큰 민족"(이스라엘)을 세우신 이야기는 토라(창세기부터 신명기까지)의 나머지 부분에 이어 여호수아서에서 계속된다. 여기서는 세부 사항을 자세히 다루기보다는 아브라함의 후손들에게서 나올 이 큰 민족의 사명에 초점을 맞추려고 한다. 이 민족은 지상의 나머지 민족들에게 축복을 전해줄 통로와 같은 역할을 하도록 설계되었다. 처음부터 하나님의 택하신 백성은 세상의 종이 되어야 했다.

실제로 (당시 아브라함에게는 단 한 명의 아이도 없었기 때문에) 그가 자신의 후손을 큰 민족으로 만드시겠다는 약속에 의심을 품자, 하나님은 그 약속을 확인시켜주러 오셨다. 그때 하나님은 그 약속을 확장하여 아브라함을 "여러 민족의 아버지"(창 17:5)로 만드셨다. 그러나 창세기 12:1-3에 있는 원래 약속에 의하면 하나님은 모든 민족—그들이 아브라함의 후손이든 아니든—에게 이르기 위해 아브라함의 후손들을 사용하실 것이다. 하나님은 이처럼 열방에 대해 큰 관심을 품고 한 민족을 사용하셔서 이 구속의 과업을 성취하실 것이다.

이스라엘이 "큰 민족"이 될 것이라는 약속은 하나님이 그들을 애굽의 노예 상태에서 해방시키고 시내산 언약(출 19-24장)으로 자신에게 결합시키셨을 때 실현되었다. 거기서 하나님은 그들에게 율법을 주셨다. 그 율법이 그들 사이의 관계 그리고 그들과 하나님 사이의 관계를 좌우할 것이다. 나중에 가나안에 들어가 그곳 사람들을 정복했을 때, 이스라엘은 그들을 한 민족으로 만드는 땅을 얻었다.

그러나 사사기에서 열왕기에 이르는 역사를 보면, 이스라엘이 세상에 대한 하나님의 축복의 대리인이 되기에는 심각한 결함이 있었음을 알 수 있다. 그들의 왕들, 백성 중 많은 이들, 심지어 제사장과 예언자들마저도 하나님을 거역하고 그분의 심판을 경험했다. 그들은 온 민족을 하나님께로 끌어들이는 "산 위에 있는 동네"가 되어야 했는데, 이 소명을 망각하고 우상을 숭배했다. 때때로 열방에서 온 개인들(이집트에서 나온 수많은 잡족[수 8장에서 "거류민들"의 존재에 주목하라], 라합[수 2장], 룻, 헷 사람 우리아[삼하 11장]. 아람 왕의 군대 장관 나아만[왕하 5장] 등)이 아브라함과 이삭과 야곱의 하나님께 매료되었다. 그러나 이스라엘인이 아닌데도 이스라엘의 하나님께 매료된 사람들은 생각보다 드물었다.

결국 하나님은 느부갓네살 치하의 바빌로니아가 예루살렘을 무너뜨리고 성전을 파괴하며 시민들을 몰아내는 것을 허용하심으로써 이스라엘의 독립 국가로서의 지위를 박탈하셨다. 게다가 느부갓네살은 사울과 다윗으로 시작된 군주제를 종식시켰다. 하나님은 다윗에게 영원히 왕위에 앉을 아들이 있을 것이라고 약속하셨다(삼하 7:11-17).[8]

그러나 예루살렘의 멸망과 포로 생활은 구약 이야기의 끝이 아니었다. 페르시아는 바빌로니아를 정복하면서 유대인 포로들이 그토록 원하던 예루살렘으로의 귀환을 허용했다(에스라와 느헤미야 참조). 그럼에도 불구하고 하나님의 백성은 신약 시대 이전에 독립을 회복하지 못했다.

따라서 구약은 바벨탑 이야기에서 민족의 기원을 찾는다. 거기서 민족의 형성은 하나님이 허락하신 은혜의 행위로 보일 수 있다. 에덴의 이상은 모든 인류가 부족이나 국가의 경계 없이 조화로운 일치 속에서 사는 형태였을 것이다. 그럼에도 불구하고 민족 국가의 존재는 그 자체가 본질적으로 부정적이지 않으며, 구약에서는 민족이라는 이유로 비난받는 민족은 없다. 실제로 하나님이 인간의 언어를 혼잡하게 하시고 연합을 깨뜨리심으로써 집단 반란을 일소하시기 때문에, 바벨탑 건축 당시에 인류가 흩어진 것은 하나님 편에서 볼 때 은혜로운 행동으로 보일 수 있다.

그러나 하나님은 사회적 집단 안에서 의사소통하고 모이는 인간의 능력을 완전히 제거하시지 않았다. 또한 각 사람이 "섬" 같은 존재가 되도록 강요하시지도 않았다. 하나님은 인간을 창조하시되 사회적인 존재로서 관

---

8   이 기간에 하나님은 유배자들을 향해 그들을 사로잡아 간 그 성읍의 평안과 번영을 구하라고
     명하시면서, 그 성읍이 번성하면 그들도 번성할 것이기 때문에 그들이 살고 있는 이교 사회의
     번영에 관심을 가지라고 말씀하셨다(렘 29:7).

계 속에 있도록 창조하셨다. 따라서 언어와 민족 그룹이 형성된 것은 은혜의 결과다(다시 창 10장을 보라).

하나님은 또한 민족들에게 천사를 배정하셨다(신 32:8). 그리고 무엇보다 중요한 사실은 특정 민족을 다른 민족들을 위한 은혜의 중개자로 선택하셨다는 점이다. 하나님은 아브라함의 후손들이 다른 모든 민족을 위한 축복의 통로가 될 "큰 민족"이 될 것이라고 약속하셨다. 그 민족은 바로 이스라엘이다. 그들은 지위나 은총을 누리기 위해서가 아니라 다른 민족을 특별히 섬기기 위해 선택을 받았으며, 이는 이스라엘의 고통으로 이어질 것이다.

따라서 민족성(nationhood)은 본질적인 죄성이 아니라 세상을 향한 은혜의 통로가 될 가능성을 의미한다. 구약에서 어떤 민족은 민족이라는 이유로 비판받기보다는 하나님을 섬기거나 따르느냐에 따라 평가를 받는다. 여기서 이야기가 암울해지는데, 구약은 궁극적으로 하나님을 경배함으로써 그분이 주신 은혜의 중개자가 되어 세상을 섬겨야만 했던 이스라엘에 대해 가장 비판적인 태도를 보인다. 구약 시대 말에 이를 때쯤 이스라엘은 더 이상 독립된 민족 국가가 아닌 광대한 페르시아 제국의 한 속주에 불과했다(에스라-느헤미야, 에스더).

신약

신약이 시작될 때 하나님의 백성인 유대인들은 아직 독립된 국가를 이루지 못했다. 기원전 331년에 알렉산드로스가 이끄는 그리스가 페르시아를,[9] 기

---

9   알렉산드로스 대왕이 다리우스 3세를 무찔렀기 때문에 예루살렘을 수도로 하는 예후드(이전

원전 63년에 로마가 그리스를 무너뜨렸다. 복음서가 시작될 때 예루살렘을 수도로 삼은 유다는 로마 제국의 속국이었다. 로마 제국은 헤롯 대왕이라 불리는 이두매 사람을 통해 유다를 통치했다.

신약의 기록자들을 비롯하여 예수를 따르는 사람들은 아브라함에게 이스라엘이 열방을 향한 은혜의 통로가 될 것이라고 하신 하나님의 약속이 실패했다고 생각하지 않았다. 오히려 그들은 그 약속이 예수를 통해 놀라운 방식으로 성취되었다고 믿었다. 아브라함의 후손(또는 "씨")인 예수 안에서 약속들이 성취된다(갈 3:15-29). 또한 그는 하나님이 "집과 네 나라가 내 앞에서 영원히 보전되고 네 왕위가 영원히 견고하리라"(삼하 7:16)고 다윗에게 하신 약속의 궁극적인 성취다.

신약 이야기가 시작될 때 하나님의 백성인 유대인들은 여전히 다른 민족(이방인들)과 구별되었다. 하지만 마태복음의 앞부분에 기록된 이야기(마 2:1-12)는 동방에서 온 박사들(따라서 이방인들)이 아기 예수께 선물을 가지고 올 때 앞으로 일어날 일들에 대한 암시를 준다.

많은 유대인이 백성을 정치적인 독립으로 이끌 메시아가 오실 것이라고 기대했지만, 정작 예수는 인간의 왕국이 아닌 하나님의 왕국을 지상에 세우기 위해 오셨다. 그래서 예수는 하나님의 새로운 백성을 형성하셨다. 이는 이스라엘의 지파 수와 동일한 수의 열두 제자를 선택하는 것으로 상징된다. 예수는 빌라도에게 "내 나라는 여기에 속한 것이 아니니라"(요 18:36)고 명백하게 선언하셨으며, 십자가에 이르기까지 자신이 "유대인의 왕"이라거나

에는 유다) 지방은 그리스 제국의 속주가 되었다. 그러나 곧 알렉산드로스가 죽자 광대한 왕국은 그를 따르던 강력한 네 명의 장군들에 의해 나뉘었다. 동부 지중해 지역을 보면 안디옥은 셀레우코스가, 알렉산드리아는 프톨레마이오스가 다스렸다. 둘 사이에 위치한 예루살렘은 갈등의 중심이 되곤 했다. 단 11장은 북방의 왕들(셀레우코스 왕조)과 남방의 왕들(프톨레마이오스 왕조)을 묘사하면서 예언적 관점에서 이 시기를 기록한다.

어떤 민족의 왕이라는 개념을 거부하셨다.

　마태복음의 끝부분에서 우리는 예수가 십자가에서 죽으신 후 그의 추종자들에게 주신 대위임령(great commission)을 읽는다. "하늘과 땅의 모든 권세를 내게 주셨으니 그러므로 너희는 가서 모든 민족을 제자로 삼아 아버지와 아들과 성령의 이름으로 세례를 베풀고 내가 너희에게 분부한 모든 것을 가르쳐 지키게 하라. 볼지어다! 내가 세상 끝날까지 너희와 항상 함께 있으리라"(마 28:18-20). 하나님의 새 백성은 민족 국가가 아닌 모든 민족에서 나온 백성이다.

　예수를 따르는 자들은 "세상에 속하지"는 않지만 여전히 "세상에" 살고 있다(요 17:14-19). 신약의 몇 구절은 이들을 이 세상에 흩어진 나그네로 묘사한다(벧전 1:1-2). 분명한 요점은 그리스도를 따르는 사람들의 진정한 시민권이 이 땅이 아닌 하늘에 있다는 것이다. 바울은 이를 가리켜 진정한 시민권은 "지금 있는 예루살렘"이 아닌 "위에 있는 예루살렘"에 있다고 설명한다(갈 4:25, 26). 또한 빌립보에 있는 그리스도인들에게 우리의 시민권은 하늘에 있으며 우리가 거기로부터 구원하는 자 곧 주 예수 그리스도를 기다린다는 사실을 상기시킨다(빌 3:20). 그리고 히브리서 저자에 따르면 아브라함처럼 우리도 "하나님이 계획하시고 지으실 터가 있는 성을" 바라야 한다(히 11:10).

　그럼에도 불구하고 하나님 나라의 구성원인 그리스도인들은 여전히 자신이 나온 민족의 일부다. 따라서 신약이 다양한 나라의 시민으로서 어떻게 예수를 따라야 하는지에 대한 지침을 제공한다는 것은 놀라운 일이 아니다. 이 구절들이 본서와 비슷한 책에서 자주 인용되고 있는데, 그리스도인이 공적인 영역에서 어떻게 살아야 하는지에 대한 개념의 핵심을 그 말씀들이 전하고 있기 때문이다. 물론 이 핵심 구절들이 현재 논의의 중심이 된다고 여기는 것은 당연하지만, 우리는 그 말씀이 기록된 시기의 정치 체제가 현재 미국에서 시행되는 유형의 민주주의가 아니라 제국주의 군주제(또는 전체주의 독재 정부)였다는 것을 기억해야 한다. 다시 말해 교회와 개별 그리스도인에게는 정부 활동의 형성이나 집행을 위한 공인된 발언권이 주어지지 않았다. 오늘날 그리스도인들은 자신이 선호하는 가치와 의견을 표명할 수 있고 자신을 대표하는 후보자를 지지할 수 있으며 심지어 공직에 입후보할 수도 있지만, 선거에서 승리하는 후보자는 성경적 가치를 따르기로 선택할 수도 있고 그 반대를 택할 수도 있다. 따라서 다음 구절들은 유해한 문화에서 시민이 되는 것에 대한 현대의 기독교적 관점을 숙고할 때 도움이 된다.

> 그들을 끌어다가 공회 앞에 세우니 대제사장이 물어 이르되 "우리가 이 이름으로 사람을 가르치지 말라고 엄금하였으되 너희가 너희 가르침을 예루살렘에 가득하게 하니 이 사람의 피를 우리에게로 돌리고자 함이로다." 베드로와 사도들이 대답하여 이르되 "사람보다 하나님께 순종하는 것이 마땅하니라"(행 5:27-29).

문맥 속에서 이 구절을 검토하기 전에, 나중에 논의할 정부 당국에의 복종을 강조하는 구절보다 이 말씀을 먼저 다루는 것을 정당화할 필요가 있다. 우리는 이 구절이 아래 본문에 뒤따르는 지침을 제한할 최우선적이고 기본적인 원칙으로 간주되는 것을 잘 표현한다는 전제에 기초하여 작업을 수행할 것이다.

사도행전에 기록된 위의 사건이 발생했을 때 산헤드린은 유대 민족의 집단 지도 체제였다. 물론 당시 대제사장은 산헤드린의 수장이자 유대 공동체에서 가장 중요하고도 유일한 종교적, 정치적 권위자였다.[10] 그는 이전에 베드로와 다른 사도들에게 예수에 관해 가르치지 말라고 지시했지만, 그들은 그 명령을 어겼다. 베드로와 다른 사도들은 하나님의 명령이 사람의 명령과 충돌할 때 전자를 따라야 할 필요가 있다고 호소했다. 하나님의 명령이 인간의 명령을 폐기한다는 원칙은 우리가 그리스도를 따르는 사람들이 불경건한 정부의 권위에 복종하는 것의 중요성을 주장하는 일련의 신약 구절들을 살펴볼 때 특히 염두에 두어야 한다.

"사람보다 하나님께 순종하라"는 원칙의 근거를 제시할 때, 이 원칙이 사도행전에 나오는 이 일화뿐만 아니라 그 이상에 근거하고 있음을 인식해야 한다. 성경 전체에 걸쳐 한 분이신 참 하나님에 대한 예배와 순종은 가장 중요한 일이었으며, 다른 신이나 자기 자신 및 정부를 신적 권위 위에 두는 행위는 분명히 우상숭배였다.

"사람보다 하나님께 순종하라"는 이 원칙을 적용할 때 지혜가 필요하다는 사실을 포착하는 것은 중요하다. 우리는 다른 신약 본문에서 그런 권위에 복종하라는 강력한 권고를 보게 될 텐데, 하나님은 어느 지점에서 백성들에게 정부 당국에 항의나 저항을 하거나 불복종하라고 명하시는가? 다니엘서에서 나오는 한 예를 살펴보자. 구약에서 다니엘과 그의 세 친구만큼 일관적으로 충실한 태도를 보인 인물은 없다. 그런데 (이교도의 신을 공경하는 이름으로 바꾸고 바빌로니아의 훈련 과정에 따르는 것 등에 대해) 항의했을 수도 있었던 지점에서, 그들은 이교도인 바빌로니아의 요구에 순종했다. 다시 말해 정부에 대한 순종을 요구받을 때 우리가 하나님께 순종한다고 해서 성경적 가치와 충돌하는 것으로 보이는 모든 지점에서의 저항을 예상해야 하는 게 아니

---

10 헤롯 가문은 로마 제국을 대표하였으나, 유대 공동체 내의 권위자는 아니었다.

다. 다만 하나님과 우리의 관계가 근본적으로 위협받을 수 있는 경우, 특히 공개적인 자리에서 신앙을 증언하는 상황에서는 저항이 불가피하다.

이와 관련하여 지혜를 적용하려면 하나님과 정부의 요구를 비교하여 평가함으로써 상황을 읽을 필요가 있다. 다음 구절을 보면 저항은 최후의 수단이며 정부에 순응하는 것은 하나님에 대한 중대한 범죄로 귀결될 것이라는 어떤 확신이 있어야 함을 강력하게 암시하는 점이 눈에 띈다. 그리스도인들은 어떤 형태로 항의해야 하는지를 잘 생각하고, 정부보다 하나님께 순종하는 것에 대해 대가를 치를 수도 있음을 이해해야 한다. 또한 반향이 일 때 기꺼이 그것을 견딜 준비를 갖춰야 한다. 예를 들어 사도행전 5장에서 베드로는 자신과 동료들이 정부의 권위에 불순종했다는 이유로 죽을 수 있다는 사실을 알았을 것이다. 그게 아니어도 감옥에 다시 투옥될 수 있었다. 하지만 그들은 하나님께서 그리스도의 복음을 전파하길 원하신다는 것을 알았다. 그래서 무시무시한 결과가 예상됨에도 불구하고 정부에 대한 불순종을 선택했다.

미국에 살고 있는 그리스도인들은 신약 시대의 로마 세계에서는 상상할 수 없는 유형의 종교적 자유를 누린다(종교의 자유를 다룬 5장을 참조하라). 우리는 그런 자유를 감사해야 하고 종교의 종류나 유무에 상관없이 모든 시민에게 주어진 자유가 지속되기를 지지해야 한다. 그렇긴 하지만 우리 사회와 같이 다원적이고 민주적인 사회에서 종교의 자유는 다른 이익 집단, 특히 오늘날에는 특정 젠더와 성적 지향을 옹호하는 집단에 허용된 자유와 충돌할 것이다(이에 대해서는 5장을 참조하라). 오늘날 그리스도인들은 자신의 종교적 자유를 저해한다고 믿는 대상에 대해 두려움과 공격적인 반응을 표출함으로써 복음의 매력을 반감시키는 방식으로 대응하곤 한다. 그래서 때로 종교의 자유를 주장하는 것이 종교적 특권을 붙잡으려는 시도처럼 보이기도

한다.[11]

　그러나 이 시점에서 그리스도를 따르는 사람들은 기독교 신앙이 번성하는 데 종교의 자유가 필요하지 않다는 점을 기억해야 한다. 실제로 다음 장에서 볼 수 있듯이 종교의 자유에 대한 성경적인 추정의 근거는 없다. 사실 종교의 자유는 오히려 진실한 기독교 신앙이 번영하는 데 해로울 수 있다.

　앞서 사도행전 5장을 통해 하나님께 순종하는 것이 정부 당국에 대한 순종에 우선한다는 원칙을 확인했고, 이제는 통치 당국에의 순종을 권장하는 신약의 구절들을 살펴볼 것이다. 그 과정에서 우리는 신약의 저자들과 청중들의 삶의 배경이었던 로마 제국의 일부에 존재하고 있던 정부가 어떤 유형이었는지를 염두에 두어야 한다. 아우구스투스 황제(기원전 27년-기원후 14년 통치) 치하에서 강력한 원로원과 민회를 갖춘 로마 제국은 궁극적으로 황제의 뜻에 의해 움직였다. 현대의 관점에서 보면 이 체제를 전체주의적 독재 체제(totalitarian dictatorship)라고 부를 수 있다. 지방 통치자들은 궁극적으로 황제의 명령에 따를 것이다. 그리스도인들은 광장에서 목소리를 내진 않았지만, 정부에 복종하거나 체포되었고 이도 아니면 훨씬 더 나쁜 상황에 처해졌다. 제국이 늘 적극적으로 교회를 박해한 것은 아니었지만, 신약 시대에는 교회에 결코 우호적이지 않았다. 우리는 이런 맥락에서 다음에 오는 구절들을 읽어야 한다.

　각 사람은 위에 있는 권세들에게 복종하라. 권세는 하나님으로부터 나지 않음이 없나니 모든 권세는 다 하나님께서 정하신 바라. 그러므로 권세를 거스르는

11　J. Corvino, Ryan T. Anderson, and Sherif Girgis, *Debating Religious Liberty and Discrimination* (Oxford: Oxford University Press, 2017)에서 John Corvino의 비평을 참조하라.

자는 하나님의 명을 거스름이니 거스르는 자들은 심판을 자취하리라. 다스리는 자들은 선한 일에 대하여 두려움이 되지 않고 악한 일에 대하여 되나니 네가 권세를 두려워하지 아니하려느냐? 선을 행하라. 그리하면 그에게 칭찬을 받으리라. 그는 하나님의 사역자가 되어 네게 선을 베푸는 자니라. 그러나 네가 악을 행하거든 두려워하라. 그가 공연히 칼을 가지지 아니하였으니 곧 하나님의 사역자가 되어 악을 행하는 자에게 진노하심을 따라 보응하는 자니라. 그러므로 복종하지 아니할 수 없으니 진노 때문에 할 것이 아니라 양심을 따라 할 것이라. 너희가 조세를 바치는 것도 이로 말미암음이라. 그들이 하나님의 일꾼이 되어 바로 이 일에 항상 힘쓰느니라. 모든 자에게 줄 것을 주되 조세를 받을 자에게 조세를 바치고 관세를 받을 자에게 관세를 바치고 두려워할 자를 두려워하며 존경할 자를 존경하라(롬 13:1-7).

바울은 제국의 수도인 로마에 있는 교회에 보내는 편지에서 하나님이 정부의 권세를 세우셨으니 정부에 복종하라고 촉구한다. 사실상 그는 특정 유형의 통치 권력이 아닌 통치 당국의 신적 설립을 일반 원리로 주장한다. 또한 정부에 대한 복종의 근거를 불복종의 대가로 받을 형벌에 두고(4절), 그리스도인들이 범법 행위를 피한다면 그런 형벌을 두려워할 필요가 없다고 제안한다. 정부는 그 목적을 위해 폭력("칼")을 행사하도록 신으로부터 권한을 위임받았다. 그러나 그리스도인들은 형벌에 대한 두려움뿐만 아니라 "양심" 때문에 정부에 복종해야 한다. 다시 말하면 불복종은 죄책감과 수치를 가져올 것이다. 심지어 로마 제국에 의해 세워진 정부라도 나름 긍정적인 역할이 있기 때문에, 세금과 정부에 대한 존중을 통해 지원받아야 한다. 정부는 위험한 세상에 질서를 가져오기 위한 하나님의 도구다. 그러므로 그리스도인은 기본적으로 정부를 지원하고 그 권위에 불복종해선 안 된다.

그렇지만 우리는 사도행전 5장에서 베드로가 그랬던 것처럼, 바울 역시 복음을 나누는 일에 관해서는 로마나 유대인 당국이 기대했던 것과 달리 하나님께 불순종하기보다는 기꺼이 통치 권세에 불순종하여 감옥에 가기를 원했다는 사실을 기억해야 한다.

사도행전 5장에서 우리는 이미 베드로가 복음을 전하기 위해 기꺼이 통치 당국에 불순종하는 모습을 보았다. 그럼에도 불구하고 그는 인간 권세에 복종하는 것에 대해서도 똑같이 강력한 진술을 남긴다.

> 인간의 모든 제도를 주를 위하여 순종하되 혹은 위에 있는 왕이나 혹은 그가 악행하는 자를 징벌하고 선행하는 자를 포상하기 위하여 보낸 총독에게 하라. 곧 선행으로 어리석은 사람들의 무식한 말을 막으시는 것이라. 너희는 자유가 있으나 그 자유로 악을 가리는 데 쓰지 말고 오직 하나님의 종과 같이 하라. 뭇 사람을 공경하며 형제를 사랑하며 하나님을 두려워하며 왕을 존대하라(벧전 2:13-17).

베드로도 그의 독자들에게 왕과 지방의 대표자들을 공경하고 그들에게 복종하라고 지시한다. 베드로가 예수의 죽음을 조장했을 뿐만 아니라 교회를 억압하고 박해하는 도구로 사용된 정부에 대한 복종을 장려했다고 생각하는 것은 매우 놀라운 일이다. 우리는 사도행전을 통해 복종에는 억압에 굴복하는 것과 신앙에 관해 침묵하는 것이 포함되지 않았으며, 복종이 폭력적 항의나 구두 항의로 이어지지도 않았다는 사실을 알고 있다. 우리가 신약의 교회에 대한 묘사에서 파악할 수 있는 내용은, 그들이 순종할 수 있는 곳에서는 순종했지만(베드로의 표현대로라면 그들을 사회적 선동자로 볼 수 있는 "어리석은 사람들의 무식한 말을 막으시는 것") 다른 사람들에게 복음을 소개할 때는 불순종을 단행함으로써 다가올 형벌을 기꺼이 감수했다는 것이다.

바울과 베드로는 이런 지시를 전함으로써 그들의 주님이 되시는 예수의 가르침을 계속 전파하고 있다. 예수가 지상에서 사역하시는 동안 바리새인의 제자들과 헤롯 당원들은 가이사에게 내야 하는 제국의 세금에 관한 질문으로 그분에게 도전했다. 유대인들은 세금을 내야 하는가, 내지 말아야 하는가?

그 질문은 예수를 곤란한 지경으로 밀어 넣으려는 시도였다. 만약 예수가 세금을 내야 한다고 대답하시면, 사람들은 로마가 부과한 무거운 세금 때문에 화가 날 것이다. 그러나 만약 내지 말아야 한다고 대답하시면, 예수는 로마 정부에 반란을 일으키려는 사람으로 보일 수 있다.[12] 그럼에도 불구하고 예수는 "가이사의 것은 가이사에게, 하나님의 것은 하나님께 바치라"(마 22:21; 문맥은 15-22절 참조)고 대답하신다. 여기서 예수는 그의 나라가 이 세상에 속한 것이 아님을 분명히 하신다. 그는 인간의 권세를 바라시지 않지만 "하늘 왕국으로의 초대에 응한 사람들은 계속해서 이 세상의 통치 당국에 대한 의무를 지게 될 것"[13]이라는 점도 인정하신다. 이는 로마서 13장과 베드로전서 2장에 나오는 가르침과 유사하다.

요약하면 신약은 특히 복음을 전하는 문제에 있어서 정부에 순종하는 것이 하나님께 불순종하는 것을 의미할 때까지는 정부에 순종하라고 가르친다. 한편으로 신약이 국가의 권세에 대한 완전하고 맹목적인 순종을 가르친다고 주장하는 것은 잘못된 해석이다. 또한 그리스도인이라면 기독교적 가치가 국가와 긴장을 일으키는 모든 지점에서 정부에 항의하고 저항해야

12　Michael J. Wilkins, *Matthew*, New International Commentary on the Old Testament (Grand Rapids: Zondervan, 2004), 719-28에 나오는 유용한 논의를 참조하라.

13　Wilkins, *Matthew*, 721.

한다고 제안하는 것도 잘못일 것이다. 존 스토트는 이 문제에 대한 성경적 가르침을 다음과 같이 잘 표현한 바 있다.

예수의 제자들은 국가를 존중해야 하고 한도 내에서 국가에 복종해야 하지만, 국가를 숭배하지도 않을 것이며 국가가 갈망하는 무비판적 지지를 표현하지도 않을 것이다. 결과적으로 제자도는 때때로 불복종을 요구한다. 실제로 시민의 불복종은 성경적 가르침이다. 왜냐하면 성경 안에는 그에 대해 주목할 만한 예가 네다섯 가지나 있기 때문이다. 그것은 예수가 주이심을 확언하는 것으로부터 자연스럽게 생겨난다. 이 원칙은 그것을 적용하려고 할 때 믿는 자들의 양심의 고통이 수반될지라도 분명하다. 그것은 바로 이것이다. 국가의 권위는 하나님으로부터 비롯되고 국가의 관리들은 하나님의 사역자들이기 때문에(롬 13:1-7), 국가에 대한 순종이 하나님께 불순종하는 것을 수반하는 지점에 이르기까지는 국가에 복종해야 한다. 그 지점에서 우리 그리스도인들의 의무는 하나님께 순종하기 위해 국가에 불순종하는 것이다. 국가가 하나님이 주신 권위를 오용하고 감히 하나님이 금지하신 것을 명령하거나 하나님이 명령하시는 것을 금지한다면, 우리는 그리스도를 향해 "예"라고 말하기 위해 국가에 "아니요"라고 말해야 한다.[14]

---

14 John Stott, *The Essential John Stott* (Downers Grove, IL: InterVarsity, 1999), 418-19. 나는 이 참조 사항에 대해 Christopher Wright(*Exodus*, The Story of God Bible Commentary [Zondervan, 2021])에게 감사를 표한다.

세계화

성경에 따르면 민족은 하나님이 죄가 많은 사람들에게 베푸신 은혜의 표징이지만, 창조하실 때 이상으로 삼으신 모습은 분명히 아니다.[15] 민족은 죄에 대한 심판(바벨탑 이야기)의 맥락에서 생겨난 은혜의 징표다. 민족은 인간의 완전한 고립보다는 나은 형태로서, 모든 인간이 타인 및 하나님과 조화롭게 살길 바라시는 그분의 소망에서 한 걸음 양보된 것이다. 이런 그분의 소망은 창세기 2장에서 죄가 등장하기 전에 잘 드러난다.

어떤 종류의 분열도 원치 않으셨던 하나님은 함께 살고 번성하는 인류를 만들고자 세상을 창조하셨다. 모든 인간은 하나님의 형상으로 창조되었기 때문에 평등하다. 사실 "모든 사람은 평등하게 창조되었다"는 미국 독립선언문의 진술이 구체적으로는 미국 국민을 지칭하고 있지만, 넓게 보면 전세계 모든 인간을 위한 진리를 표현하고 있다. 노트르담 대학교의 철학 교수인 개리 거팅은 "이 프로젝트[독립 선언에 의해 시작된 프로젝트]를 통해 우리는 전통적 애국심을 보편적 도덕과 결합하는 방법을 확보했다"고 말했다.[16] 따라서 성경적으로 생각할 때 애국심은 본질적으로 죄가 아니지만, 우리는 세계화의 한 형태인 글로벌 관계에 대한 갈망 역시 무시해서는 안 된다.

실제로 나라를 사랑하는 정도가 도를 넘을 수 있다. 우리는 우리나라의 번성을 원하면서 동시에 다른 나라의 쇠퇴를 바라는 악한 방식으로 나라를

---

15 그 문제에 있어서 민족은 하나님이 재창조의 이상으로 그리시는 모습도 아니다. 이에 관해 우리는 "각 나라와 족속과 백성과 방언에서 아무도 능히 셀 수 없는 큰 무리가 나와 흰옷을 입고 손에 종려 가지를 들고 보좌 앞과 어린 양 앞에 서서"(계 7:9)라는 구절을 읽는다.

16 Gary Gutting, "Is Our Patriotism Moral?," *New York Times*, July 3, 2012, https://opinionator. blogs.nytimes.com/2012/07/03/is-our-patriotism-moral.

사랑할 수 있다. 신학적 관점에서 볼 때 미국이 다른 나라를 희생시키거나 무시하면서까지 번성하기를 바라는 것은 위험하다. 이 시점에서 민족주의와 애국심은 우상숭배가 된다.

요약: 애국심, 민족주의, 세계화

이 장에서 우리는 민족이 하나님의 창조 의도의 일부는 아니지만 본질적으로 악한 것도 아님을 설명했다. 실제로 성경 이야기는 민족이 생긴 근원을 바벨탑을 쌓았을 때 내려진 하나님의 심판에 뒤따르는 은혜의 징표로 본다. 그렇긴 하지만 인간의 죄로 인해 민족들은 악을 향하는 성향을 가지고 있다. 하나님의 선택으로 말미암아 세상 사람들에게 축복을 가져다주는 목적에 이바지하기 위해 "큰 민족"이 된 이스라엘조차도(창 12:1-3) 하나님과의 관계에서 고투했다.

신약에서 하나님의 백성은 더 이상 특정 민족과 결부되지 않고 모든 민족으로부터 나온 교회를 형성한다. 그리스도인들은 비록 세상에 속하지 않더라도 더 넓은 문화 안의 순례자나 유배자로서 세상 안에 살고 있다. 그렇더라도 그들은 자신이 소속된 국가의 정부가 복음을 전파하라는 하나님의 부르심과 충돌하지 않는 한 그 권위에 복종하고 존중을 보일 것을 요구받는다.

민족주의와 애국심의 근거를 통치 당국을 존중하고 그 권위에 복종하라는 부름에 둘 수 있는데, 그것이 사람의 궁극적인 사랑과 권위의 근원이 되는 하나님을 대신하거나 대체하지 않는 한 그렇게 할 수 있다. 하지만 만약 하나님을 대신하거나 대체하면 나라 사랑은 우상숭배가 된다.

우리는 하나님이 세상 모든 민족을 사랑하고 축복하길 원하신다는 사실에 힘입어 전 세계 모든 민족에 대한 사랑을 의미하는 세계주의를 촉진해야 한다. 그리스도인들이 다른 민족들을 희생시킴으로써 자기 민족을 사랑하고 있다면 그것은 우상숭배의 징후일 가능성이 크다. 좀 더 긍정적으로 표현하면, 그리스도인들은 세계 모든 민족의 번영을 위해 기도하고 힘써야 한다.

태도와 성향

민족(나라)은 타락의 결과지만 본질적으로 죄악된 것은 아니며 오히려 하나님이 베푸신 은혜의 징표다. 따라서 그리스도인은 자신의 민족(나라)이 삶에 대한 하나님의 요구와 충돌하지 않는 한 소속된 민족(나라)을 지지해야 한다. 우리는 가장 먼저 하늘의 시민이며, 그다음으로 이 땅에 있는 민족 국가의 시민이다. 다른 민족(나라)에 손해를 입히면서까지 자기 민족(나라)을 최우선으로 여기는 것은 우상숭배의 한 형태다. 따라서 우리는 자신의 민족(나라)을 사랑해야 하지만, 하나님이나 다른 민족(나라)과의 관계를 희생해서는 안 된다.

성경적 원칙들

1. 하나님은 인류를 창조하시면서 그들이 하나님과 조화롭게 살고 사회적 화합을 이루며 사이좋게 살기를 바라셨다.
2. 따라서 국민의 신분(nationhood)은 창조에서 하나님이 의도하신 일부가 아니다.
3. 민족(나라)들은 바벨탑 사건 이후에 하나님이 베푸신 은혜의 징표로 생겨났다. 그렇지 않았다면 개인이 고립되었을 것이다.
4. 따라서 국민의 신분(nationhood)은 본질적으로 죄악된 형태의 인간 연합이 아니다.
5. 구약 시대에 하나님은 세상에 축복을 가져올 통로가 될 한 민족(이스라엘)을 선택하셨다.
6. 아브라함의 궁극적인 후손인 예수를 통해 축복이 왔다. 예수는 그리스도("기름 부음 받은" 왕인 메시아를 뜻하는 그리스어)라 불리며, 다윗의 언약이 성취된 결과다.
7. 예수는 여러 민족(나라)에서 이끌어낸 새로운 하나님의 백성(열두 제자)을 세우셨으며, 이들이 교회를 구성한다.
8. 하나님을 따르는 사람들은 민족을 이루어 살고 있으며, 교회의 구성원이자 그 민족의 시민이 된다.

9. 그리스도인들의 일차적인 충성의 대상은 민족 국가가 아니라 하나님이어야 한다.

10. 만약 그리스도인이 민족(나라)에 대해 과도한 중요성을 부과하면, 그것은 우상이 될 위험이 있다.

11. 오늘날 기독교 국가 같은 것은 없다.

12. 그리스도인들은 자신의 국가에 살고 있는 유배자이며, 국가가 성경적인 가치에서 벗어날 경우에는 그것을 비판할 준비가 되어 있어야 한다.

13. 그리스도인들은 (바빌로니아 포로들이 그랬던 것처럼) 자신이 소속된 국가의 안녕에 관심을 가져야 한다.

14. 동시에 모든 국가에 있는 사람들의 안녕을 돌보아야 한다.

15. 민족을 우선하는 정책을 추구하느라 세계 다른 민족의 안녕에 무관심해서는 안 된다.

16. 궁극적인 목표는 에덴처럼 모든 하나님의 백성이 조화롭게 화합을 이루며 살아가는 새 예루살렘이다.

성찰 및 질문

1. 성경이 민족에 관해 가르치는 내용을 요약해보라.

2. 죄의 맥락에서 볼 때 은혜의 징표로서 나타난 민족의 탄생과 관련하여 중요한 점은 무엇인가?

3. 민족주의나 애국심은 어떤 지점에서 우상숭배가 되는가? 그 예를 생각해보자.

4. 그리스도인은 다른 민족(나라)에 대해 어떤 태도를 지녀야 하는가?

5. 미국인들은 어떤 방법으로 다른 민족(나라)의 번영을 도모할 수 있는가?

6. 세계화는 우상숭배가 될 수 있는가? 어떤 경우에 그렇게 되는가?

종교의 자유

오늘날 미국의 그리스도인들(과 다른 사람들)은 역사적으로나 세계적으로 전례 없는 종교의 자유를 누리고 있다. 지역마다 차이는 있지만 미국은 다양한 형태의 종교 박해를 피해 유럽에서 도망친 사람들에 의해 세워졌다. 유럽에서는 국가가 힘을 실어주는 주요 기독교 종파가 다른 종파를 억압하곤 했다. 예를 들어 영국의 퀘이커 교도들은 초기에 동부 펜실베이니아에 정착했고, 영국 출신 청교도들은 매사추세츠에 자리를 잡았다. 내 할머니 쪽 조상들은 네덜란드로 도망친 다음 허드슨 계곡에 가장 초기에 정착한 네덜란드인들과 함께 미국으로 이주한 프랑스 위그노 교도였다. 내 아내의 친척들은 윌리엄 펜(William Penn)이 소유한 웰컴호를 타고 미국에 도착한 웨일즈 퀘이커 교도였다.

그런데 식민지로 이주함으로써 종교의 자유를 추구했던 사람들 중 일부가 공동체 내부의 종교적 반대자들을 억압하기 시작했으며,[1] 그것은 결국 정교분리(政教分離)의 강한 전통으로 이어졌다. 이 사상은 헌법과 권리장전에 내포되어 있다. 미국 수정 헌법 제1조는 다음과 같은 내용을 명시하고 있다.

> 의회는 특정 종교를 국교로 정하거나, 자유로운 종교 활동을 금지하거나, 언론 또는 출판의 자유를 제한하거나, 평화로운 집회의 권리와 불만 사항의 구제를 위해 정부에 탄원할 수 있는 권리를 제한하는 그 어떤 법률도 만들어서는 안 된다.

오늘날에도 이 원칙이 뚜렷하게 지켜져야 하며 공공 광장에서 종교적인 목소리가 나오지 못하게 막아야 한다고 믿는 사람들이 일부 있지만, 그것이 정교분리의 원래 목적이었을 것 같진 않다. 애초에는 정부가 특정 종교의 관점(국교회)을 지지해서 그곳에 권한을 부여하거나 교회의 일에 간섭하는 일을 금지하려는 의도가 있었다. 이는 공공 광장에서 기독교적 관점을 퍼뜨리는 행위를 막으려는 의도까지는 아니더라도 미국이 기독교 신정국가(Christian theocracy)가 아님을 드러내려는 원칙으로서, 결국 미국이 오늘날과 같은 다원주의 사회가 될 수 있게 만들었다. 물론 그에 따른 혜택과 어려움이 모두 있었다.

오늘날과 같은 다원주의 사회에서 특히 그런 자유가 다른 그룹의 자유와 부딪칠 때 자신의 종교적 자유가 침해받는다고 호소하는 그리스도인들

---

[1] 예를 들어 매사추세츠 식민지의 청교도들은 로드아일랜드(Rhode Island)에 식민지를 형성하기 위해 떠났고, 정교분리(church-state separation)를 옹호했던 로저 윌리엄스(1603-83년)와 그들 가운데 있던 종교적 반대자들에 대해 관용을 베풀지 못했다. 그가 죽은 지 한 세기가 지나고 나서야 이 정교분리 원칙이 훗날 미국 건국자들에게 영감을 주어 헌법과 권리장전에서 그 입장이 채택된다.

의 목소리를 듣는 것은 드문 일이 아니다.[2] 아마도 기독교의 성적 가치(sexual values)와 성소수자(LGBTQ+) 커뮤니티 사이의 충돌이 대표적인 사례가 될 것이다. 미국 전역에서 동성 결혼이 허용된다고 확정한 대법원의 오버거펠 판결(Obergefell decision, 2015년)로 인해 지난 20년간 차별금지법을 통해 인정 되고 시행되어온 성소수자의 권리가 절정에 이르렀다. 그러나 많은 그리스 도인들은 이 법이 그들의 양심에 어긋나고 종교적 자유를 침해한다고 인식 했다.

예를 들어 아이를 동성 커플에게 맡기지 않겠다고 선언한 일부 종교 입 양 기관은 법에 따르지 않으면 정부 보조금을 잃게 될 것이라는 위협을 받 는다. 어떤 정치인들은 기독교 대학을 포함한 일부 종교적인 고등 교육 기관 이 성소수자를 직원이나 교수로 고용하지 않는다거나 성소수자 학생 조직 에 자금을 지원하지 않는다는 이유로 정부가 제공하는 학생 보조금(Pell 연 방 보조금)을 끊겠다고 위협하기도 했다. 또한 종교적인(대개 기독교) 결혼식 진행 업체(꽃 장식 및 출장 뷔페)에서 동성 결혼 예식을 위한 물품과 서비스 제 공을 거부할 때 갈등이 발생했다. 또 다른 법률 영역에서는(이 경우에는 건강 보험개혁법[Affordable Care Act]에 의해) 산아 제한에 반대하는 그리스도인이 소 유한 개인 회사라도 직원에게 피임약을 포함하는 건강 보험을 제공해야 한 다는 요구를 둘러싸고 대법원까지 간 소송이 있었다(*Burwell v. Hobby Lobby*, 2014). 우리는 이 문제 중 일부를 뒤에서 자세히 탐구할 것이다(낙태와 동성 결 혼에 대한 7장과 10장을 참조하라). 그런데 성경은 우리가 그리스도인으로서 종 교의 자유라는 문제에 어떻게 반응해야 하는지 말해주는가?

---

2   예를 들어 Os Guinness, *Last Call for Liberty: How America's Genius Has Become Its Greatest Threat* (Downers Grove, IL: InterVarsity, 2018).

우리는 기독교가 사실상 (적어도 새로운 기독교 분파에 대해) 종교의 자유가 없는 문화에서 태어났다는 사실을 기억하는 것에서부터 시작해야 한다. 즉 종교의 자유는 성경적 원칙이 아니다.

1세기의 로마 정부는 예루살렘이나 제국 내 다른 어느 곳에서도 그리스도나 신생 교회에 자리를 내주는 데 관심이 없었다. 교회는 정부로부터 또는 정부에 의해 보호받지 못했다. 그러나 억압과 박해 속에서도 번성하고 성장했다.

구약에는 거기에 제시된 긴 역사가 단 하나의 그림을 나타내지는 않지만, 어쨌든 종교의 자유를 인정한 문화가 등장하지 않는다. 물론 구약 시대에는 오늘날의 정교분리 같은 것이 존재하지도 않았다. 고대 이스라엘의 관점에서 볼 때 하나님은 제사장 나라가 그분께 충성하기를 원했다. 하지만 이때 하나님은 이스라엘을 특별히 선택하셔서 다른 민족들을 그분에게 이끌 경건한 민족으로 삼으셨다(민족주의를 다룬 4장을 참조하라). 이방인들은 야웨를 숭배하고 사실상 이스라엘인이 될 수 있었지만, 이스라엘인들은 다른 종교를 선택할 수 없었다.[3]

물론 신명기 17:14-20에서 발견되는 왕에 관한 율법에서 묘사된 것처럼 경건한 왕은 그런 종교적 순수성을 갖춰야 했다. 그렇지만 열왕기는 많은 왕들이 신명기 17장의 묘사와 달리 다른 신을 숭배하기로 결정함으로써 예언자들의 분노를 야기했다고 전한다. 예를 들어 예언자 엘리야가 아합 왕과 바알을 숭배하는 그의 아내 이세벨에 맞서 대결한 사건을 떠올려보자(왕상 18장-22:40).

....

3   역사서는 감히 다른 신들을 숭배한 것에 대해 하나님의 심판을 받는 이스라엘인들의 이야기로 가득하다. 금송아지 사건(출 32장), 모압 여인에게 미혹되어 거짓된 신들을 숭배한 이스라엘 남자들의 이야기(민 25장)가 대표적인 예다.

구약도 신약도 종교의 자유가 하나님의 백성에게 필요한 권리이거나 필수 요소라고 말하지 않는다. 성경은 그저 하나님의 백성이라면 어떤 상황을 만나든 충실함을 유지한다고 이야기한다. 많은 예 중 두 가지 사례를 통해 이를 설명하려고 한다.

구약에서 다니엘과 세 친구들은 자신들이 정치적 인질이 되어 바빌로니아의 궁정으로 유배되었음을 알게 된다. 느부갓네살은 자기 제국의 발전을 위해 바빌로니아식으로 그들을 훈련하고자 했다. 이 네 청년의 삶을 유심히 살펴보면 그들이 실제로 당시 문화에 적응함으로써 상당 부분 그 체제에 굴복했음을 알 수 있다. 바빌로니아인들은 이 청년들이 유배 전에 누렸던 "종교적 자유"의 많은 부분을 인정하지 않았다. 이에 대응하여 그들은 하나님께 영광을 돌린다는 뜻의 히브리 이름에서 바빌로니아의 신에게 영광을 돌린다는 의미의 이름으로 개명하라는 국가의 명령을 받았을 때도 항의하지 않았다(예를 들어 "하나님은 나의 심판자이시다"라는 뜻의 다니엘을 "벨 신이 왕을 보호한다"는 벨드사살로 바꾸게 된다). 또한 느부갓네살의 명령에 따라 "바빌로니아의 언어와 학문"을 배우라고 강요받았을 때도 항의하지 않았다. 그중에는 점술을 배우는 시간도 있었는데, 그들의 신앙에 배치되는 내용이었을 것이다. 그들은 왕이 베푼 풍성한 음식과 포도주 대신 채소를 먹고 물을 마시기로 선택했지만, 그것은 공개적인 항의가 아니었다. 그들의 이 같은 선택에 특별한 종교적인 의미가 있었던 것도 아니다.[4]

이처럼 종교의 자유가 결여된 상황에서, 다니엘과 그의 친구들은 그들의 신앙에 적대적인 문화 가운데서 기꺼이 많은 것을 굴복하려고 했다. 그러

---

4   Tremper Longman III, *Daniel*, The NIV Application Commentary (Grand Rapids: Zondervan, 1999), 51-54을 참조하라.

나 근본적인 차원에서 신앙의 타협을 요구하는 문제를 마주할 때는 타협을 거부하고 죽음을 감수하려고 했다. 다니엘 3장에는 느부갓네살의 금 신상에 절하기를 거부하는 세 친구들의 이야기가 나온다. 그리고 다니엘은 사자 굴에 던져질 것을 알고도 하나님께 기도하기를 멈추지 않는다(단 4장).

신약에서는 공동체 내의 궁핍한 자들을 보살필 집사로 제자들의 선택을 받은 일곱 사람 중 하나인 스데반이 대표적인 예다. 이 일곱 사람은 각각 "성령과 지혜가 충만"했다(행 6:3). 스데반은 곧바로 해방 노예들의 회당(Synagogue of the Freedmen)에 속한 사람들의 주의를 끌었다. 그들은 스데반이 사람들을 끌어들이고 있는 것을 걱정했다. 그래서 당시 유대 민족의 가장 중요한 통치 기구인 산헤드린 앞으로 그를 데려갔다. 스데반을 반대하는 사람들은 그에게 더 이상 예수를 증거하지 말라고 요구했지만 그는 거부했다. 오히려 스데반은 그들의 요구에 맞서 아브라함의 부르심에서 시작되어 예수의 죽음과 부활로 절정에 이르는 구속의 역사를 자세히 이야기한다. 스데반이 하늘을 우러러보면서 "보라, 하늘이 열리고 인자가 하나님 우편에 서신 것을 보노라"(행 7:56)고 외칠 때 예수의 죽음과 부활이 암시되었다. 그러나 그 순간 사람들은 그에게 돌을 던졌다.

여기에는 종교의 자유가 보이지 않는다. 다니엘도 스데반도 그런 자유를 주장하지 않는다. 그들은 신실함과 순종의 자리로 부름을 받았다는 사실을 알고 있었다.

나는 종교의 자유가 나쁜 것이라고 말하는 게 아니라, 다만 그것이 교회에 위험할 수 있음을 지적하는 것이다. 그것은 특별 대우라는 인식을 퍼뜨릴 수 있으며, 더 나아가 교회의 번영에 필요하지 않기 때문이다. 실제로 종교의 자유가 거의 없는 상황에서 그리스도인임을 밝히려면 용기가 필요하다. 그리스도께 헌신한 사람들만이 그렇게 할 것이다.

우리는 다원적이고 민주적인 사회에서 종교의 자유를 보장하기 위해 노력할 수 있으며 또 그렇게 해야 한다. 모든 사람이 자신의 믿는 바와 믿지 않는 바를 표현할 수 있도록 힘써야 한다. 우리는 하나님의 형상으로 창조되었다는 사실과 양심의 자유에서 종교의 자유에 대한 욕구의 근거를 찾을 수 있다. 그러나 우리의 자유가 침해당할 때 신앙이 이에 매여 있기라도 하는 것처럼 당황하거나 공격적인 태도로 과도한 요구를 해선 안 된다.

하지만 그렇다고 해서 종교적인 관점에 상관없이 우리 자신과 다른 모든 사람을 위해 종교의 자유를 갈망하면 안 된다는 뜻은 아니다. 우리는 종교의 자유를 위해 노력할 수 있으며, 동시에 우리의 믿음을 위해 기꺼이 고난을 감수해야 한다.

우리는 종교의 자유를 갈망해야 하지만 그것을 요구해서는 안 된다. 우리의 종교적 자유가 침해당했다고 느낄 때 날카로워져서도 안 된다. 과거에 대한 기억은 교회가 종교의 자유를 요구하는 방향으로 가는 것을 막으려고 한다. 교회는 박해의 압박을 경험하면서 번성했고, 종교의 자유와 관련된 맥락에서 자기 만족적인 경향을 보여왔다. 역사를 보면 교회는 종교의 자유가 결여된 시기에 번성했다.

예를 들어 우리는 초기 교회가 박해를 경험하는 가운데 번성했음을 기억해야 한다. 카슨은 (공산주의 치하의 알바니아를 인용하면서) 일종의 박해가 한 지역의 교회를 전멸시킬 수 있음을 강조하며 이렇게 말한다. "박해가 끝나지 않거나 파도 사이에 상대적으로 평화로운 파도가 들이치는 모양으로 핍박이 경험되는 곳에서는 옛말이 통찰을 전하곤 한다. 박해가 거짓 개종자와 독실하지 않은 '그리스도인'의 수를 줄이는 경향이 있기 때문에, 아무리 제한적이라고 해도 어느 정도의 자유가 회복될 때 비로소 교회가 빠르게 성장할 수 있다."[5] 나는 이 "건강한" 박해가 대학살의 형태를 취할 필요가 없다는 점을 지적하고 싶다. 일반적인 문화에서 그리스도인이 되는 것이 인기가 없을 때도 박해는 일어날 수 있다. 우리는 "세상"에 의해 멸시를 당할 때 놀라지 말아야 한다. 그리고 박해가 교회의 정화로 이어질 것이기 때문에 실로 우리는 그것을 환영해야 한다. 또한 초기 교회의 급속한 성장이나 오늘날 중국 교회의 폭발적인 확장을 통해 알 수 있듯이, 제한된 자유의 회복이 교회의 빠른 성장을 위한 필수 조건이 아님을 강조하고 싶다. 정치 평론가인 니콜라스 크리스토프는 중국 선교사들이 복음 전파의 광범위한 자유를 누렸던 1949년 이전과 이후를 비교하면서 그곳의 교회에 대해 다음과 같이 말했다.

> 1949년 공산주의 혁명이 일어나기 전 반세기 동안 서구 선교사들이 중국 전역을 여행하면서 학교와 고아원을 운영하고도 중국에 미미한 영향을 미친 데 반해, 오늘날에는 선교 활동이 금지되고 박해를 받는 상황에서도 기독교가 엄청나게 성장한 것을 보면 참 역설적이지 않은가? 수천만 명에 달하는 그리스도인이 있고 대다수가 개신교인이라고 하는데, 일부 추산에 의하면 1억 명에 이른다.[6]

크리스토프의 논평은 내가 2008년에서 2016년까지 매년 베이징 대학교에서 강의하며 경험한 것과 일치한다. 예를 들어 미국 교회는 내분으로 가득하

---

5   D. A. Carson, *Christ and Culture Revisited* (Grand Rapids: Eerdmans, 2008), 223.
6   Nicholas Kristof, "China's Orwellian War on Religion," *New York Times*, May 23, 2019, https://www.nytimes.com/2019/05/22/opinion/china-religion-human-rights.html.

고, 한국교회는 다양한 형태의 부패에 시달리고 있다.[7] 이 나라들은 비교적 관대한 종교의 자유를 누리고 있다. 반면 중국 교회는 순종에 열중하는 가운데 똘똘 뭉쳐서 자신들을 감시하고 비판하는 정부에 대항하고 있다.[8] 이런 예를 보면 박해에 관한 예수의 말씀을 쉽게 납득할 수 있다.

> 나로 말미암아 너희를 욕하고 박해하고 거짓으로 너희를 거슬러 모든 악한 말을 할 때에는 너희에게 복이 있나니 기뻐하고 즐거워하라. 하늘에서 너희의 상이 큼이라. 너희 전에 있던 선지자들도 이같이 박해하였느니라(마 5:11-12).

죄를 짓게끔 강요를 받았는가?

신약은 국가가 기독교를 공개적으로 인정받고 지원받는 종교로 확립시킬 것이라는 바람을 구상하거나 표현하지 않는다. 그럼에도 불구하고 4세기에 콘스탄티누스가 황제가 되면서 교회가 국가의 보호와 지원을 받게 되자 상황이 바뀌었다. 이 책에서는 그런 협정 관계의 장점이나 위험 및 불리한 점에 대해 논하려는 게 아니다. 그러나 역사적으로 돌이켜보면 기독교 세계의 도래가 결정적으로 교회에 부정적인 영향을 미쳤다고 판단하는 사람이 대다수일 것이다. 왜냐하면 교회가 사람들을 특정한 방식으로 행동하게끔 설

---

7 이는 한국 여행에서 얻은 경험뿐만 아니라 한국의 목회자 및 교수들(이들 중 다수는 예전에 가르친 학생들이다)과의 많은 대화를 바탕으로 한 논평이다.
8 이 역시 수많은 베이징 여행 경험과 중국 지도자들과의 대화를 바탕으로 한 것이다. 이는 중국의 그리스도인들 또는 교회들 사이에 긴장 관계가 절대적으로 없다는 것이 아니라 미국과 한국의 상황에 비하면 긴장 관계가 미미하다는 뜻이다.

득하기보다는 너무도 자주 그리스도인인 것처럼 행동하라고 강요하곤 했던 국가 권력과 매우 밀접하게 연합하였기 때문이다.[9]

따라서 미국 헌법의 천재적인 측면은 국교에 대한 개념을 거부함으로써 종교와 국가 사이의 이런 공식적인 협정을 깨뜨렸다는 점이다(앞서 인용된 미국 수정 헌법 제1조를 참조하라). 국교 금지 조항(establishment clause) 바로 뒤에는 자유로운 종교 활동 조항(free exercise clause)이 붙어 있는데, 바로 여기에 오늘날 종교의 자유와 관련하여 발생된 긴장이 상당 부분 존재한다. 특히 오늘날 자유로운 종교 활동이 성적 지향에 근거한 차별금지법(소위 SOGI[성적 지향 및 성별 정체성] 법)과 충돌하는 상황에서 정부가 종교의 "자유로운 활동을 금지하는" 법을 만들지 않는다는 것은 무엇을 의미하는가?[10]

다시 강조하지만 나는 이 책에서 특정 공공 정책 전략을 권장하려는 게 아니라 그것에 대해 우리가 생각해야만 하는 성경적 원칙을 살펴보고자 한다. 지금까지 우리는 구약이나 신약을 포함한 성경 어디에서도 그리스도인의 종교의 자유에 대한 명확한 성경적 추정의 근거가 발견되지 않음을 확인했다. 실제로 신약에서는 그리스도인들이 그들의 신앙 때문에 고난을 받을 것이라고 추정할 뿐이다. 이는 종교의 자유라는 것이 우리가 공공 광장에서 열망하고 지지해야 하는 무언가가 아니라는 뜻은 아니다. 오히려 우리가 적대적인 문화 속에서 믿음을 고수할 때 그 결과를 겪을 준비가 되어 있어야

----

9   교회에 대한 콘스탄티누스의 영향이 문제가 있었다는 법칙을 증명하는 예외가 Peter J. Leithart, *Defending Constantine: The Twilight of an Empire and the Dawn of Christendom* (Downers Grove, IL: InterVarsity, 2010)이다.

10   특정 공공 정책에 관해 이야기하는 것이 이 책의 목적은 아니지만, 종교의 자유와 SOGI 법의 교차점에 대한 유용한 성찰을 원한다면 Shapri LoMaglio, "Does Supporting Freedom Require Opposition to LGBT Rights?," https://cpjustice.org/uploads/PJR_9.3_Arti cle_2_Shapri_ LoMaglio.pdf.를 참조하라.

한다는 의미다.

그것은 또한 우리의 관심사를 더 넓은 범위의 문화에 강요할 때 매우 조심해야 한다는 뜻이다. 첫째, 우리는 비그리스도인을 그리스도인처럼 행동하게끔 만들어서는 안 된다. 둘째, 종교의 자유에 호소해야 하는 경우 전략적으로 움직여야 한다. 셋째, 현재 문화가 우리의 자유로운 종교 활동을 허용하려 하지 않을 때 그 결과를 감당할 준비가 되어 있어야 한다.

첫 번째 요점과 관련하여 마틴 로이드 존스는 매우 옳은 지적을 했다.

> 신약은 본질적으로 행위와 행동에 관심이 없다. 나는 더 나아가 신약이 그리스도인 외에 그 누구에게도 선한 행동을 호소하지 않는다고 본다. 신약은 그 자체로 세상의 도덕에 관심이 없다. 신약은 세상으로부터 죄 외에는 아무것도 기대할 수 없으며 타락한 상태에서 어떤 일도 할 수 없음을 아주 분명히 말해준다. 디도서 3:3에서 바울은 우리 모두 한때 그런 사람들이었다고 말한다. "우리도 전에는 어리석은 자요 순종하지 아니한 자요 속은 자요 여러 가지 정욕과 행락에 종노릇 한 자요 악독과 투기를 일삼은 자요 가증스러운 자요 피차 미워한 자였으나…" 그래서 신약에 따르면 그런 사람들을 향해 그리스도인의 삶을 살라고 호소하는 것만큼 어리석고 극히 헛된 일은 없다.…사실 신약은 그와 같은 사람들을 향해 참회하라는 단 하나의 메시지만 전하고 있다.[11]

윤리 및 공동 정책 센터(Ethics and Public Policy Center)의 선임 연구원인 피터 웨너는 C. S. 루이스를 인용하여 기본적으로 이와 동일한 주장을 밝힌다.

....

11   Martyn Lloyd-Jones, *Faith on Trial* (London: Inter-Varsity, 1965), 63.

루이스는 "도덕의 입법화"(morals legislation)를 경계했다. 예를 들어 동성애를 범죄로 간주하는 것이 정당하다고 여긴 사람이 많던 시기에 루이스는 "그것이 국가와 무슨 상관이 있는가?"라고 물었다. 또한 그는 결혼에 대한 기독교적 이상을 장려하는 것이 정부의 의무라고 믿지 않았다. 그는 『순전한 기독교』(*Mere Christianity*)에서 "모든 사람을 위해 이혼을 어렵게 만들기 위해 노력해야 한다고 생각하는 그리스도인이 매우 많은 것 같다"고 밝혔다. "나는 그렇게 생각하지 않는다. 적어도 나는 무함마드 교인들이 우리가 포도주를 마시는 것을 막으려 한다면 내가 매우 화를 내야 한다는 것을 안다. 내 생각에는 영국인 대다수가 그리스도인이 아니며, 그렇기 때문에 그들이 기독교적인 삶을 살 것이라고 기대할 수 없다는 사실을 교회가 솔직히 인정해야 한다고 본다."[12]

우리의 비그리스도인 이웃에게 그리스도인처럼 행동하라고 강요하지 않도록 조심해야 할 뿐 아니라 자신의 종교의 자유를 주장할 때도 전략적으로 행동해야 한다. 여기서 나는 다시 다니엘 이야기를 강조한다. 다니엘과 그의 세 친구들은 분명 오늘날 우리가 누리는 종교의 자유 같은 것을 경험하지 못했다. 만약 그들이 바빌로니아식 이름으로 개명하지 않은 채로 이교도식 교육을 거부하거나 음식을 먹지 않겠다고 한 사실이 공개되었다면 그들은 죽었을 것이다. 하지만 우리가 이들에 대해 아는 모든 내용으로 미루어 짐작건대, 이 사람들은 신앙을 타협하느니 차라리 죽기를 택했을 것이다. 우리는 언제나 종교의 자유를 강요해서는 안 되며, 우리가 강요받는 일이 우리로 하

---

12 Peter Wehner, "The Political Magic of C. S. Lewis," *New York Times*, September 24, 2016, https://www.nytimes.com/2016/09/25/opinion/sunday/the-political-magic-of-cs-lewis.html. C. S. Lewis의 인용문은 *Mere Christianity*에서 가져온 것이다. 『순전한 기독교』(홍성사 역간).

여금 죄를 짓게 만드는지를 물어야 한다. 현대의 예를 들면 제빵사가 동성 커플의 결혼식을 위한 케이크 제작을 거부하는 것이 과연 적절한지 물어볼 가치가 있다. 제빵사는 케이크를 제작함으로써 죄를 짓게 되는가?[13] 또 다른 예를 들어보자. 구청 공무원이 그리스도인으로서의 책무 때문에 동성 커플을 위한 결혼 허가증 발급을 거부하는 것은 적절한가?

우리는 또한 그리스도인으로서 종교의 자유에 호소하되 어떤 행동에 가담해서는 안 되는 수많은 예를 생각해볼 수 있다. 낙태가 심각한 도덕적 위반 행위라고 믿는 의사와 간호사는 낙태 시술을 시행하거나 지원하라는 강요를 받아서는 안 된다. 평화주의자인 종교인은 전투병으로 군에 입대하라는 강요를 받아서는 안 된다. 결혼에 대한 전통적인 견해를 유지하는 종교 기관에 동성 관계를 맺고 있는 사람을 고용하라고 요구해서는 안 된다.

그러나 궁극적으로 그리스도인들은 그 결과를 감당할 준비를 해야 한다. 실제로 자신의 신앙에 유해한 문화 속에서 신념을 고수한다면 부정적인 결과를 예상해야 한다. 기독교 대학이나 입양 기관 입장에서 예상 가능한 부정적인 결과는 정부의 재정 지원이 끊기는 것이다. 다시 말하지만 종교의 자유에 비추어 볼 때 그런 재정 지원을 옹호하는 것은 잘못된 행동이 아니다. 그러나 또다시 말하지만 그런 정부 지원에 대한 성경적 추정의 근거는 없다. 이와 관련해서 기독교 기관은 정부의 재정 지원이나 면세 지위 없이 생존하고 번성하는 방법에 대해 고민해야 할 수도 있다.

....

13   만약 제빵사의 양심이 케이크를 만들지 말라고 이야기한다면, 국가의 법이 가능한 결과로부터 그를 보호해줄 것이라고 기대해서는 안 될지라도(그리고 양심상의 이유로 그 결과를 기꺼이 감수해야 할지라도) 그는 케이크를 구워서는 안 된다.

태도와 성향

종교의 자유에 대한 성경적 추정의 근거가 없기 때문에, 우리는 그것을 기대하거나 요구해서는 안 된다. 그러나 우리는 모든 종교를 위해 그리고 종교가 없는 사람들을 위해 종교의 자유를 바랄 수 있다.

성경적 원칙들

1. 구약은 언약 공동체 내에서 종교의 자유라는 개념을 장려하지 않는다.
2. 신약은 그리스도인들이 이 세상에서 박해를 받을 수 있다고 가르친다.
3. 그리스도인은 비그리스도인을 그리스도인처럼 행동하도록 만드는 데 관심을 가져서는 안 된다.
4. 그리스도인들은 특정 공공 정책이 죄를 짓게 만드는지 질문하면서, 전략적으로 종교의 자유를 요구해야 한다.
5. 우리의 신앙이 우리에게서 무언가를 요구하는데 공공 정책은 그것을 거부할 때, 다음 말씀을 기억하면서 부정적인 결과를 감수할 준비를 해야 한다. "우리가 사방으로 우겨쌈을 당하여도 싸이지 아니하며 답답한 일을 당하여도 낙심하지 아니하며 박해를 받아도 버린 바 되지 아니하며 거꾸러뜨림을 당하여도 망하지 아니하고 우리가 항상 예수의 죽음을 몸에 짊어짐은 예수의 생명이 또한 우리 몸에 나타나게 하려 함이라"(고후 4:8-10).

성찰 및 질문

1. 우리가 종교의 자유라고 부르는 것이 성경에서 발견되지 않는다는 것에 동의하는가? 동의하지 않을 경우, 그것을 성경적으로 입증하라.
2. 그리스도인은 비그리스도인이 그리스도인처럼 행동하게끔 만들어야 하는가? 그 이유는 무엇인가? 긍정적이든 부정적이든 그리스도인이 그렇게 했던 예를 제시할 수 있는가?
3. 그리스도인들은 어떤 상황에서 종교의 자유를 옹호해야 하는가? 그리고 국가가 그들의 종교적 자유를 허용하지 않는다면, 어디에서 기꺼이 고통을 감수해야 하는가?

성경은 현대의 전쟁에 대해 우리에게 무엇을 말해주는가? 성경 중 특히 구약에 전쟁 이야기가 많이 포함되어 있다는 사실은 우리의 대답과 관련이 있는가? 결국 역사를 보면 중세의 십자군과 같이 구약의 전쟁을 선례로 인용하면서 전쟁에 나가는 그리스도인들의 사례가 등장한다.[1] 아니면 성경, 특히 신약의 생명 존중(pro-life) 입장은 그리스도인뿐만 아니라 민족 국가(nation-state)의 시민들까지도 전쟁에 참여해서는 안 된다고 암시하는가? "네 오른편 뺨을 치거든 왼편도 돌려대며"(마 5:39) 또는 "네 칼을 도로 칼집에 꽂으라"(마 26:52)는 예수의 권고는 오늘날 벌어지는 전쟁의 맥락에 적용될 수 있는가? 우리는 전쟁에 관해 어떤 성경적 원칙을 얻을 수 있는가?

....

1   최근 Douglas S. Earl("Joshua and the Crusades," in *Holy War in the Bible: Christian Morality and an Old Testament Problem*, ed. Heath A. Thomas, Jeremy Evans, and Paul Copan [Downers Grove, IL: InterVarsity, 2013], 19-43)은 여호수아서가 사실상 십자군 신학에서 아무런 역할도 하지 않았다는 주장을 펼쳤다. 그랬다 하더라도 Earl은 교회가 십자군을 정당화하기 위해 다른 성경에 호소했음을 인정한다.

전쟁에 관해서는 우선 구약의 전투가 현대의 전쟁에 대한 논의와 관련이 없다고 단언을 하면서 시작하려고 한다. 이것이야말로 구약과 신약이 상당한 불연속성을 나타내는 지점이라고 하겠다. 적어도 그리스도의 초림과 재림 사이의 기간(아래 참조)에 나타나는 이 불연속성은 민족 국가로서의 하나님의 백성이 여러 다른 민족 국가의 사람들로 구성된 영적 실체로서의 하나님의 백성으로 전환될 때 발생한다. 이는 또한 물리적 전쟁에서 영적 전쟁으로의 전환이기도 하다. 그럼에도 불구하고 우리는 신약이 만물의 완성에 대해 보여주는 그림 안에 영적 대적과 인간 대적 모두를 상대로 벌이는 최후의 전투가 포함된다는 점을 고려해야 한다.

신적 전쟁의 다섯 단계

나는 이전에 발표한 한 저서에서[2] 신적 전쟁(divine warfare)이라는 성경의 신학적 주제를 다섯 단계로 나눠 설명한 적이 있다. 여기서는 각 단계를 간단히 요약할 것이다.

1단계: 하나님이 혈과 육으로 된 이스라엘의 적들과 싸우신다

물론 인간에 대한 하나님의 창조 의도에 관하여 질문할 때 창세기 1-2장을 살펴봄으로써 전쟁은 창조의 일부가 아님을 알 수 있다. 갈등은 창세기 3장에서 묘사된 인간의 반역 중에서도 특히 뱀과 여자의 후손 사이에 발생할

---

2   Tremper Longman III, *Confronting Old Testament Controversies: Pressing Questions about Evolution, Sexuality, History, and Violence* (Grand Rapids: Baker, 2019), 176-95.

대립과 함께 등장한다(창 3:15). 그 갈등에서 하나님은 그의 백성을 위해 전쟁에 참여하셔서 그들에게 승리를 주시는 분으로 묘사된다.

우리는 수많은 예를 들 수 있다. 홍수 이야기, 홍해에서 쓸려나간 이집트인들, 여리고 전투와 정복 기간에 벌어진 여러 전투들, 여러 사사들의 승리, 다윗이 거둔 승리 중 일부와 같은 다양한 대립을 연구해보면 이 전투의 특성을 이해하는 데 도움이 되는 특정한 패턴들이 나타난다. 하나님은 이스라엘에게 전쟁에 나가라고 말씀하셨다. 이스라엘은 결코 일방적으로 그런 결정을 내릴 수 없었다. 하나님이 자신의 임재를 군대에 알리셨기 때문에 군대는 전쟁에 대비하여 자신을 영적으로 준비시켜야 했다. 그들은 군사적으로 우세한 위치에 있을 때는 전투에 나갈 수 없었으며, 적보다 적은 수의 병력을 갖추고 상대적으로 파괴력이 약한 무기를 보유해야만 했다. 승리를 거둘 때도 그 승리를 주신 분이 궁극적으로 하나님이라는 사실을 알고 그분을 찬양해야 했다. 이건 논쟁의 여지가 있는 점이지만, 만약 약속의 땅에서 전투가 벌어지면 포로를 취하지 않고 모두 처형해야 했다(신 20:16-18).

2단계: 하나님이 이스라엘과 싸우신다

구약이 하나님을 무슨 일이 있어도 이스라엘 편에 서시는 분으로 묘사하고 있다고 여긴다면, 이는 오해다. 이스라엘이 하나님의 선민인 것은 맞지만, 그들이 어떤 생각이나 행동을 하든 하나님의 보호를 받는 특권적인 지위를 갖고 있다는 의미는 아니다. 그들은 특별한 지위와 권리를 부여받기 위해서가 아니라 열방에 복이 될 책임을 지기 위해 선택되었다. 그리고 그 역할로 인해 번영보다 고통을 경험하는 경우가 많았다.[3]

....

3   Joel Kaminsky, *Yet I Loved Jacob: Reclaiming the Biblical Concept of Election* (Nashville:

그래서 구약에는 하나님이 이스라엘과 대립하시거나 그들을 버리신 결과로 이스라엘이 패배를 당하는 이야기들이 많이 등장한다. 예를 들어 여리고 성에서 승리를 거둔 다음 첫 번째로 치른 아이 성 전투를 보자. 이스라엘은 하나님 덕분에 막강한 여리고 성을 함락시켰지만 구성원 중 한 명이 약탈품을 훔침으로써 율법을 위반했기 때문에, 도리어 그 이름 자체가 파멸을 의미하는 아이 성이 이스라엘을 물리치게 되었다(수 7장). 또한 하나님은 사사 엘리의 사악한 두 아들이 블레셋 사람들과 싸우러 군대를 이끌고 나갔을 때도 이스라엘을 버리셨다. 그들은 첫 번째 전투에서 패한 후 언약궤를 가져오는 것을 잊었다는 사실을 깨달았다. 그제서야 두 번째 전투를 위해 언약궤를 가져왔지만, 하나님은 여전히 그들이 패배하도록 내버려두셨다(삼상 4장). 무엇보다도 2단계에 속하는 가장 소름 끼치는 예는 기원전 586년에 예루살렘이 바빌로니아에 의해 패망한 사건이다. 예루살렘 도시를 황폐하게 만든 것은 바빌로니아 사람들이었지만, 예레미야애가의 시인은 그 패배를 가능케 하신 분이 궁극적으로 하나님이라는 사실을 잘 알고 있었다.

슬프다. 주께서 어찌 그리 진노하사
딸 시온을 구름으로 덮으셨는가?
이스라엘의 아름다움을
하늘에서 땅에 던지셨음이여.
그의 진노의 날에
그의 발판을 기억하지 아니하셨도다.
주께서 야곱의 모든 거처들을 삼키시고

Abingdon, 2007).

궁휼히 여기지 아니하셨음이여.

노하사 딸 유다의 견고한 성채들을

허물어 땅에 엎으시고

나라와 그 지도자들을

욕되게 하셨도다(애 2:1-2).

시인은 하나님이 그 도시를 멸망시키신 것을 두고 스무 절에 걸쳐 한탄을 이어간다. 우리는 이를 통해 하나님의 백성이 그분께 반역할 때 전쟁이 일어나도록 허락하신다는 것을 알 수 있다. 그러나 이 패배는 구약의 마지막 장(章)이 아니다. 다음으로 포로기와 그 이후에 등장한 예언자들이 전한 메시지를 살펴볼 것이다.

3단계: 하나님이 오셔서 그의 백성을 압제하는 자들을 물리치실 것이다

바빌로니아인들은 예루살렘을 함락한 후 유다의 지도자들을 강제로 이송했다. 유다 백성 대다수가 그 땅에 머물렀지만, 유다는 이제 독립 왕국의 지위를 잃고 바빌로니아 제국의 한 속주가 되었다. 어떤 의미에서는 페르시아가 바빌로니아를 물리치고 귀환을 원하는 유대인들을 예루살렘으로 돌려보냈을 때 포로 생활이 마무리되었다고 볼 수 있다. 그러나 또 다른 의미의 포로 생활이 계속되었다. 왜냐하면 유다가 (페르시아, 그리스, 로마 순으로) 외세의 지배 아래 속주로 남아 있었기 때문이다. 그들은 여전히 외세의 압제로 인해 고통을 받고 주기적으로 박해를 경험했다.

　　이 시기에 하나님은 다니엘, 스가랴, 말라기와 같은 예언자들을 일으키셔서 희망의 메시지를 주셨다. 전사이신 하나님이 그들을 압제에서 해방시키기 위해 돌아오실 것이다. 다니엘 7장의 메시지를 보자. 다니엘은 일련의 무시무시한 짐승들이 혼돈의 바다에서 올라오는 장면으로 시작되는 환상에 대해 이야기한다. 꿈을 해석해주는 천사는 다니엘에게 이 짐승들이 연속해서 등상할 악한 인간 왕국을 나타낸다고 알려준다. 이 왕국들은 하나님의 백성을 압제할 것이다. 그런데 그때,

> 내가 보니 왕좌가 놓이고 옛적부터 항상 계신 이가 좌정하셨는데, 그의 옷은 희기가 눈 같고 그의 머리털은 깨끗한 양의 털 같고 그의 보좌는 불꽃이요 그의 바퀴는 타오르는 불이며 불이 강처럼 흘러 그의 앞에서 나오며 그를 섬기는 자는 천천이요 그 앞에서 모셔 선 자는 만만이며 심판을 베푸는데 책들이 펴 놓였더라.…내가 또 밤 환상 중에 보니 인자 같은 이가 하늘 구름을 타고 와서 옛적부터 항상 계신 이에게 나아가 그 앞으로 인도되매 그에게 권세와 영광과 나라를 주고 모든 백성과 나라들과 다른 언어를 말하는 모든 자들이 그를 섬기게 하였으니 그의 권세는 소멸되지 아니하는 영원한 권세요 그의 나라는 멸망하지 아니할 것이니라(단 7:9-10, 13-14).

그런 다음 이 구름을 탄 자가 나가서 짐승들을 멸하고 하나님의 백성을 구원할 것이다. 고대 청중은 이 "인자(인간) 같은 이"를 신적 인물로 인식했을 것이다. 왜냐하면 신적 전사(divine warrior)만이 그의 전차 역할을 하는 구름을 타기 때문이다. 이 구절의 세부 사항은 또 다른 논의의 주제가 되지만[4] 환상의 요점은 분명하다. 현재 하나님의 백성이 압제를 경험하더라도 그분이 모든 것을 통제하고 계시며 장차 승리하실 것이다. 이 요점은 신약으로 이어

---

4 이 의미심장한 구절에 대한 상세한 내용이 궁금하다면 Tremper Longman III, *Daniel*, The NIV Application Commentary (Grand Rapids: Zondervan, 1999), 176-98, 또는 T. Longman III, *How to Read Daniel*(Downers Grove, IL: InterVarsity, 2020)을 참조하라.

지는데 이 지점에서 신적 전쟁의 4, 5단계를 마주하게 된다.

4단계: 예수는 영적 세력 및 권세와 싸우신다

세례 요한은 요단강에서 사람들에게 세례를 베풀면서, 자신의 뒤에 도끼를 들고 열매 맺지 아니하는 나무를 찍어 베어내시고(마 3:10) 알곡은 모으시며 쭉정이는 꺼지지 않는 불에 태우실(3:12) 분이 오실 것이라고 경고함으로써 메시아의 오실 길을 준비한다. 즉 세례 요한은 3단계의 예언자들이 남긴 메시지를 계속해서 전한다.

요한은 예수가 바로 그분이심을 깨닫는다. 그는 예수께 세례를 베푼 후 곧 옥에 갇히고, 예수는 사역을 시작하신다. 옥에 있는 동안 요한은 예수의 활동에 대한 보고를 받는다. 그는 예수께서 병자를 고치시고 귀신을 쫓아내시며 복음을 전파하신다는 소식을 듣는다. 이 보고가 요한을 혼란케 하는 것 같다. 그래서 그는 두 제자를 예수께 보내어 "오실 그이가 당신이오니이까? 우리가 다른 이를 기다리오리이까?"(마 11:3)라고 묻는다. 우리는 이 질문에 "도끼는 어디에서 무엇을 찍어내고 있으며, 쭉정이는 어디에서 불타고 있습니까?"라는 요한의 미심쩍음이 내포되어 있음을 알아차려야 한다.

예수는 동일한 활동을 더 많이 행하시고 말을 전하는 자들에게 다음과 같이 이야기하심으로써 응답하신다. "예수께서 대답하여 이르시되 '너희가 가서 듣고 보는 것을 요한에게 알리되 맹인이 보며 못 걷는 사람이 걸으며 나병환자가 깨끗함을 받으며 못 듣는 자가 들으며 죽은 자가 살아나며 가난한 자에게 복음이 전파된다 하라. 누구든지 나로 말미암아 실족하지 아니하는 자는 복이 있도다' 하시니라"(마 11:4-6).

예수는 요한에게 어떤 메시지를 전달하시는가? 이어지는 내용을 보면 다음과 같이 말씀하시는 것 같다. "요한, 그대는 세례를 받아야 할 사람에게 세례를 베풀었네. 하지만 그대는 내가 악에 맞서서 일으키고 있는 전쟁의 본질을 잘못 이해하고 있네. 나는 긴장을 조성하고 전투를 일으킴으로써 그것이 영적 세력과 권세를 겨냥하게끔 하였네. 그리고 요한, 이 전쟁은 칼과 창으로 이기는 것이 아니라네. 그것은 죽임(killing)으로써가 아닌 죽음(dying)으로써 이기는 것이라네."

그다음에 예수가 겟세마네에서 체포당하실 때 그를 지키려고 하는 베드로에게 하시는 말씀에 주목하라. "네 칼을 도로 칼집에 꽂으라. 칼을 가지는 자는 다 칼로 망하느니라. 너는 내가 내 아버지께 구하여 지금 열두 군단더 되는 천사를 보내시게 할 수 없는 줄로 아느냐? 내가 만일 그렇게 하면 '이런 일이 있으리라' 한 성경이 어떻게 이루어지겠느냐?"(마 26:52-54) 또 훗날 바울이 십자가 위에서 이루어진 예수의 구속 사역을 설명할 때 군사적 언어를 어떻게 사용하는지에 주목하라. "우리의 모든 죄를 사하시고 우리를 거스르고 불리하게 하는 법조문으로 쓴 증서를 지우시고 제하여 버리사 십자가에 못 박으시고 통치자들과 권세들을 무력화하여 드러내어 구경거리로 삼으시고 십자가로 그들을 이기셨느니라"(골 2:13b-15; 참조. 엡 4:8).

5단계: 예수는 인간 대적 및 영적 대적과의 최종 전투에서 승리하신다

세례 요한이 틀렸는가? 아니다. 그는 자신의 말이 어떻게 이루어질지 이해하지 못했을 뿐이다. 그는 예수께서 한 번이 아니라 두 번 오신다는 사실을 깨닫지 못했다. 그리고 장차 그분이 다시 오실 때 인자가 구름을 타고 큰 권능과 영광으로 오는 것을 사람들이 볼 것이다(막 13:26). 따라서 예수는 다니엘 7:13-14을 참조하시면서, 역사를 종식시키고 모든 악을 심판하기 위해 전사(warrior)로 오실 것이라고 제자들에게 말씀하신다. 요한계시록 19:11-21에는 그리스도의 재림에 대한 다른 이미지가 제시되는데 메시지는 동일하다. 거기서 예수는 흰 말을 타신 채 입에서는 검이 나오는 모습으로 군대를 이끌고 계신다. 그 결과 모든 인간의 악과 영적인 악은 멸망할 것이다. 그렇게 하나님을 대적하는 자들에 대한 그분의 전쟁이 끝날 것이다.

그렇다면 구약의 많은 전투나 마지막 때 하나님이 거두실 궁극적인 승리의 그림은 현대의 전쟁을 허용하는가? 절대 그렇지 않다. 영적 전쟁의 시대에 사는 우리에게 전달된 지시는 다음과 같이 매우 분명하다.

> 끝으로 너희가 주 안에서와 그 힘의 능력으로 강건하여지고 마귀의 간계를 능히 대적하기 위하여 하나님의 전신 갑주를 입으라. 우리의 씨름은 혈과 육을 상대하는 것이 아니요 통치자들과 권세들과 이 어둠의 세상 주관자들과 하늘에 있는 악의 영들을 상대함이라(엡 6:10-12).

그 전투가 어떤 모습인지는 다른 책에서 다룰 주제다. 현재 우리의 관심은 현대의 전쟁에 관한 공공 정책을 위한 성경적 원칙에 집중되어 있다. "우리의 씨름은 혈과 육을 상대하는 것이 아니요"(12절)라는 말은 그 어떤 표현보다도 바울의 메시지를 명확하게 드러내고 있다. 이 메시지는 고린도후서 10:4에서 반복된다. "우리의 싸우는 무기는 육신에 속한 것이 아니요 오직 어떤 견고한 진도 무너뜨리는 하나님의 능력이라"(고후 10:4).

결국 우리가 (4단계에 살고 있기 때문에) 방금 살펴본 내용이 현대 전쟁의 수행과는 관련이 없을지라도, 그 주제를 다루는 것은 중요하다. 왜냐하면 해석의 역사에서도 그렇지만 심지어 오늘날에도 그리스도인들이 현대의 전쟁을 정당화하기 위해 이와 같은 구약의 전쟁 구절들을 인용하였기 때문이다. 이는 구약과 신약 사이의 연속성과 불연속성을 인식하지 못한 결과로서, 이 본문들을 그렇게 사용할 근거는 없다.

그렇다면 이로 인해 모든 전쟁이 잘못된 것이라는 결론을 내려야 하는가? 반드시 그런 것은 아니다.

그렇다면 성경은 그리스도인의 전쟁 참여를 금지하는가?

바울은 에베소서 6장과 고린도후서 10장에서 "우리의 싸움"(개역개정에서는 "우리의 씨름")에 관해 이야기하면서 하나님의 백성인 교회를 염두에 두고 있다. 바울은 그리스도인들이 교회의 이익이나 방어를 목적으로 폭력을 행사해서는 안 된다는 것을 분명히 한다. 십자군, 거룩한 전쟁, 우리가 동의하지 않는 사람들에게 폭력을 휘두르는 일(낙태를 시행하는 의사에게 총을 쏘거나 낙태 클리닉에 폭탄을 투하하는 행위)은 엄청난 죄를 짓는 것으로서 교회의 명성을 더럽힌다.

그러나 그리스도인들도 시민이기 때문에 자신이 소속된 나라의 군대에 지원할 수 있다는 주장이 성경으로부터 제기될 수 있다. 우리는 이 책이 교회의 정책이 아니라 미국의 공공 정책에 초점을 맞추고 있다는 점을 기억하면서 더 많은 질문을 해야 한다. 성경은 어떤 나라가 전쟁을 일으키는 것을 금지하는가, 아니면 허용하는가? 어떤 근거에서 그렇게 하는가? 이 질문에 대해 긍정적인 답변을 하는 미국의 그리스도인들은 국가가 주도하는 전쟁에 참여할 수 있는가? 이에 대해 사람들은 매우 다양한 답변을 내놓을 것이다. 이는 교회와 국가 간의 관계와 자기방어 및 취약한 타인을 방어하는 윤리에 대한 이해와 관련이 있다. 그리스도인은 타인으로부터 자신을 방어하기 위해 폭력을 사용할 수 있는가? 민족 국가는 자신의 이익을 위해 정당방위에 나설 수 있는가? 정당방위 또는 타인에 대한 적절한 방어가 되려면 어떤 요건을 갖춰야 하는가? 우리는 전쟁 문제에 대한 판단을 도울 몇 가지 원칙을 도출하는 과정에서 이런 질문들을 고려할 것이다.

국가는 전쟁에 뛰어들 수 있는가? 어떤 조건에서 그렇게 할 수 있는가?

이 섹션에서 우리는 그리스도인의 군 복무에 대해 검토할 것이다. 이는 수세기에 걸쳐 기독교 신학자의 논쟁거리가 되어 왔다. 이 질문을 탐구하기에 앞서 우리는 구약에 기술된 이스라엘의 행동이 이 질문과 관련이 없음을 다시 확인할 필요가 있다. 왜냐하면 이스라엘인들은 하나님이 이스라엘의 혈과 육의 대적을 친히 상대하시던 시대에 살았던 반면, 우리는 영적 전쟁의 시대에 살고 있기 때문이다. 그러나 이런 이해는 구약에서 도출된 다른 원칙들(다음에 나오는 자기방어에 대한 가르침)이 이와 관련이 없다는 뜻이 아니다. 우리는 또한 오늘날과 달리 신약 시대의 그리스도인들은 참전 결정에 목소리를 내지 못했다는 사실에 민감해야 한다. 그럼에도 불구하고 신약의 저자들은 종종 다른 문화적 관습을 비판했기 때문에 전쟁 역시 비판할 수 있었다. 그렇다면 이런 질문과 관련하여 우리는 구약과 신약에서 무엇을 배울 수 있는가?

성경에서의 자기방어

구약 율법

이전 섹션에서 우리는 하나님의 백성의 민족적 특성과 물리적 전투, 그들의 영적 특성과 영적 전쟁에의 참여 사이의 불연속성 때문에 이스라엘의 전쟁과 연관된 율법 및 역사 내러티브가 오늘날의 전쟁 문제와 관련이 없다는 주장을 제시했다.[5]

이와는 반대로 다음에 논의되는 조항은 우리가 도덕법으로 여기는 율법들이다(65쪽 참조). 그러므로 이 율법들은 오늘날 그리스도인의 행동 지침으로서의 정당성을 보유한 채 그리스도인이 자신과 취약한 사람들을 방어하기 위해 폭력을 행사할 수 있다는 생각을 지지한다. 이 율법 중 많은 부분은 제6계명("살인하지 말라"[출 20:13])이 적용된 것으로서, 이 계명은 모든 살인이 아닌 불법적인 살인만 금지한다. 사례법은 무엇이 합법적인 살인이고 무엇이 불법적인 살인인지를 설명하는 데 도움이 된다.[6]

다음 사례법은 자기방어를 위한 폭력 행사를 허용한다.

> 도둑이 뚫고 들어오는 것을 보고 그를 쳐 죽이면 피 흘린 죄가 없으나 해 돋은 후에는 피 흘린 죄가 있으리라(출 22:2-3).

이 사례법은 어떤 사람이 무언가를 훔치러 남의 집에 들어갈 때 집주인이 자신을 방어해도 된다고 허용한다. 흥미롭게도 이 법은 방어자에게 가해자인 도둑이 그 집 거주자들을 해칠 의도가 있다고 생각하도록 요구하지 않는다. 그렇지만 위해(危害)의 위험성은 존재한다. 법은 방어자가 단지 그 위험성에 근거하여 행동하도록 허용한다. 그러나 왜 이 법에서는 밤과 낮을 구별하는가? 왜 집주인은 낮 동안에 폭력을 사용해서는 안 되는가? 이는 거주자

---

5   사적 서신을 통해 이 주제를 논하면서 내 생각을 자극해준 Bob Rich에게 감사를 전하고 싶다.
6   사례법은 특정한 사회학적, 구속사적 상황에서 이스라엘에게 주어진 법이며 십계명의 일반 윤리 원칙들을 적용한 것이라는 주장에 대해서는 47-55쪽을 참조하라.

들이 낮 동안 외출중이거나, 적어도 낮에는 그 집 사람들이 침입자가 자신들에게 실제로 물리적 위협을 가하는지를 명확하게 판단할 수 있으리라는 가정(假定)하에 주어지는 권고다. 낮에 집에 거주자가 있는데 도둑이 침입했다면 그를 대상으로 폭력을 사용해서는 안 된다. 생명은 심지어 도둑의 것이라도 재산보다 더 중요하다. 이 질문에 대한 정확한 답이 무엇이든 위해(危害)의 위협에 직면했을 때는 자신과 다른 거주자를 방어하기 위해 폭력을 사용할 수 있다.

구약의 역사 내러티브

구약에 등장하는 전투 대부분은 1, 2단계의 전쟁에 속하는 것으로서 자기방어를 위한 전쟁이 아니지만, 출애굽기 17:8-16에 나오는 아말렉인과의 전투는 예외다. 이스라엘 백성은 이집트를 떠나 이동하는 길에 아말렉의 공격을 받았다. 실제로 신명기 25:17-19은 아말렉인이 "뒤에 떨어진 약한 자들"(신 25:18)을 공격했다고 말한다. 그래서 이스라엘 백성은 이에 맞서 반격했다. 아말렉인이 약자를 위협하는 것이 분명했기 때문에, 그 결과로 발생한 전투는 자기방어를 위한 행위였다. 그들은 아말렉인을 공격하여 무찔렀다. 하나님이 이 전투를 승인하셨다는 것은 모세가 그들과 함께하시는 하나님의 임재를 상징하는 "그분의 지팡이"를 높이 들었을 때만 이스라엘 백성이 전투에서 성공을 거뒀다는 사실에 의해 확인된다.

예수와 제자들의 자기방어

최후의 만찬 때 예수는 제자들과 흥미로운 대화를 나누신다. 맥락상 예수는 베드로가 세 번 자신을 배반할 것이라고 알려주신 후 제자들에게 다음과 같이 말씀하셨다.

그들에게 이르시되 "내가 너희를 전대와 배낭과 신발도 없이 보내었을 때에 부족한 것이 있더냐?" 이르되 "없었나이다." 이르시되 "이제는 전대 있는 자는 가질 것이요 배낭도 그리하고 검 없는 자는 겉옷을 팔아 살지어다." 내가 너희에게 말하노니 "기록된 바 '그는 불법자의 동류로 여김을 받았다' 한 말이 내게 이루어져야 하리니 내게 관한 일이 이루어져 감이니라." 그들이 여짜오되 "주여, 보소서. 여기 검 둘이 있나이다." 대답하시되 "족하다" 하시니라(눅 22:35-38).

예수는 먼저 제자들을 파송하셨던 때를 돌아보신다. 당시에 그들은 칼 없이 다녔던 것 같다. 하지만 지금 예수는 자신의 죽음 이후에 일어날 적대 행위를 예상하면서, 칼이 없다면 사서 가지고 있으라고 강력히 권하신다. 제자들이 이미 칼 두 자루가 있다고 말하자, 예수는 칼 두 자루로 족하다고 대답하신다.

이 칼들은 무엇을 위한 것인가? 분명히 예수는 제자들에게 결코 사용하지 않을 칼을 가지고 다니라고 말씀하시진 않았을 것이다. 그러나 우리는 예수가 제자들이 어떤 종류의 공격적인 행동을 할 때도 이 칼을 사용하길 원하시지 않았을 것이라고 확신할 수 있다. 그리고 제자들이 사명의 목적을 이루기 위해 칼을 사용하는 것도 바라시지 않았을 것이다. 왜냐하면 앞서 말했듯이 예수는 살인이 아니라 자신의 죽음을 통해 사명을 이룰 수 있다는 사실을 알고 계셨기 때문이다. 예수는 곧 체포되면서 자신이 십자가에 가까이 갈 때 칼로 방어하려 했던 베드로를 꾸짖으실 것이다(눅 22:47-53). 베드로에 대한 이런 반응은 예수가 십자가에 달리기 직전에 빌라도에게 하신 말씀과 의미가 통한다. "내 나라는 이 세상에 속한 것이 아니니라. 만일 내 나라가 이 세상에 속한 것이었더라면 내 종들이 싸워 나로 유대인들에게 넘겨지지 않게 하였으리라. 이제 내 나라는 여기에 속한 것이 아니니라"(요 18:36).

　　누가복음 22장에 나오는 예수의 말씀은 제자들이 전도 여행을 떠나는 상황에서 하신 것이다. 그러므로 칼의 거의 확실한 잠재적 용도는 그들을 강탈하기 위해 공격하려는 자들로부터 스스로를 방어하기 위한 것이다. 칼 두 자루로 족했다는 사실은 예수의 마음에 정복이 아닌 자기방어의 의도가 있다는 신호다. 그러므로 이 구절은 예수가 자기방어를 위해서라면 폭력적인 힘의 사용을 금하시지는 않았을 것이라는 주장에 무게를 더한다.

바울과 자기방어

바울은 예수를 섬기기 위해 기꺼이 고난을 받고 죽기까지 했다. 실제로 그는 고린도후서에서 자신이 겪은 일을 자세히 말한다.

> 내가 수고를 넘치도록 하고 옥에 갇히기도 더 많이 하고 매도 수없이 맞고 여러 번 죽을 뻔하였으니 유대인들에게 사십에서 하나 감한 매를 다섯 번 맞았으며 세 번 태장으로 맞고 한 번 돌로 맞고 세 번 파선하고 일 주야를 깊은 바다에서 지냈으며 여러 번 여행하면서 강의 위험과 강도의 위험과 동족의 위험과 이방인의 위험과 시내의 위험과 광야의 위험과 바다의 위험과 거짓 형제 중의 위험을 당하고(고후 11:23b-26).

그럼에도 불구하고 자신을 방어할 수단이 없던 바울은 임박한 위해(危害)에 대해 정확히 경고를 받은 경우에 자신을 지켜 목숨을 보호하기 위해 합법적으로 군 당국을 이용하였다. 우리는 사도행전 21:27-23:35에 기록된 사건을 생각해볼 수 있다. 바울의 생애 말기에 분노한 반대자들이 그를 붙잡아 구타하고 있었을 때 현지 로마 군대의 천부장이 개입하여 가해 행위를 멈추게 했다. 군중은 그리스도를 증거하는 바울에게 믿을 수 없을 정도로 분노하면서 그의 피를 요구했다. 천부장은 무슨 일이 일어나고 있는지 이해하지 못했고, 특히 바울이 로마 시민으로 태어났다는 사실을 알았을 때는 무엇을 해야 할지 정말로 몰랐다. 이런 혼란 속에서 바울의 조카는 바울을 암살하려는 음모를 듣고 천부장에게 알렸다. 그러자 천부장은 예루살렘에 있는 바울을 즉시 총독이 있는 가이사랴로 이송하기로 했다.

여기서 바울이 로마 군대가 자신을 방어하는 상황을 기꺼이 허용하는 것처럼 보인다는 점에 주목할 필요가 있다. 로마 시민이라는 지위는 바울이 이유 없이 채찍질을 당할 수 없으며 성난 폭도들의 살해 위협으로부터 보호받을 수 있음을 의미했다.

예수와 전쟁

예수, 신약 그리고 폭력

예수는 그 어느 곳에서도 전쟁의 정당성에 대해 직접적으로 논하시지 않았다. 우리는 앞서 예수가 신적 전쟁을 구약의 유혈 전쟁에서 그분의 초림과 재림 사이의 영적 전쟁이라는 새로운 차원으로 끌어올리시는 것을 보았다. 동시에 우리는 구약과 그 시기의 전쟁들을 예수가 결코 부인하시지 않는다는 점에 주목해야 한다.[7] 실제로 예수는 인간과 영적인 악이 포함된 모든 악에 대한 최종 승리를 얻기 위해 장차 돌아오실 것이다. 이 미래에 있을 마지막 전투가 은유적으로 묘사되고 있다고 말하는 사람들이 확실히 옳다. 그러나 만약 그들이 그렇게 말함으로써 그 전투가 폭력적이라는 사실을 부인하

---

7   1세기 유대인인 예수는 구약을 율법과 선지자라고 일컬으며(마 5:17), 세 부분으로 된 칭호에 따르면 "모세의 율법과 선지자의 글과 시편"(눅 24:44)이라 부르신다. 또한 눅 24:27, 32, 45을 참조하라.

려 한다면 은유의 본질을 존중하지 않는 것이다. 로버트 밀러가 수잔 하일렌을 인용하면서 말한 바대로 "은유가 [성경의] 폭력적인 이미지를 '비폭력적인 것으로 변형'시키지 않는다." 즉 폭력적인 은유는 우리에게 문자 그대로의 그림을 주지는 않을지라도 폭력적인 심판에 관해 말해준다.[8]

그렇더라도 예수는 폭력적인 수단을 사용하는 것을 꺼리시지 않는다. 유명하지만 논란이 많은 한 장면에서 예수는 노끈으로 만든 채찍을 휘두르면서 양과 소를 다 성전에서 내쫓으셨다(요 2:15). 예수는 성전 뜰에서 희생 제물을 파는 관행에 마음이 언짢아지셨다. 그분이 동물만 때렸다거나 그의 채찍이 의도적으로 사람들을 향하지 않았다고 말하는 것은 일방적인 주장처럼 보인다. 물론 이 구절이 정의로운 전쟁(just war)이라는 개념을 직접적으로 지지하지는 않지만, 그것은 예수 자신이 항상 비폭력적인 수단만 사용하신 것은 아니라는 사실을 확실히 보여준다.

그러나 아마도 예수가 군대와 상호 작용하고 군대에 관해 이야기하신 방식이 훨씬 더 중요할 것이다. 물론 그것이 전폭적인 승인은 아니었다. 그러나 예수가 하신 방식으로 군대에 대해 긍정을 표현하는 평화주의자를 상상하기는 어렵다. 예를 들어 가버나움에서 예수는 중풍 병에 걸린 하인을 돕기 위해 그분 앞으로 나온 백부장을 만나셨다(마 8:5-13; 눅 7:1-9). 백부장은 명령만 내리면 지시가 이루어지는 군 장교에 예수를 비유하며 간청한다. 그러므로 예수는 치유를 행하기 위해 백부장의 집으로 가실 필요조차 없다. 예수는 그 남자의 직업에 대해 불만의 기색을 드러내시지 않고, 오히려 "내가

---

8   S. Hylen, "Metaphor Matters: Violence and Ethics in Revelation," *Catholic Biblical Quarterly* 73 (2011): 778을 인용하는 Robert D. Miller II, *The Dragon, the Mountain, and the Nations: An Old Testament Myth, Its Origins, and Its Afterlives* (Winona Lake, IN: Eisenbrauns, 2017), 277.

진실로 너희에게 이르노니 이스라엘 중 아무에게서도 이만한 믿음을 보지 못하였노라"(마 8:10)고 말씀하신다.

우리는 이제 세례 요한의 증언을 살펴볼 것이다. 물론 세례 요한은 예수가 아니다. 하지만 복음서에서 요한은 오실 메시아의 선구자이자 사자(使者)로 소개된다. 그의 견해는 중요하다. 예수가 세례를 받기 위해 광야로 나오시기 전에, 요한은 사람들에게 회개하라고 외치고 있었다. 무리(눅 3:10), 세리(3:12), 심지어 군인(3:14a)을 포함한 다양한 사람들이 그에게 와서 "우리는 무엇을 하리이까?"라고 물으며 지도를 구했다. 요한은 군인들에게 단순히 "사람에게서 강탈하지 말며 거짓으로 고발하지 말고 받는 급료를 족한 줄로 알라"(3:14b)고 대답한다. 그는 "너희의 무기를 내려놓고 군대를 떠나라"고 말하지 않는다. 만약 로마 정부에서도 군 복무가 원칙적으로 문제가 되지 않았다면, 그것은 군대에 의한 정당한 무력 사용 같은 형태가 존재할 수 있음을 가정하는 것으로 보인다.

사도행전에 따르면 고넬료라는 사람을 중심으로 구속 역사에서 중요한 순간이 전개된다. "가이사랴에 고넬료라 하는 사람이 있으니 이달리야 부대라 하는 군대의 백부장이라. 그가 경건하여 온 집안과 더불어 하나님을 경외하며 백성을 많이 구제하고 하나님께 항상 기도하더니"(행 10:1-2). 이는 의심스럽거나 윤리적으로 문제가 있는 기관에 관련된 사람에 대한 묘사가 아니다. 실제로 그는 하나님으로부터 메시지를 받는다. 하나님은 정확히 그가 의로운 사람이기 때문에 천사를 통해 그의 기도에 응답하신다("네 기도와 구제가 하나님 앞에 상달되어 기억하신 바가 되었으니"[10:4]). 그런 다음 천사는 고넬료에게 욥바에 있는 시몬 베드로를 불러올 사람을 보내라고 지시한다. 이에 그는 두 명의 하인과 경건한 군인을 급파한다(10:7). 그러는 동안 베드로는 하늘의 음성이 구약에서 부정한 것으로 여겨졌던 음식을 먹으라고 말하는 환상을 경험한다. 베드로는 처음에는 거부하지만 이어서 "하나님께서 깨끗하게 하신 것을 네가 속되다 하지 말라"(10:15)는 음성을 듣는다. 물론 이 환상은 그가 이방인 고넬료를 만나기 위한 준비다. 구약의 구조에서 이방인은 부정한 자로 여겨졌기 때문에 베드로 같은 사람은 그와 함께 먹어서는 안 된다. 그럼에도 불구하고 이 이야기는 고넬료 같은 이방인들이 새로운 하나님의 백성 안에 포함될 것임을 보여준다. 유대인을 이방인과 구분하는 것이 목적이었던 음식법은 더 이상 유효하지 않다. 왜냐하면 그들을 갈라놓았던 "원수 된 것 곧 중간에 막힌 담"이 이제 무너졌고, 하나님의 목적은 "이 둘로 자기 안에서 한 새 사람을 지어 화평하게" 하시는 것이었기 때문이다(엡 2:14-15).

그러나 다른 쪽 뺨을 돌려대는 것과 화평케 하는 자가 복이 있다는 말씀은 어떠한가?

우리가 앞서 살펴본 내용이 어떤 사람들에게는 예수의 산상수훈에 있는 가르침 중 일부와 상충하는 것처럼 보인다. 산상수훈은 기독교 윤리 발전 과정에서 결정적인 위치를 차지한다. 특히 팔복이 기억나는데, 거기서 예수는 "화평하게 하는 자는 복이 있나니 그들이 하나님의 아들이라 일컬음을 받을 것임이요"(마 5:9)라고 선언하셨다. 설교 후반부에 예수는 청중에게 다음과 같이 권고하신다.

> 또 "눈은 눈으로, 이는 이로 갚으라" 하였다는 것을 너희가 들었으나 나는 너희에게 이르노니 악한 자를 대적하지 말라. 누구든지 네 오른편 뺨을 치거든 왼편도 돌려 대며 또 너를 고발하여 속옷을 가지고자 하는 자에게 겉옷까지도 가지게 하며 또 누구든지 너로 억지로 오 리를 가게 하거든 그 사람과 십 리를 동행하고 네게 구하는 자에게 주며 네게 꾸고자 하는 자에게 거절하지 말라. 또 "네

이웃을 사랑하고 네 원수를 미워하라" 하였다는 것을 너희가 들었으나 나는 너희에게 이르노니 너희 원수를 사랑하며 너희를 박해하는 자를 위하여 기도하라. 이같이 한즉 하늘에 계신 너희 아버지의 아들이 되리니(마 5:38-45).

우리가 앞서 검토한 내용의 맥락에서 이런 가르침에 기초를 둔다면 그리스도인은 사적이든 공적이든 모든 상황에서 화평을 이루는 일을 지지해야 한다는 점을 강조해야만 한다. 그리스도인 중에서도 특히 믿는 국회의원은 다른 방책이 가능한 동안에는 가급적 폭력을 선택하지 않는 사람들 가운데 있어야 한다. 그러나 때로 갈등은 자기방어나 취약한 자들의 보호를 위해 더 큰 악을 막을 수 있는 유일한 수단이 된다. 이런 의미에서 하나님이 전쟁할 때와 평화할 때를 포함하여 모든 일을 위한 때와 하늘 아래 모든 활동에 알맞은 때를 만드셨다고 본 전도자의 관찰은 옳았다(전 3:1, 8).

마태복음 5:38-45a에 나오는 예수의 가르침은 명백히 그리스도인의 개인 윤리에 적용되고, 대부분은 비교적 사소한 문제에 관한 것이다. 예를 들어 우리는 이미 하나님께서 정부를 조직하시고 정부에 "칼의 권세"를 부여하셨다는 점을 확인했다. 실제로 이웃을 자신과 같이 진정으로 사랑하려면 위협으로부터 그들을 구원하기 위해 무력을 사용할 수도 있다는 주장이 제기될 법하다.

서신서와 전쟁

신약이 신앙의 이익을 증진하거나 신앙을 방어하기 위한 무력 사용을 거부하지만, 앞서 검토한 구절들(119-123쪽 참조)을 보면 바울과 베드로는 악을 억제하기 위해 정부가 폭력을 사용할 권리를 긍정한다.

각 사람은 위에 있는 권세들에게 복종하라. 권세는 하나님으로부터 나지 않음이 없나니 모든 권세는 다 하나님께서 정하신 바라. 그러므로 권세를 거스르는 자는 하나님의 명을 거스름이니 거스르는 자들은 심판을 자취하리라. 다스리는 자들은 선한 일에 대하여 두려움이 되지 않고 악한 일에 대하여 되나니 네가 권세를 두려워하지 아니하려느냐? 선을 행하라. 그리하면 그에게 칭찬을 받으리라. 그는 하나님의 사역자가 되어 네게 선을 베푸는 자니라. 그러나 네가 악을 행하거든 두려워하라. 그가 공연히 칼을 가지지 아니하였으니 곧 하나님의 사역자가 되어 악을 행하는 자에게 진노하심을 따라 보응하는 자니라. 그러므로 복종하지 아니할 수 없으니 진노 때문에 할 것이 아니라 양심을 따라 할 것이라(롬 13:1-5).

인간의 모든 제도를 주를 위하여 순종하되 혹은 위에 있는 왕이나 혹은 그가 악행하는 자를 징벌하고 선행하는 자를 포상하기 위하여 보낸 총독에게 하라. 곧 선행으로 어리석은 사람들의 무식한 말을 막으시는 것이라. 너희는 자유가 있으나 그 자유로 악을 가리는 데 쓰지 말고 오직 하나님의 종과 같이 하라. 뭇 사람을 공경하며 형제를 사랑하며 하나님을 두려워하며 왕을 존대하라(벧전 2:13-17).

우리는 앞서 이 두 구절을 살펴보았다. 이 구절들이 전쟁이라는 주제와 관련되기 때문에 여기서는 그에 대해 간략하게 설명할 것이다. 베드로는 일반적으로 "악행하는 자를 징벌"하는 인간 권위의 권리에 대해 말하는 반면, 바울은 공연히 칼을 지니고 있지 않은 통치자들을 언급하면서 폭력적인 형벌에 관해 더 구체적으로 말한다. 물론 이 구절들은 내부적인 악을 염두에 두기 때문에 치안 활동을 직접적으로 긍정한다. 사악한 사람들이 사회의 무고하고 취약한 사람들에게 해를 끼치는 것을 막기 위해 자기방어의 원칙에 의거한 치안 활동이 필요하다. 여기서 직접적으로 다루고 있지는 않으나, 국가가 지원하는 폭력도 국가 외부로부터의 위협을 저지하기 위해 허용될 수 있다고 생각하는 것이 논리적으로 보인다.

요약 및 결론

창세기부터 요한계시록에 이르기까지 성경의 역사는 전쟁으로 가득하다. 우리는 인간의 죄의 본성에 놀라지 말아야 한다. 야고보가 개인 간의 갈등에 대해 이야기한 내용뿐만 아니라, 갈등의 본질에 대한 그의 통찰력은 민족 국가에도 적용된다.

> 너희 중에 싸움이 어디로부터 다툼이 어디로부터 나느냐? 너희 지체 중에서 싸우는 정욕으로부터 나는 것이 아니냐? 너희는 욕심을 내어도 얻지 못하여 살인하며 시기하여도 능히 취하지 못하므로 다투고 싸우는도다(약 4:1-2).

구약의 많은 전쟁은 그 시대의 독특한 산물이다. 그때는 이스라엘의 적이든 이스라엘 자체든 간에 하나님이 혈과 육으로 된 적과 싸우시던 시대다. 우리는 오늘날 그리스도의 초림과 재림 사이의 영적 전쟁의 시대에 살고 있다. 그러므로 그리스도인들은 신앙을 강화하거나 보호하는 일에 결코 폭력을 행사해서는 안 된다.

그렇긴 하지만 우리는 이 장에서 성경과 예수 자신이 모든 전쟁에 반대한 것은 아니었음을 시사하는 다양한 성경 주제와 구절을 탐구했다. 로마서

13장과 베드로전서 2장은 정부가 악에 대항하여 무력을 사용할 수 있는 권한을 부여받았음을 시사한다. 우리는 자기방어의 문제에서 무력을 허용하는 다른 본문들도 검토했다.

이 장은 논의의 시작에 불과하다. 이 짧은 장에서 다룬 범위를 넘어서는 더 많은 것들이 논의되어야 한다. 이 장의 서두에서 언급한 대로 신학자들은 정의로운 전쟁(just war)의 구성 요소에 대해 논의해왔다.[9] 정의로운 전쟁 이론은 전형적으로 전쟁과 관련된 특정 본문보다는 성경에서 발견되는 일반적인 윤리 원칙에 대한 심사숙고를 통해 발전된다. 이 장에서 우리의 목적은 좁은 범위에 집중되어 있다. 즉 성경이 모든 현대의 전쟁을 반대하는지에 답하는 것이다.

태도와 성향

예수는 화평케 하시는 분이었지만 반군사적인 분은 아니었다. 전쟁은 최후의 수단으로서 모든 다른 수단이 소진되었을 때만 사용되어야 한다. 누구도 전쟁이란 개념을 즐겨서는 안 되며, 전쟁은 마지못해 수행되어야 한다.

성경적 원칙들

1. 구약의 전쟁은 정복 관련 전쟁들과 마찬가지로 그 구속사적 시대 특유의 산물로서, 오늘날 행해지는 폭력을 정당화하지 않는다.

---

9   정의로운 전쟁(just war) 이론의 원칙과 그것이 어떻게 행해져야 하는가에 관한 진술은 Wayne A. Grudem, *Politics according to the Bible: A Comprehensive Resource for Understanding Modern Political Issues in Light of Scripture* (Grand Rapids: Zondervan, 2010), 389-90을 참조하라. 나는 이런 점들이 성경으로부터 정당화될 수 있다고 생각하지만, Grudem의 본문 인용은 증거 본문 찾기에 지나지 않는다. 그는 내가 이 책 전반부에서 상세히 설명한 기본적인 해석 원칙들의 유형을 고려하지 않는다.

2. 성경은 자기방어의 허용 가능성에 대해 일관되게 가르친다.

3. 예수는 전쟁을 옹호하시지 않았지만 반군사적인 면모를 보이시지도 않았다.

4. 바울과 베드로 둘 다 정부가 자기방어로 폭력을 사용할 권리를 가지고 있다고 말한다. 전쟁은 최후의 수단으로 마지못해 수행되어야 한다.

성찰 및 질문

1. 그리스도인들은 전쟁 문제에 대해 의견이 다르다. 이 장에서 우리가 검토한 구절들을 참조하여 당신의 견해를 기술하라.

2. 전쟁이 정당하고 옳을 수 있는 시나리오의 종류를 상상할 수 있는가?

3. 당신은 군 복무를 마쳤거나 할 예정인가? 그렇게 대답한 이유는 무엇인가?

4. 만약 군대가 없다면 미국에 어떤 일이 일어날 것 같은가?

5. 전쟁이나 군대가 우상이 될 수 있는가? 어떤 방식으로 그렇게 될 수 있는가?

6. 만약 성경이 자기방어에 근거하여 군사 행동을 옹호한다면, 민족 국가가 선제적으로 정당하게 전쟁을 개시할 수 있는 시나리오를 상상할 수 있는가?

7   낙태

1973년 낙태를 합법화한 로 대(對) 웨이드(*Roe v. Wade*) 판결이 내려진 이래
로 대다수 복음주의자들은 다각도로 이 판결의 폐기를 추진해왔다. 이 책에
서 검토되는 문제 중에 비록 전술과 수사법은 다를지라도 복음주의자들의
전적인 지지를 얻을 또 다른 문제는 없을 것이다. 그로 인해 사람들은 성경
이 분명하고 직접적으로 낙태를 금지한다고 상상하게 될 것이다. 하지만 우
리는 그것이 사실이 아니라는 점을 알게 될 것이다. 대부분의 경우 낙태에
반대하는 논거가 상당히 강력함에도 불구하고 그렇다. 다시 말해 성경에 직
접적인 진술이 없을지라도 우리는 낙태 관행에 반대하는 강한 추정으로 이
어질 가르침들이 있음을 알게 될 것이다. 그러나 많은 사람들이 제안하는 것
처럼 낙태가 살인과 동일하게 간주되어야 하는지와 관련된 문제가 더 추가
된다.

　　낙태 문제는 무엇이 인간을 구성하고 동물과 다르게 만드는가와 같은
온갖 종류의 심오하고 어려운 성경적, 신학적 의문을 제기한다. 인간은 영혼

(soul)이 있기 때문에 다른 동물과 다른가? 그렇다면 인간은 언제 영혼을 받는가? 인간이 육신을 입은 영혼이라는 개념은 잘못되고 비성경적인 개념인가? 성경은 인간이 하나님의 형상으로 지음을 받았다고 말한다. 이는 아마도 인간이 다른 동물과 근본적으로 다른 이유가 될 것이다. 그렇다면 하나님의 형상으로 창조된다는 것은 무슨 의미인가? 그리고 이것은 낙태 문제와 어떤 관계가 있는가? 곧 확인하겠지만 이 논의에 관련된 복잡한 문제 중 하나는 성경이 낙태에 관해 직접적으로 말하지 않는다는 점뿐만 아니라 인간의 생명이 언제 시작되는지에 대한 질문을 결코 다루지 않는다는 점이다.

낙태 문제와 관련된 성경 본문들

성경에 나타난 인간 생명의 존엄성

성경은 낙태 문제에 대해 직접적으로 말하지 않는다. 우리가 곧 보게 되겠지만 성경은 자궁 내 태아의 지위에 관해 명확하게 언급하지 않는다. 이런 이유로 우리는 인간 생명에 대한 성경의 관점을 다루는 것이 중요하다고 생각한다. 『IVP 기독교윤리 및 목회신학사전』(*IVP Dictionary of Christian Ethics and Pastoral Theology*)은 "인간 생명의 존엄성"에 관한 성경의 가르침에 대해 매우 유용하고 간결한 설명을 제공한다.

> 이 문구는 하나님의 선물(행 17:25), 하나님의 형상으로 창조된 자(창 1:26-27), 노아와 모세와 맺은 언약의 율법에 종속된 자(창 9:5-6; 출 20:13)를 비롯해 인간의 생명에 돌려야 하는 특별한 존중을 가리키는 것으로 이해하는 것이 가장 좋다. 모든 사람은 인간의 생명을 보존하고 존중하며(창 9:5; 4:8-10,

15) 동료인 다른 인간의 생명에 대한 책임을 받아들여야 할(창 4:9; 신 21:1-9) 의무가 있다. 인간의 생명이 하나님께 소중하고(시 116:15) 하나님께서 성육신 때 인간의 본성을 취하심으로써 스스로 인간 생명에 부여하신 가치를 입증하셨기 때문에(요 1:1, 14), 인간의 생명은 신성하다.[1]

이 간략한 진술은 생명의 존엄성에 관한 성경의 일관된 기르침을 잘 포착한다. 물론 이 성경적 가르침이 하나님께서 다른 모든 피조물과 무생물도 창조하셨다는 사실을 축소하지는 않지만(환경에 관한 장을 참조하라), 성경은 인간이 창조주와 맺고 있는 특별한 관계를 일관되게 강조한다. 그리고 이 관계는 인간 생명의 특별함을 더 높은 차원으로 끌어올린다.

그렇지만 성경은 생명이 언제 시작되는지에 대해서는 구체적으로 이야기하지 않고, 자궁 내 태아의 지위에 관해서만 간접적으로 이야기한다. 데이비드 거쉬의 다음 의견에 우리는 (73-78쪽에서 하나님의 형상에 대한 우리의 논의에 의해 나타난 바와 같이) 확실히 동의할 수 있다. "인간성의 신성한 가치는 하나님이 뜻하시고 그분의 행동, 명령 및 선언을 통해 전달되는 생득적 지위(ascribed status)이며, 그중 하나가 모든 인간이 하나님의 형상으로 지음을 받았다는 하나님의 계시다. 우리는 인간성 안에서 그 자체로 우리에게 가치를 가져오는 무언가를 찾을 수 없다. 인간 생명의 신성함은 하나님의 결정이다. 우리 인간은 그 결정에 따르고 그것에 의해 삶의 방향을 정해야 한다."[2] 충분히 사실이지만 그것은 하나님께서 언제 인간 개인의 생명에 대해 그런 결정

1   David P. Gushee, *The Sacredness of Human Life: Why an Ancient Biblical Vision Is Key to the World's Future* (Grand Rapids: Eerdmans, 2013), 30에 인용된 David John Atkinson et al., *IVP New Dictionary of Christian Ethics and Pastoral Theology* (Downers Grove, IL: InterVarsity, 1995), 757-58.
2   Gushee, *Sacredness of Human Life*, 42.

을 내리시는가라는 질문을 하게 만든다. 정자가 난자를 수정시킬 때, 자궁벽에 착상할 때, 인간의 형태를 띨 때, 생존력을 얻을 때, 태어날 때 중 과연 언제인가?

이 질문에 명확한 답을 얻을 수 있는지 알아보기 위해 낙태에 관해 논의되고 논쟁의 대상이 되었던 구절들을 살펴볼 것이다.

율법

앞서 언급했듯이 낙태를 직접적으로 언급하는 성경 본문은 없다. 언뜻 보기에 이 부재가 놀랍게 느껴질 수도 있다. 알려진 바로는 고대에도 다양한 형태의 낙태가 존재했기 때문이다. 1977년에 메러디스 클라인은 "성경의 법에서 낙태법과 관련해 가장 중요한 점은 아무 법도 없다는 것이다"라고 지적했다. 그러나 그 침묵을 어떻게 생각해야 하는지가 핵심이다. 침묵은 항상 추측의 문제이기 때문이다. 클라인은 계속해서 이렇게 말한다. "이스라엘 여성이 낙태를 원한다는 것은 상상도 할 수 없는 일이기 때문에 형법에서 이 범죄를 언급할 필요가 없었다."[3] 그러나 클라인의 진술에는 심각한 문제가 있으며, 그는 그렇게 생각하는 이유를 설명하지 않는다. 결국 예언의 말씀뿐만 아니라 이스라엘의 역사 기록은 이스라엘 여자와 남자가 가장 끔찍한 범죄를 저지를 수 있었음을 너무도 분명하게 보여준다. (모두 율법에 의해 명백히 정죄되는) 우상숭배, 인신공양, 근친상간, 주술을 행하는 사람들이라면 임신의 종결을 유도할 수 있었을 것이다. 실제로 21세기 서구 문화보다 혼전, 혼외 성관계를 훨씬 더 강하게 정죄한 사회에서 이런 도덕법을 위반하

---

3 둘 다 Meredith G. Kline, "Lex Talionis and the Human Fetus," *Journal of the Evangelical Theological Society* 20 (1977): 23에서 인용함.

고 임신한 사람들이라면 특정한 경우에 태아를 낙태시키려는 유혹이 매우 강했을 것이다. 그 추론이 타당할지라도 이스라엘 백성은 낙태가 "살인하지 말라"는 제6계명에 입각하여 금지된 행위임을 인식했을 것이다. 사례법에서 그 계명에 내포된 뉘앙스가 자세히 설명될 필요가 있었지만(예를 들어 어떤 사람이 소유한 소가 누군가를 뿔로 받아 죽게 했을 때는 어떻게 되는가? 출 21:28-36을 참조하라), 낙태가 제6계명에 의해 매우 명백히 금지되었기 때문에 그것을 명시할 필요가 없었을 것이다. 또한 고대 세계에서 입증된 또 다른 관행인 유아 살해를 금지하는 특별한 법도 없었다.

따라서 구약 중에서도 특히 율법에 낙태에 대한 구체적인 언급이 없다는 사실을 구약 시대에 낙태가 허용되었다는 명확한 표시로 받아들일 수는 없지만, 이로 인해 현재 낙태의 정확한 지위에 모호함이 다소 초래된다(낙태에 대한 고대 및 현대 유대교의 사고방식에 관한 나중의 논의를 참조하라. 유대교에서는 낙태에 대한 사고방식이 구약에서 유래한다고 주장하며, 적어도 초기 낙태에 더 개방적인 태도를 보인다).

구약 율법에는 낙태에 대한 직접적인 진술이 없기 때문에, 싸우다가 임신한 여자가 맞아서 태아에 영향이 가는 사건을 논하는 사례법에 많은 관심이 쏠렸다. 우리는 먼저 NIV 번역으로 이 구절을 살펴볼 것인데, (본문 각주에 의해 인정된 바와 같이) 곧 그 정확성에 의문이 제기됨을 알게 될 것이다.

사람이 서로 싸우다가 임신한 여자를 쳐서 여자가 **조산하였으나**(*she gives birth prematurely*) 다른 심각한 상해가 없으면, 가해자는 그 여자의 남편이 요구하고 재판장이 허용하는 대로 벌금을 내야 한다. 그러나 심각한 상해가 있으면, 너는 생명은 생명으로, 눈은 눈으로, 이는 이로, 손은 손으로, 발은 발로, 덴 것은 덴 것으로, 상하게 한 것은 상함으로, 때린 것은 때림으로 갚아야 한다(출

21:22-25).

이 법은 제6계명("살인하지 말라"[출 20:13])을 특정 상황에 적용한 또 다른 법이다. 이 법(제안된 형벌과는 대조적으로, 그러나 아래 참조)이 시민법, 의식법 또는 정결법이라고 생각할 이유는 없다. 오히려 그것은 도덕법이며 추정컨대 이 법이 반영하는 가치는 그리스도가 오신 후에도 여전히 관련이 있다.[4]

　　그 상황은 싸움 중에 임신한 여자가 맞아서 임신 상태에 어떤 변화가 발생하는 경우를 가정한다. 많은 복음주의 번역이 NIV에 동의하지만(NLT와 ESV도 동의한다, ESV는 *"so that her children come out"*[그리하여 그녀의 아이가 나오면]이라고 더 명확하게 번역함), 다른 번역들(복음주의 성경 The Message뿐만 아니라 NAB와 NJB 같은 가톨릭 번역 포함)은 NRSV에 제시된 번역과 유사하다.

> 사람이 서로 싸우다가 임신한 여인을 쳐서 **낙태**하게 하였으나(there is a *miscarriage*) 다른 해가 없으면 그 남편의 청구대로 반드시 벌금을 내되 재판장의 판결을 따라 낼 것이니라. 그러나 다른 해가 있으면 갚되 생명은 생명으로, 눈은 눈으로, 이는 이로, 손은 손으로, 발은 발로, 덴 것은 덴 것으로, 상하게 한 것은 상함으로, 때린 것은 때림으로 갚을지니라(출 21:22-25).

그렇다면 이 여인은 조산(살아 있음)한 것인가? 아니면 유산(살아 있지 않음)한 것인가? 히브리어는 어떤 의미를 전하는가? 히브리어를 최소한으로 번역하면 "만약 사람들이 싸우다가 임신한 여자를 쳐서 그녀의 아이들이 **밖으로 나오면**"으로 번역된다. 히브리어는 그 아이가 살아 있는지 죽었는지 명시하

4　사례법과 오늘날 적용에 관한 해석학적 문제는 47-62쪽을 참조하라.

지 않는다. 히브리어가 현대 번역가들에게 이런 모호성을 제시할 때, 다른 고려 사항이 본문의 최종 번역에 영향을 미친다. 이 고려 사항들은 다음과 같다.

아직 태어나지 않은 아이가 완전히 한 인격체라는 복음주의자의 가정은 그 아이가 살아서 태어난다는 것을 시사하는 번역으로 이어진다. 따라서 이 구절은 만약 아이가 조산되더라도 건강하다면 가해자는 남편과 협의하여 재판장이 정하는 벌금만 내면 된다는 뜻으로 이해된다. 그러나 만약 아이가 또 다른 상해를 입으면 형벌은 동일해야 하는데, 이것이 소위 **동해복수법**(*lex talionis*) 이면에 있는 원칙이다.[5] 다시 말해 아이가 건강하게 나올 경우에는 벌금만 부과하면 되지만, 만약 여자나 아이가 또 다른 상해를 입거나 죽으면 **동해복수법**이 작용한다고 믿는다. 따라서 이 해석에 따를 때 만약 아이가 죽어서 나오면 가해자는 목숨을 잃는다.[6]

NRSV의 번역은 다른 해석 방식을 취한다. 아마도 그런 시나리오가 발생하면 조산보다는 유산이 될 가능성이 더 높기 때문에, 그 시나리오에 대한 추정은 유산이다. 따라서 이 개념은 여자에게 더 이상의 상해가 없을 때는 벌금이 임신 상태의 중지에 적용된다는 것이다. 그러나 만약 여자에게 부가적으로 상해가 발생하면 **동해복수법**이 시작된다. 태아는 재산으로 취급되는 반면(태아의 상실은 벌금으로 이어짐), 여자의 죽음은 제6계명의 위반으로 취

5　현대 독자들은 종종 공식화된 동해복수법에 부정적으로 반응한다. 동해복수법이 절단의 언어로 쓰여 있기 때문이다. 한 경우를 제외하고(신 25:11-12) 율법은 결코 그렇게 요구하지 않는다. 그 원칙은 등가성(equivalence)으로서 이는 우리의 법이 추구하는 원칙이다. 고대의 맥락에서 그런 원칙은 창 4:23-24에서 라멕이 표현한 것과 같은 지파와 종족의 보복을 대체한다. "나의 상처로 말미암아 내가 사람을 죽였고 나의 상함으로 말미암아 소년을 죽였도다. 가인을 위하여는 벌이 칠 배일진대 라멕을 위하여는 벌이 칠십칠 배이리로다"(창 4:23-24).

6　이 입장에 대한 학술적인 방어는 Kline, "*Lex Talionis* and the Human Fetus"에서 찾을 수 있다.

급될 것이다.

우리가 어떤 해석을 채택하든 그 해석의 모호성을 인정해야 한다. NIV 와 다른 번역본은 본문 각주에서 그 구절이 조산보다는 유산을 가리킬 가능성이 있음을 보여줌으로써 그 모호성을 인정한다.[7] 가장 안전한 결론은 이 구절이 낙태 찬성이나 반대 입장을 지지하는 증거로 사용되어서는 안 된다는 것이다.

출애굽기 21장의 주제를 마무리하기 전에 지적해야 할 점이 있다. 우리가 가지고 있는 증거는 예수 당시와 그 전후의 유대교 해석도 누가 "해"('ason[아손])를 입은 대상인지, 즉 태아인지 여자인지 또는 둘 다인지에 대한 모호함에 사로잡혀 있었음을 나타낸다. 우리가 가지고 있는 가장 초기의 해석은 (일반적으로 기원전 2세기 중반에 기록된 것으로 추정되는) 70인역에서 나온 것으로, 여기서는 "해"(害)에 태아가 포함된다고 여김으로써 흥미로운 중도적 접근 방식을 취한다. 그러나 70인역의 해석적 번역은 그 결과가 태아 자체의 발달 단계에 달려 있음을 분명히 한다.

만약 두 남자가 싸우다 임신한 여자를 쳐서 그녀의 아이가 아직 완전히 형성되지 않은 채 나오면, 그는 벌금을 내야 할 것이다. 그 여자의 남편이 무엇을 부과하든지 그는 평가액으로 지불할 것이다. 그러나 만약 그것이 완전히 형성되어 있으면, 그는 생명은 생명으로, 눈은 눈으로, 이는 이로, 손은 손으로, 발은 발로, 덴 것은 덴 것으로, 상하게 한 것은 상함으로, 때린 것은 때림으로 갚을 것이다.

....

7   영어 번역본들은 역자가 진정한 모호성이 있고 두 가지 가능성이 거의 동일하다고 느끼는 경우에만 본문 각주에 그런 대체 번역을 제시한다.

70인역은 유대교 독자뿐만 아니라 히브리어를 읽지 못했던 예수의 제자나 초기 추종자들이 사용했던 주요 번역본이었다는 점에서 중요한 기록이다. 여기서는 초기 태아가 완전한 인간이 아니라 생명의 잠재력(따라서 가치 있는)을 지닌 존재라는 개념을 나타내는 것 같다. 필론(Philo, 기원전 25년-기원후 41년)은 70인역과 유사한 접근 방식을 취했지만, 요세푸스(Josephus, 37-100년)는 유산이 항상 벌금형으로 처벌되며 **동해복수법**이 적용되는 "해"는 여자와 관련이 있다는 견해(NRSV 번역으로 대표됨)를 취했다. 초기 랍비 문헌은 요세푸스의 견해와 유사한 접근 방식을 채택했다.[8] 이 견해가 낙태 찬성 입장과 혼동되어서는 안 된다. 모든 발달 단계의 태아는 가치가 있었지만 "유대교의 법은 생명이 수정에서 시작된다는 낙태 반대론자들의 일반적인 믿음을 공유하지 않으며 법적으로 태아를 인간에게 주어지는 것과 동등한 보호를 받을 자격이 있는 완전한 사람으로 간주하지도 않는다."[9]

하나님, 거룩한 낙태주의자?

토라의 낙태 논의와 잠재적으로 관련이 있는 또 다른 법이 토라에 있다. 민수기 5:11-31은 어느 편에서든 낙태에 대한 논의에 거의 언급되지 않는 구절이지만, 성경이 낙태 반대를 조장한다는 생각을 거부하는 논거로 사용될 수 있기 때문에 유의미하다. 그것은 여러 차원에서 어려운 주제이지만, 논쟁

....

8   낙태에 대한 초기 유대교의 견해에 대한 개요는 S. D. Ricks, "Abortion in Antiquity," *The Anchor Bible Dictionary*, ed. David Noel Freedman (New York: Doubleday, 1992), 1:31-35을 참조하라.

9   "Abortion and Judaism," My Jewish Learning, www.myjewishlearn ing.com/article/abortion-in-jewish-thought/. 또한 필론과 요세푸스뿐만 아니라 70인역에 대한 논의는 Michael J. Gorman, *Abortion and the Early Church: Christian, Jewish and Pagan Attitudes in the Greco-Roman World* (Eugene, OR: Wipf & Stock, 1982), 34-38을 참조하라.

의 대부분은 우리가 다루는 주제와 관련이 없다. 우리는 어려움을 인정하지만 그런 내용을 상세히 살펴보지는 않을 것이다.

민수기 5:11-31은 남편이 아내의 간음을 의심하는 상황을 다룬다. 남편은 아내를 성막으로 데려간다. 거기서 제사장은 그녀에게 성막 바닥의 티끌을 넣은 "거룩한 물"을 마시게 한다(17절). 만약 그녀에게 죄가 있다면 자궁이 부풀어 오르고 떨어질 것이다(개역개정, "그의 배가 부으며 그의 넓적다리가 마르리라", 27절).[10] 다시 말해 임신이 종료될 것이다. 고대 근동의 다른 곳에서는 많은 예가 있을지 몰라도, 이 의식은 시죄법(試罪法, ordeal)이라고 불리는 것으로서 성경에 나오는 유일한 예다.[11] 성경에서는 그 의식의 결과 뒤에 하나님이 계심을 가정하고 있다. 시죄법이 판결을 내리는 문제는 성윤리와 배신 행위보다는 부권과 더 관련이 있다(따라서 남성에 대해서는 동일한 의식이 없다). 이 구절이 낙태 문제와 관련될 수 있는 이유는 모든 실제적인 목적에서 여성이 남편 아닌 다른 사람과 성관계를 맺고 임신한 경우 낙태가 의식의 결과라는 것이다. 그러나 우리는 하나님이 의식의 배후에 계신다는 것과 하나님이 임신을 끝내기로 선택하시는 것과 인간이 그렇게 하는 것 사이에는 차이가 있음을 명심해야 한다. 그래서 다시 한번 강조하건대, 우리는 오늘날 낙태에 대한 논의와 실질적으로 거의 관계가 없는 임신 종료를 논하는 구절을 가지고 있다.

---

10 문자 그대로 번역하면 히브리어는 그녀의 "넓적다리가 떨어질 것이다"라고 표현하지만, "넓적다리"가 남성과 여성의 생식기를 뜻하는 완곡 어법이므로 영어 번역본들은 그것을 올바르게 이해한다.

11 고대 근동의 신성 재판에 대해서는 T. S. Frymer-Kensky, "The Judicial Ordeal in the Ancient Near East," 2 vols.(PhD diss., Yale University, 1977)를 참조하라. 또한 Frymer-Kensky, "The Strange Case of the Suspected Sotah (Numbers V 11-31)," *Vetus Testamentum* 34 (1984): 11-26도 참조하라.

자궁에 속 아기를 언급하는 내러티브 구절

어떤 낙태 반대 옹호자들은 일부 성경 내러티브가 자궁 안에 있는 "아기들"(babies)을 언급하기 때문에, 이것이 적어도 태아가 이미 태어난 아기와 동일한 인격과 생명의 완전한 지위를 가지고 있음을 암시적으로 인정하는 표현이라고 주장하길 원한다. 예를 들어 랜디 알콘은 리브가의 자궁 속에 있는 에서와 야곱에 대해 언급하는 창세기 25:22을 인용한다("The babies jostled each other within her"; 개역개정에서는 "그 아들들이 그의 태 속에서 서로 싸우는지라"). 그는 아들들이 아기들(알콘은 "아들들"을 "babies"로 옮긴 NIV를 인용함—역자주)이라고 불리기 때문에 그 용어의 완전한 의미를 바탕으로 "태어나지 않은 아이들은 '아기들'로 간주된다"고 추론한다.[12] 우리는 이 진술을 두 가지 차원에서 비판할 수 있다. 첫째, 히브리어 본문에서는 "아기들"이 아니라 "아들들"(*habanim*[하바님])이라고 말한다. 물론 이 관찰은 부정확함을 확인해줄 뿐 그의 요점을 훼손하지 않는다. 그러나 창세기 25:22의 문맥을 읽으면 그가 자신의 주장을 펼치기 위해 이 본문을 사용하는 것에 확실히 이의를 제기하고 있음을 알 수 있다. 바로 다음 절에서 하나님은 리브가에게 "두 국민이 네 태중에 있구나. 두 민족이 네 복중에서부터 나누이리라"(창 25:23)고 말씀하신다. 나중에 성경이 분명히 밝히겠지만, 이 말씀은 야곱과 에서가 두 다른 민족(이스라엘과 에돔)의 조상이 될 것이라는 뜻이다. 즉 두 태아는 아이들의 잠재력이자 민족의 잠재력이다. 그런 이유로 그들이 미리 그렇게 불린 것이다. 완전한 인격을 주장하기에 좋은 인용은 아니지만, 이 구절은 이 두 태아가 생명의 잠재력임을 확실히 주장한다.

---

12   Randy Alcorn, *Pro-Life Answers to Pro-Choice Arguments* (Colorado Springs: Multnomah, 2000), 314.

전도자와 사산아

전도서는 삶의 의미를 탐구한 훌륭한 기록이다. 전도서에는 두 명의 화자가 나온다. 그중 한 명은 코헬레트(Qoheleth)라는 히브리어 별명을 갖고 있다. 그는 종종 스승(Teacher, 개역개정은 "전도자"로 옮김, 이하 "전도자"로 표기—역자주)으로 번역된다. 반면 두 번째 화자는 이름이 밝혀지지 않았으나, 프롤로그(1:1-11)와 에필로그(12:8-14)에서 코헬레트의 생각을 소개한다. 에필로그에서 그는 자신의 아들을 위해 코헬레트의 생각을 평가한다.

코헬레트는 하나님의 계시와 별개로 삶의 의미를 발견하려고 노력하면서 우리가 삶에 대한 "해 아래" 관점("under the sun" view)이라고 칭하는 것을 대표한다. 결론은 우울하다. "헛되고 헛되니 모든 것이 헛되도다." 두 번째 지혜자는 아들로 하여금 하나님을 우선시하는 다른 관점을 보게 한다(참조. 12:13-14).

성경적 사고로 보는 태아의 지위에 대한 우리의 논의와 관련된 구절을 살펴보기 전에 우선 이런 역동성(dynamic)을 인정할 필요가 있다. 두 화자의 관계를 이해하면 문제의 진실이 코헬레트가 아닌 두 번째 지혜자에게 있음을 알 수 있다. 우리가 욥의 세 친구의 말을 취해서 그 권고에 따를 수 없듯이 "주께서 이같이 이르시기를"이라고 말하며 코헬레트를 인용해서 그 권고를 받아들일 수는 없다.[13] 우리는 그 사실을 인정하면서도 여전히 코헬레트의 해설에 전도서가 기록될 당시 사람들이 생각이 반영되었다고 생각할 수 있다.[14]

....

13 Tremper Longman III, *The Fear of the Lord Is Wisdom: A Theological Introduction to Wisdom in Israel* (Grand Rapids: Baker, 2017), 26-42을 참조하라.

14 구약 시대 후기에 기록되었을 가능성이 크다. Tremper Longman III, "Determining the Historical Context of Ecclesiastes," in *The Words of the Wise Are Like Goads: Engaging Qohelet in the Twenty-First Century*, ed. Mark J. Boda, Tremper Longman III, and Cristian G. Rata

후기 구약 시대 사람들이 태아의 지위에 대해 어떻게 생각했는지를 알려주는 한 구절이 있다. 이 구절의 맥락에서 코헬레트는 인간이 삶의 의미를 헛되이 찾을 때 처하는 비참한 상태를 한탄하고 있다. 인간의 헛된 삶과는 대조적으로 그는 다음과 같이 선언한다. "나는 이르기를 '낙태된 자가 그보다는 낫다' 하나니 낙태된 자는 헛되이 왔다가 어두운 중에 가매 그의 이름이 어둠에 덮이니 햇빛도 보지 못하고 또 그것을 알지도 못하나 이가 그보다 더 평안함이라"(전 6:3b-5).

다시 말하지만 이 구절은 전도서가 기록될 당시의 사고를 반영한다. 이걸 보면 태아는 의식이(감각이) 없고 정상적으로 출산된 아이와 동일한 지위를 갖고 있지 않다는 생각이 드러난다. 유산은 부모에게 엄청난 충격을 주지만, 코헬레트에 따르면 태아 자체에게는 실질적인 사건이 아니다. 강조하건대 이 구절은 태아가 살아 있지 않다는 생각을 지지하지 않는다(태아는 확실히 살아 있다). 그러나 적어도 코헬레트는 태아가 출생한 아이와 동등한 지위를 갖지 않는다고 본다.

출생 전 생명에 대한 시가서의 참조 구절

낙태를 반대하는 그리스도인들은 태아가 완전한 생명체의 지위를 가진다는 생각을 뒷받침하기 위해 시편과 예레미야서의 구절을 자주 인용한다. 실제로 어떤 사람들은 성경이 남자의 정자가 여자의 난자와 수정하고 접합체(zygote)를 형성한 다음 여자의 자궁벽에 착상하기 전에도 정자의 인간적 지위를 확증한다고 주장하기 위해 다음 구절들을 인용한다.

....
(Winona Lake, IN: Eisenbrauns, 2013), 89-102을 참조하라.

주께서 내 내장을 지으시며 나의 모태에서 나를 만드셨나이다.

내가 주께 감사하옴은 나를 지으심이 심히 기묘하심이라. 주께서 하시는 일이 기이함을

내 영혼이 잘 아나이다.

내가 은밀한 데서 지음을 받고 땅의 깊은 곳에서 기이하게 지음을 받은 때에 나의 형체가 주의 앞에 숨겨지지 못하였나이다.

내 형질이 이루어지기 전에 주의 눈이 보셨으며 나를 위하여 정한 날이 하루도 되기 전에 주의 책에 다 기록이 되었나이다.

하나님이여, 주의 생각이 내게 어찌 그리 보배로우신지요? 그 수가 어찌 그리 많은지요?

내가 세려고 할지라도 그 수가 모래보다 많도소이다. 내가 깰 때에도 여전히 주와 함께 있나이다(시 139:13-18).

시편 139편은 하나님의 전지하심(2-4절)과 편재하심(8-12절)을 이야기한다. 우리의 논의와 관련하여, 시인은 자궁으로 돌아가 자신의 생명에 대한 하나님의 개입을 이야기한다(위에서 인용된 13-18절). 우리는 종종 이 시편의 어조에 경외심이 가득한 것처럼 이해하지만 실제로 시인은 분노한 채로 악인들이 피에 굶주려 있음을 암시하며 하나님께 악인들을 죽여달라고 말한다(19절). 시편 저자는 악인들이 자신을 향해 거짓된 비난을 퍼붓는 상황을 언급하면서 하나님께 자신을 변호해달라고 호소한다(23-24절). 그는 이런 맥락에서 하나님의 전지하심과 편재하심을 인정하고, 그분이 맨 처음부터 심지어 그가 모태에 있을 때부터 자신을 아셨다는 사실에 호소한다. 그는 자신을 향해 제기된 모든 비난에 대해 하나님이 결백을 선언해주실 것이라고 기대한다. 우리가 다루는 주제와 관련하여 시편 저자는 자신이 자궁에

서 잉태될 때 하나님께서 활동하셨음을 믿는다. 하나님은 그를 아셨고, 오늘날 우리가 이차 원인(secondary causes)이라고 부르는 것들을 통해 그를 자궁에서 형성하셨다. 참으로 그의 실제 출생보다 생명에 대한 하나님의 계획이 먼저 있었다. 여기에 시적 과장의 요소가 있을 수도 있고 이 본문이 태아가 완전한 의미에서 과연 인간인지를 말하지는 않지만, 우리로 하여금 성경 저자가 인간의 생명이 육체적 출생보다 앞선다고 여겼을 것이라는 점을 믿게 만든다.

또한 낙태라는 주제와 관련하여, 예레미야는 하나님이 자신을 예언자로 임명하신 순간에 대해 이야기한다. 하나님은 다음과 같이 말씀을 시작하신다.

내가 너를 모태에 짓기 전에 너를 알았고 네가 배에서 나오기 전에 너를 성별하였고 너를 여러 나라의 선지자로 세웠노라(렘 1:5).

수사학적 의도를 위한 과장의 가능성을 인정하더라도 이 구절은 여전히 예레미야의 삶에 대한 하나님의 목적이 그의 출생보다 앞선다는 것을 강하게 보여준다. 또한 태아가 자궁에서 완전한 인간의 지위를 가지고 있는지 여부를 논하기보다는, 시편 139편에서처럼 하나님이 보시기에 태아가 살아 있음을 시사한다.

시편 51:5은 때때로 수정 순간에 생명이 시작된다는 증거 본문으로 인용되지만 실제로 이스라엘 시인들(이 경우 다윗)이 과장해서 말한다는 생각을 뒷받침하기도 한다.

내가 죄악 중에서 출생하였음이여, 어머니가 죄 중에서 나를 잉태하였나이다

(시 51:5).

일단 정자가 난자와 결합한 결과로 생기는 접합체가 죄 많은 인간이라고 믿기 위해서는 아담으로부터 죄의 본성이 "유전"되었다는, 원죄에 대한 다소 경직된(그리고 비성경적인) 개념을 채택해야 한다.[15]

어떤 사람들은 (일단 접합체가 형성되면 그 접합체는 하나님의 형상으로 창조된 완전한 인간이고 또한 명백히 죄인이라는) 그런 견해에 찬성하는 주장을 펴지만,[16] 그들의 행동은 그 문제에 대해 기본적인 모호함과 혼동을 드러낸다. 태아가 만약 수정될 때부터 하나님의 형상으로 창조된 인간이라면, 왜 임신을 인지한 첫 순간부터 아이의 이름을 짓지 않는가? 태아가 유산되면 왜 장례를 치르지 않는가?[17] 유산에 대한 신학적 성찰은 어디에 있는가? 우리는 유산된 아이와 하늘에서 다시 만나기를 기대하는가? 특히 여자의 자궁벽에 착상되기 전부터 접합체에 완전한 인격이 생긴다고 주장하는 사람들은 어떤 신학적 근거를 갖고 그렇게 말하는가?

어떤 경우에는 논쟁의 반대편에서 모호함이나 혼동이 드러나기도 한

---

15 이는 성경이 원죄가 미래의 인류에게 영향을 미친다고 가르친다는 사실(바울이 롬 5:12-20에서 전하는 것처럼)을 부인하는 것이 아니다. 하지만 유전 모델은 "외래적 죄책"(alien guilt)을 인간에게 돌림으로써 자신이 지은 죄가 아닌 죄로 인해 인간이 형벌을 받는 결과를 초래할 것이다. 원죄에 대한 더 자세한 내용은 Tremper Longman III, *Confronting Old Testament Controversies: Pressing Questions about Evolution, Sexuality, History, and Violence* (Grand Rapids: Baker, 2019), 66-73을 참조하라.

16 복음주의자들 가운데서는 Alcorn, *Pro-Life Answers to Pro-Choice Arguments*, 313-16이 그런 견해를 보인다.

17 내 아내와 내가 알고 있듯이 이는 유산으로 인한 정서적인 피해를 최소화하기 위한 것이 아니다. 태아는 잠재된 생명이며, 그 생명의 원치 않는 끝은 큰 정서적인 고통을 가져온다. 이 질문들의 요점은 우리가 일반적으로 자궁 밖에서 발생한 아이의 죽음을 다루는 것과 동일한 방식으로 유산을 취급하지 않는다는 뜻이다.

다. 예를 들어 일부 주(州)에서는 임신한 여자를 살해한 사람을 두 명에 대한 살인으로 기소하는데, 이는 태아를 완전한 인간으로 인식하기 때문인 것으로 보인다.[18]

사실대로 말하자면 우리를 비롯해 심지어 낙태 반대를 강력하게 주장하는 사람들의 행동 중 많은 부분은 태아가 세상 밖으로 나온 아이의 모든 권리를 가진 인간이 아니라 잠재된 생명이라는 생각에서 비롯된다. 이제 (출 21:22의 70인역 인용에서 확인한 것과 같은) 그런 관점은 정자와 난자가 결합한 때로부터 출생 자체까지의 점진적 변화를 인정할 것이다.

태아가 발달될 생명의 잠재력을 가진 존재라는 견해를 취한다고 해서 낙태 찬성으로 이어지는 것은 아니다. 어떤 사람들은 단지 두 가지 견해만 있다고 여기기 때문에 그것이 낙태 찬성 입장으로 이어진다고 믿는다. 로널드 드워킨은 이에 대해 다음과 같이 진술한 바 있다. "한편에서는 인간의 태아가 이미 수정 순간부터 도덕적 주체, 즉 태어나지 않은 아이(unborn child)라고 생각한다. 다른 편에서는 방금 잉태된 태아가 뇌가 아닌 유전 암호의 명령을 받는 세포의 집합체일 뿐이며, 방금 수정된 계란이 닭이 아닌 것처럼 아직 아이가 아니라고 생각한다."[19]

세 번째 견해를 가진 사람들은 생명이란 하나님이 주신 소중하고 신성한 것이기 때문에 생명의 잠재력은 보호받아야 하고 의도적으로 종료되거나 무신경하게 다뤄져서는 안 된다고 주장한다. 결국 현대 발생학(embryology)

---

18 그러나 어떤 사람들은 이것이 낙태를 반대하는 정치인들이 낙태 찬성 입장을 약화시키고 로대(對) 웨이드 판결에 도전하는 방법으로서 조장하는 법적 허구(legal fiction)라고 비난할 것이다. https://www.nytimes.com/interactive/2018/12/28/opinion/abortion-murder-charge.html을 참조하라.

19 Ronald Dworkin, *Life's Dominion: An Argument about Abortion, Euthanasia, and Individual Freedom* (New York: Vintage, 1994), 10.

역시 "비록 자궁에서 나오는 존재가 훨씬 더 완전하게 발달되었을지라도, 태어나지 않은 인간 역시 수정될 때부터 출생 때 자궁에서 나오는 존재와 동일한 존재"임을 보여주었다.[20] 그리고 비그리스도인 철학자인 드워킨도 다음과 같이 말함으로써 이와 의견을 같이한다. "가장 미성숙한 배아를 포함한 모든 인간 피조물은 신적 또는 진화적 창조의 승리다."[21] 그러나 세 번째 견해는 낙태가 살인이라거나 출생 후 사람의 생명을 불법적으로 취하는 행위와 도덕적으로 동등한 것이라는 극단적 수사법에 의문을 제기한다. 성경이 비록 낙태에 대해 직접적으로 이야기하지 않는다 해도, 위의 내용은 낙태와 성경이라는 문제가 과연 성경이 살인을 반대한다고 말하는 것만큼 명백하고 단순한 것인지에 의문을 제기한다.

성경은 낙태가 세상에 태어난 인간이 정당하지 못한 죽음을 당하는 것과 도덕적으로 동등하다는 등식을 지지하지 않는다. 자연적으로 발생한 유산은 비극적이고 슬픈 일이다. 인간에 의해 유발된 유산에 해당하는 낙태는 잠재적인 생명의 종말로서 잘못된 것이고 죄악이다. 그러나 그것을 살인이라고 단언하는 것은 그리 단순하지 않다. 이 구분이 중요한 이유는 낙태가 살인이라고 단언함으로써 낙태 클리닉이나 낙태 의사에 대한 폭력 행위를 정당화할 수 있기 때문이다. 이런 경향이 심화되면 낙태를 선택한 여성을 살인 혐의로 기소(이는 가장 엄격한 낙태 반대 활동가들조차도 옹호하지 않는 것)할 수 있는 가능성이 생긴다.

----

20 John Haldane and Patrick Lee, "Aquinas on Ensoulment, Abortion, and the Value of Human Life," *Philosophy* 78 (2003): 255-78을 인용한 Francis J. Beckwith, "Abortion," in *The Dictionary of Christianity and Science*, ed. Paul Copan et al. (Grand Rapids: Zondervan, 2017), 19.
21 우리 중 진화적 창조론자는 이를 가리켜 "신적 그리고 진화적"이라고 말할 것이다.

다시 말하지만 여기 제시된 어떤 주장도 누군가로 하여금 낙태 찬성 입장을 채택하게끔 유도해서는 안 된다. 낙태 반대 입장은 인간 생명의 신성성을 인정한다. 생명, 심지어 잠재력 있는 생명조차도 보호가 필요하다. (시간이 지남에 따라 잠재된 생명력이 더 완전히 실현될지라도) 태아는 완전한 인간이 아닐 수 있다. 그러나 태아는 어머니의 연장이 아니라 또 다른 잠재된 생명이다. 일부 사람들은 태아가 "어머니의 몸"이고 다른 사람의 것이 아니기 때문에, 그 여성이 원하는 것을 할 수 있다는 생각을 옹호하고 싶어 한다. 그나마 성경에서 낙태에 찬성하는 주장을 찾는다면 자기방어의 개념에 기초하여 어머니의 생명을 구해야 한다는 주장이 유일할 것이다(6장에서 전쟁을 다루면서 자기방어에 관해 논의한 내용을 참조하라, 152-157쪽).

배아가 잠재된 생명이지만 완전한 인간의 생명은 아니라는 견해를 고려할 때, 우리는 배아가 성숙함에 따라 그 잠재력이 점점 더 현실화된다는 점을 확실히 인지해야 한다. 자궁벽에 착상된 수정란은 9개월에 걸쳐 발달한다. 그 발달의 세부 사항은 여기서 다룰 내용이 아니다. 그리고 우리는 시간이 지나고 의료 기술이 발전함에 따라 점점 더 많은 사실을 알게 된다. 즉 내 요지는 잠재적인 인간의 생명을 종결시키는 행위는 도덕적으로 잘못된 일이라는 것이다. 적어도 태아가 자궁벽에 착상하고 발달하기 시작한 후의 어떤 시점에서든 그것은 잘못된 일이다. 드워킨은 이렇게 말했다. "그 시점[잉태의 순간]에는 유전적 개체화가 아직 완전하지 않기 때문에, 약 14일 후 착상될 때까지 독자적인 인간의 발달이 시작되지 않았다고 말할 수 있다. 그러나 착상 이후 태아의 성장이 계속됨에 따라 낙태로 인해 낭비될 자연적 투입량이 꾸준히 커지고 더 중요해진다."[22] 그러나 도덕적 위반의 단계가 존

---

22   Dworkin, *Life's Dominion*, 89.

재한다. 출산 시점이 다가오고 태아가 더 발달할수록 도덕적 위반은 더 커진다. 임신 초기 2주보다 마지막 3개월에 낙태를 시행하는 것이 도덕적으로 더 문제가 있다는 데 대다수 사람들이 동의할 것이다.

그러나 낙태를 유아 살해(완전한 살해)로 취급하는 것은 성경적으로 뒷받침될 수 없으며, 앞서 언급된 바와 같이 가장 극렬한 낙태 반대론자가 (공식적으로 이름이 지어지지 않은) 태아 상태의 아이나 (장례식이나 묘지가 없는) 유산을 생각하는 방식과도 일치하지 않는다.[23] 특히 가톨릭교회에서는 유산된 아이의 내세의 운명에 관한 약간의 신학적 추론이 있었으나, 공식적인 교회의 입장은 없었다.[24]

낙태 반대 단체가 이 문제에 대해 그토록 열광적인 이유 중 하나는 낙태의 동기가 항상은 아니어도 종종 기독교와 다른 종교의 가치에 적대적인 원칙과 관련되기 때문이다. 예를 들어 혼외 성관계, 임신한 여성 및 임신을 가능케 한 남성의 개인적 이익이나 삶의 질 같은 가치가 문제가 된다. 그 누구도 당사자인 여자(또는 그 문제에 있어서 남자)에게 그녀의 몸으로 무엇을 해야 하는지 강요할 수 없다는 개념은 그 몸이 별도의 생명(또는 잠재된 생명)을 포함하고 있다고 생각하는 낙태 반대론자들에겐 가혹하게 여겨진다. 마이클 고먼은 다음과 같이 말한다. "낙태 찬성론자들이 외치는 자유는 그것을

---

23 물론 아주 드문 예외가 있지만 나는 낙태를 반대하는 그리스도인 대다수에 대해 이야기하는 것이다. Dworkin이 지적한 바와 같이(*Life's Dominion*, 94), 태아가 태어난 아이나 성숙한 성인과 마찬가지로 완전한 인간이라는 생각에 기초하여 낙태에 반대하고(그리하여 낙태를 살인으로 생각하고), 그런 다음 동시에 많은 사람들 특히 정치인들이 주장하는 바와 같이 강간이나 근친상간을 통해 임신한 경우 예외적으로 낙태를 허용하는 것은 모순된다.

24 태어나지 않은 아이가 지옥의 변방(연옥)으로 보내진다고 추측하는 사람도 있다. (비록 죽고 나서 천국에 들어가기 전에 죄로부터 정결케 되는 기간이 있다는 제안이 있을지라도) 이 개념은 가톨릭계에서 제2차 바티칸 공의회에 의해 열외로 취급되었다. 반면 우리가 이 문제를 전혀 알 수 없기 때문에 하나님이 자비로우실 것임을 믿어야 한다고 주장하는 사람들도 있다.

향한 책임 있는 그리스도인의 태도가 아니라 세속적인 지식 정보에 기초한 자유 사상(libertinism)을 반영한다. 그리스도인의 자유는 결코 죄에 대한 변명이나 핑계가 될 수 없다. 오히려 그것은 죄의 노예에서 순종의 자유로 옮겨지는 과정이다."[25]

미국의 많은 낙태 반대론자들은 로 대(對) 웨이드 판결을 뒤집는 것을 주요 활동 목표로 삼는다. 낙태가 살인이라고 믿는 사람들은 의지할 다른 수단이 없다. 그러나 미국 법체계의 특성을 보면 그 판결을 뒤집는다고 해서 미국의 낙태 관행을 종식시킬 수 없을 것이다. 만약 미국 대법원에서 헌법이 낙태 금지를 막지 않는다고 해석하면서 로 대(對) 웨이드 판결을 뒤집으면, 구체적인 낙태 정책을 수립하는 것은 개별 주(州) 또는 연방정부의 일이 된다. 많은 주에서 낙태를 허용하기로 결정할 것이다. 그러면 낙태가 허용되지 않은 주에 사는 부유한 여성들은 낙태가 가능한 주로 가서 시술을 받을 것이다. 이동이 재정적으로 부담스러운 사람들은 안전이 보장되지 않은 불법적인 수단으로 낙태를 시도하게 될 것이다. 만약 연방정부가 낙태를 금지한다면 어떤 일이 일어나겠는가? 이 경우에도 부유한 여성은 다른 나라에 가서 시술을 받고 그렇지 않은 여성들은 안전하지 않은 불법 시술을 감행할 것이므로, 결국 낙태는 완전히 사라지지 않을 것이다. 이는 법적 장치를 통해 낙태를 완전히 없애는 일이 실현 가능하지 않다는 사실을 암시한다.

따라서 그리스도인은 생명의 존엄성을 계속 지지하고 그 존엄성을 침해하는 낙태 행위를 반대할 때, 법을 신뢰하지 말고 복음과 순종에 대한 우리의 설득력을 신뢰해야 한다. 그러는 가운데 낙태 시행 건수를 줄이고 그 과정을 안전하게 만드는 것이 지혜로운 처사일지도 모른다.

....

25   Gorman, *Abortion and the Early Church*, 99.

태도와 성향

모든 인간의 생명은 신성하다. 비록 성경은 태아의 지위를 명확히 밝히고 있지 않지만, 태아는 적어도 인간 생명으로 발달할 수 있는 잠재력을 지닌 존재로서 우리의 존중을 받을 만하다.

성경적 원칙들

1. 성경은 낙태 문제에 대해 직접적으로 언급하지 않는다.
2. 낙태 반대론자들이 자주 인용하는 구절들은 다른 해석의 여지가 있으며, 낙태 반대(또는 찬성) 입장을 명확히 지지하지 않는다.
3. 모든 생명은 우리를 창조하신 하나님으로부터 주어진 것이다. 그러므로 신성한 선물이다.
4. 출애굽기 21장은 모호하기는 하지만 우리가 태아를 잠재된 생명으로 여겨야 함을 시사할 가능성이 크다.
5. 태아는 완전한 인간의 생명은 아닐지라도 잠재된 생명이기 때문에 거룩한 선물이자 신성한 것으로 간주되어야 한다.
6. 따라서 특정하고 드문 상황을 제외하고 낙태는 하나님께 대한 죄가 되지만 살인은 아니다.

성찰 및 질문

1. 왜 성경은 낙태에 관해 직접적이고 명확하게 말하지 않는가?
2. 성경은 생명이 언제 시작되는지에 대해 명확하게 밝히는가? 당신의 해석은 어떤 성경 본문을 근거로 하는가? 그 구절들은 명확한가?
3. 태아가 생명으로 발달할 수 있는 잠재력을 지녔다는 점은 낙태에 어떤 윤리적 영향을 미치는가?
4. 무엇이 생명을 소중하게 만드는가?
5. 낙태가 태어난 다음에 사람이 죽는 것과 도덕적으로 동등하다면, 왜 일반적으로 죽은 태아는 매장하지 않는가?
6. 당신은 이 장에서 인용된 구절들의 해석에 동의하지 않는가? 그렇다면 낙태에 대한 당신의 이해와 어떤 차이가 있는가?
7. 낙태에 대한 당신의 견해는 정확히 무엇이며, 당신은 그 견해를 성경적으로 어떻게 정당

화하는가?

8. 당신의 이해를 기초로 할 때, 정부는 낙태에 대해 어떤 입장을 취해야 하는가?

9. 태아가 잠재적 인격체인지 실제 인격체인지 여부와 상관없이, 정부는 태아를 위해 어떤 보호 조치를 마련해야 하는가? 교회는 정부를 설득하기 위해 어떻게 노력해야 하는가?

10. 교회는 입법을 통해 낙태에 대한 견해를 강요해야 하는가? 아니면 사람들이 낙태를 선택하거나 옹호하지 않도록 설득하는 데 집중해야 하는가? 후자의 경우에는 어떤 전략이 효과적이겠는가?

8   형사 사법 제도와 사형

이 책을 집필할 때 당파에 치우쳐 분열된 우리 정부가 형사 사법 제도 개혁에 나서기 시작했다. 이는 오늘날 범죄자들과 그들의 희생자들뿐만 아니라 사회 전체를 위해 중요한 문제다. 미국의 수많은 수감자와 그들의 가족 및 사회 전반에 가해지는 경제적, 개인적 부담을 생각해보면 이 문제의 중요성을 쉽게 이해할 수 있다. 경제적 측면만 보더라도 유죄 선고를 받은 범죄자들을 수감하는 데 수십조 원이 넘는 비용이 들어간다. 개인적 비용과 감정적 비용 역시 만만치 않다.

물론 형사 사법 제도에는 형벌을 부과하고 교도소와 감옥을 유지하는 것 외에도 치안 유지와 법원의 법 집행 등이 포함된다. 우리는 성경의 원칙들을 통해 오늘날의 형사 사법 제도에 관해 무엇을 배울 수 있을까? 특별히 사형 문제를 살펴볼 것이다. 그리스도인들은 성경에 근거하여 사형을 지지해야 하는가? 만약 지지해야 한다면 어떤 조건에서 지지해야 하는가?

구약 시대에 하나님의 백성은 확대 가족의 형태로 시작되었지만 결국 하나의 독립된 민족 국가가 되었다. 아브라함은 그의 후손이 "큰 민족"이 될 것이라는 약속을 받았다(창 12:2). 이들은 이집트에서 탈출하고 모세가 율법을 받았을 때 민족으로 지위가 전환되었다. 다시 살펴볼 예정이지만 율법은 다양한 금지 조항을 위반할 경우 받게 되는 처벌이 무엇인지를 자세히 설명한다(출 21-23장; 민수기에서 신명기에 이르기까지 추가적으로 발견되는 율법이 있다). 시내산에서 주어진 율법, 즉 십계명과 그것을 특정 상황에 적용하는 관련 사례법(47-62쪽)은 모름지기 하나님의 백성이 보여주어야 할 삶의 방식에 대한 하나님의 뜻을 나타내는 첫 계시가 아니다. 그것은 확대 가족에서 민족 국가가 된 하나님의 백성을 위한 법이 공식화된 것이다. 예컨대 우리는 살인을 금하는 것이 모세 시대에 시작된 관습이라고 생각해서는 안 된다. 가인과 아벨의 이야기에서 볼 수 있듯이 살인은 처음부터 금지되었다. 더 나아가 형벌은 홍수 이후의 살인과 연관되어 있다(창 9:5-6에 대한 연구는 아래 내용을 참조하라). 구약 시대가 끝나기 전 바빌로니아가 유다를 무너뜨린 시기에 하나님의 백성이 독립적인 정치적 지위를 상실한 것도 사실이지만, 그럼에도 오늘날의 형사 사법 제도의 문제를 고민하는 데 필요한 어떤 자료가 구약에 있을지도 모른다고 생각하는 이유가 있다. 우리는 그것이 사실임을 확인하게 될 것이다. 하지만 그 문제는 처음 생각했던 것보다는 쉽지 않다.

신약의 배경은 구약의 배경과 매우 다르다. 우선 우리가 앞서 관찰한 바와 같이 하나님의 백성은 단일한 민족 국가와 관련이 없는 영적 실체다. 즉 하나님의 백성은 형사 사법과 관련된 기관을 통제하지 않는다. 하지만 그들은 여전히 민족 국가의 맥락에서 살고 있으므로 그 문제들은 여전히 그들과 관련이 있다.

현재 우리의 상황은 구약보다는 신약의 상황에 더 가깝다. 그리스도인이 모인 교회는 국가 기관과 형사 사법 체제를 통제하지 않으며, 그래서도 안 된다. 그러나 이것은 성경이 말하는 정의의 가치를 위해 그리스도인들이 국가에 영향을 미치려고 해서는 안 된다는 뜻도 아니다. 성경적 정의에는 무고한 사람들이 착취당하지 않고 범죄자들이 과도하게 처벌되어선 안 된다는 것 외에도 범죄자들이 마땅히 받아야 할 형벌을 감수해야 한다는 것 역시 포함된다. 또한 그것은 피해자뿐만 아니라 범죄자도 존엄하게 대우받는다는 의미다. 우리는 사람들이 범죄를 저지를 때 하나님의 형상을 지닌 자로서 그들이 지닌 지위를 상실하지 않는다는 점을 상기해야 한다. 그렇다면 우리는 형사 사법과 관련하여 구약과 신약을 모두 포함한 성경 전체에서 무엇을 배울 수 있는가? 형벌의 문제를 숙고할 때 어떤 원칙들이 여전히 관련성을 갖는가?

구약에서 수집한 내용들

창세기 1장과 2장은 죄와 사망이 있기 전의 시기를 기술하지만, 이와 관련된 형벌을 이야기하는 법이 있다("선악을 알게 하는 나무의 열매는 먹지 말라. 네가 먹는 날에는 반드시 죽으리라"[창 2:17]).[1] 첫 남자와 첫 여자가 그 열매를 먹자, 사망이 하나님의 형상으로 창조된 인간의 경험 속으로 들어왔다(롬 5:12-21). 다른 범죄들이 뒤따른다. 가인은 아벨을 살해하고(창 4:1-17), 라멕은 자신에게 상처를 입힌 사람을 죽였으며(창 4:23), 홍수 세대는 하나님 앞에 부패하고 포악한 행위를 일삼았다(창 6:11). 하나님이 직접 이런 범죄에 대해

---

1   우리는 역사적 사건의 비유적인 묘사라고 믿는 이야기의 수준에서 이를 논하고 있다. Tremper Longman III, *Confronting Old Testament Controversies: Pressing Questions about Evolution, Sexuality, History, and Violence* (Grand Rapids: Baker, 2019), 26-40을 참조하라.

형벌을 내리신다. 가인은 유리하는 자가 되었다(창 4:11-12). 하나님은 폭력을 줄이기 위해 홍수를 보내신다.

하나님은 홍수 이후에 처음으로 인간을 향해 범죄에 대한 형벌을 제정하라고 명하신다. 하나님은 죄 많은 인간의 폭력에 대한 반응으로서 홍수를 보내시고는 자신이 만든 인간 피조물 가운데서 노아와 그의 가족만 보존하신다. 노아는 본질적으로 두 번째 아담으로서, 인류는 물이 빠진 다음 새로운 역사의 장을 시작한다. 따라서 하나님은 노아와 그의 후손뿐만 아니라 피조물 전체와 언약을 맺으신다(창 9:9). 그 언약의 맥락에서 하나님은 계속되는 폭력이 있을 것임을 아시고 노아에게 다음과 같이 지시하신다. "다른 사람의 피를 흘리면 그 사람의 피도 흘릴 것이니 이는 하나님이 자기 형상대로 사람을 지으셨음이니라"(9:6). 하나님은 노아를 향해 인간은 하나님의 형상으로 창조되었기 때문에(73-78쪽에서 하나님의 형상에 대한 논의를 참조하라) 살인자들의 목숨이 빼앗겨야 한다고 말씀하신다.

이 형벌은 종종 **동해복수법**(*lex talionis*, 대략 "동등한 보복의 법칙")이라고 불리는 후대의 성경 원칙에 빗댈 수 있는데, 이 원칙은 많은 비난을 받는다. 그런 비판은 토라에서 그 원칙을 설명할 때 사용된 구체적이고 명확한 표현 때문에 발생한다. **동해복수법**은 특정 율법의 맥락에서 세 번 나타나며, 다른 율법으로도 확장될 수 있는 일반 원칙으로 표현된다. 예를 들어 레위기에 이런 구절이 나온다. "사람이 만일 그의 이웃에게 상해를 입혔으면 그가 행한 대로 그에게 행할 것이니 상처에는 상처로, 눈에는 눈으로, 이에는 이로 갚을지라. 남에게 상해를 입힌 그대로 그에게 그렇게 할 것이며 짐승을 죽인 자는 그것을 물어 줄 것이요 사람을 죽인 자는 죽일지니"(레 24:19-21; 참조. 출 21:24; 신 19:21).

동해복수법을 이해하려면 먼저 그것이 고대의 맥락에서 무엇을 대체하였는지를 파악하고, 적어도 이론상으로 현대 미국의 행형학(行刑學)을 뒷받침하고 있음을 인지해야 한다. **동해복수법**을 적용하기 전에 형벌은 부족 폭력(clan violence)의 문제였다. 성경에 나오는 라멕의 자랑은 이를 잘 표현한다.

> 아다와 씰라여, 내 목소리를 들으라. 라멕의 아내들이여, 내 말을 들으라. 나의 상처로 말미암아 내가 사람을 죽였고 나의 상함으로 말미암아 소년을 죽였도다. 가인을 위하여는 벌이 칠 배일진대 라멕을 위하여는 벌이 칠십칠 배이리로다(창 4:23-24).

요컨대 **동해복수법**은 라멕에 의해 할당된 불균형한 형벌의 유형을 대체한다. 우리는 **동해복수법**이 마치 다른 사람으로부터 눈을 빼낸 누군가의 눈도 빼내려는 것처럼 신체 절단으로 표현되기 때문에 그것을 꺼릴 수도 있다. 그러나 한 가지 예외를 제외하고 신체 절단은 구약의 율법에 의해 지지받지 못했다.[2] 형벌은 그 정도에 있어서 저질러진 범죄와 동등해야 하고 그 정도를 초과해서는 안 된다는 것이 단순한 원칙이다. 그러나 형벌이 정확히 똑같을 필요는 없다.

그럼에도 불구하고 많은 구약의 율법이 사형과 관련된 것처럼 보인다. 특히 부모에게 반기를 드는 자녀에 관한 법은 현대 서구의 청중들이 보기에 극단적이라고 느끼기 쉽다.

> 자기 아버지나 어머니를 치는 자는 반드시 죽일지니라(출 21:15).

---

[2] 한 가지 예외는 신 25:11-12에서 발견된다.

자기의 아버지나 어머니를 저주하는 자는 반드시 죽일지니라(출 21:17).

물론 이 사례들은 "네 부모를 공경하라"(출 20:12)는 제5계명의 구체적인 위반 행위다. 부모를 저주하거나 심지어 부모에게 신체 공격을 가하는 것을 특별히 심각한 행위로 취급하지 않는 미국 문화에서는 이 사례법이 불균형한 형벌을 부과하는 것처럼 보인다. 그러나 우리는 무엇보다도 이 구절이 젊은이 또는 성인이 된 자녀가 일시적으로 표출하는 감정적, 육체적 폭력에 관해 이야기하고 있는 것이 아님을 이해해야 한다. 이런 행위는 폭력을 고발해야 할 위치에 놓이는 부모에게 심각한 위협이 된다.

그러나 성인이 된 자녀가 부모를 향해 심각한 공격을 한 경우에도, 우리는 사형이 위법 행위에 대한 과잉 반응이며 **동해복수법**과 일치하지 않는 것이라고 생각할 수 있다. 그러나 그것은 여기서 사형을 의무적이고 정상적인 결과로 여기는 경우에만 해당된다.

이에 대응하여 우리는 이곳과 다른 법의 사형이 의무 사항이 아니라 가장 극단적인 경우에 대응한 최고 형벌이었다고 판단할 본문상의 좋은 이유를 갖고 있다. 민수기 35장에는 누군가를 우발적으로 사전 계획 없이 죽이는 사람들이 **동해복수법**이 약술하는 종류의 보복을 피하려는 목적으로 몸을 피할 수 있는 도피성에 대한 규정이 포함되어 있다. 그러나 도피성은 소위 계획적인 살인을 저지른 사람들을 위한 안전한 장소가 되어선 안 되었다. 실제로 이 법은 이스라엘의 지도자들에게 다음과 같이 조심스럽게 권고한다. "고의로 살인죄를 범한 살인자는 생명의 속전을 받지 말고 반드시 죽일 것이며 또 도피성에 피한 자는 대제사장이 죽기 전에는 속전을 받고 그의 땅으로 돌아가 거주하게 하지 말 것이니라"(민 35:31-32). 계획적이거나 우발적인 살인은 어떤 경우에도 속전(벌금)으로 해결되지 않는다는 주장은, 다른 경미한 범죄를 저지른 경우에는 속전이 받아들여질 수 있음을 암시한다.

잠언 6장도 사형이 극단적인 형벌이지 일반적인 규범이 아니었음을 보여준다. 잠언은 아버지가 아들에게 전해주는 지혜롭게 사는 방법이다. (지혜는 의, 정의, 미덕과 관련이 있기 때문에[잠 1:3]) 잠언은 가르침은 매우 윤리적이지만, 아버지는 종종 실용적인 이유로 옳은 일을 하라고 아들에게 호소한다.[3] 다음과 같은 이유로 다른 남자의 아내와 동침하지 말라고 가르치는 경우도 마찬가지다.

> 여인과 간음하는 자는 무지한 자라. 이것을 행하는 자는 자기의 영혼을 망하게 하며 상함과 능욕을 받고 부끄러움을 씻을 수 없게 되나니 남편이 투기로 분노하여 원수 갚는 날에 용서하지 아니하고 어떤 보상도 받지 아니하며 많은 선물을 줄지라도 듣지 아니하리라(잠 6:32-35).

간음에 대한 율법에 따르면 남자가 다른 남자의 아내와 동침하면 죽을 것이다(신 22:22-24). 그러나 여기서 우리는 더 적은 금전적 형벌의 (개연성은 아닐지라도) 가능성이 있음을 배운다. 또한 형벌이 재판장과의 협의 끝에 피해자에 의해 결정되는 것이라는 사실을 알게 된다(어떤 사람의 소가 누군가를 두 번째로 받아 죽일 경우 "임자도 죽일 것이며 만일 그에게 속죄금을 부과하면 무릇 그 명령한 것을 생명의 대가로 낼 것이요"[출 21:29-30]라고 명확히 밝힌, 사람을 들이받는 소에 관한 법을 참조하라).

그러나 실제로는 구약의 형사 사법 제도를 슬쩍 살펴본다고 해서 범죄

---

3   지혜, 의, 경건 사이의 연결에 대해서는 Tremper Longman III, *The Fear of the Lord Is Wisdom: A Theological Introduction to Wisdom in Israel* (Grand Rapids: Baker, 2017), 6-25을 참조하라.

와 형벌에 대한 체계적인 설명을 얻을 수 없다. 우리가 구약에서 취할 수 있는 한 가지 분명한 원칙은 **동해복수법**이다. 이 법은 범죄의 정도를 벗어나지 않는 동등한 수준의 형벌이 집행되어야 함을 밝힌다. 그 원칙을 적용하려면 정의를 집행하는 책임을 지닌 사람들의 지혜가 필요하다.

신약에서 수집한 내용들

매우 중요하기 때문에 이 책에서 자주 강조하는 내용을 다시 언급하면서 시작하려고 한다. 신약에서 하나님의 백성은 영적 실체(교회)이지 구약의 이스라엘과 같은 민족 국가가 아니다. 한마디로 교회는 현세적인 형벌이 아니라 영적인 형벌을 부과한다. 그리고 여기에는 교회 내에서의 죄를 다루기 위해 신성하게 제정된 규약이 있다. 예수는 친히 다음과 같이 가르치셨다.

> 네 형제가 죄를 범하거든 가서 너와 그 사람과만 상대하여 권고하라. 만일 들으면 네가 네 형제를 얻은 것이요 만일 듣지 않거든 한두 사람을 데리고 가서 두세 증인의 입으로 말마다 확증하게 하라. 만일 그들의 말도 듣지 않거든 교회에 말하고 교회의 말도 듣지 않거든 이방인과 세리와 같이 여기라. 진실로 너희에게 이르노니 무엇이든지 너희가 땅에서 매면 하늘에서도 매일 것이요 무엇이든지 땅에서 풀면 하늘에서도 풀리리라. 진실로 다시 너희에게 이르노니 너희 중의 두 사람이 땅에서 합심하여 무엇이든지 구하면 하늘에 계신 내 아버지께서 그들을 위하여 이루게 하시리라. 두세 사람이 내 이름으로 모인 곳에는 나도 그들 중에 있느니라(마 18:15-20).

이 시나리오에서는 한 그리스도인이 상대방의 행동을 변화시키려는 희망을 갖고 죄를 짓는 또 다른 사람과 대면한다. 그러나 상대가 변하지 않으면 대면하는 그리스도인은 다른 두세 사람을 증인으로 확보하고 함께 죄인에게로 돌아간다. 이 시점에서 예수가 신명기 19:15을 인용하신 것은 중요하다("사람의 모든 악에 관하여 또한 모든 죄에 관하여는 한 증인으로만 정할 것이 아니요 두 증인의 입으로나 또는 세 증인의 입으로 그 사건을 확정할 것이며"). 증인에 대한 이 구약의 가르침은 계속해서 "악의적인 증인"의 경우에 관해 이야기한다. 만약 거짓말로 증언한 것이 밝혀지면 불리하게 증언한 사람이 마땅히 감당해야 할 형벌을 받아야 했다(신 19:16-21). 법의학 증거(지문, DNA 등)를 분석할 능력이 없던 시절에 증인의 증언은 법적 소송에서 가장 중요했다. 예수가 증인에 관해 구약 법을 인용하셨다는 사실은 그분이 적어도 구약의 어떤 원칙들은 신약 시대에도 여전히 적절하다고 생각하셨음을 보여준다는 의의가 있다.

이 시점에서 우리는 차이점을 인정한다. 그리고 예수는 하나님을 따르는 사람들로 이뤄진 공동체의 상호 작용과 관련하여 증인에 대한 구약의 관행을 인용하고 계신다. 따라서 두세 사람의 증인을 대면한 후에도 그 사람이 여전히 저항한다면 그는 "이방인과 세리"와 같이 취급되어 그에 걸맞은 형벌을 받을 것이다. 즉 그 사람은 하나님을 따르는 사람들의 공동체(나중에 교회가 됨)의 일원으로 받아들여져서는 안 된다.

이 절차는 고린도 교회에서 아버지의 아내와 동침하는(따라서 근친상간 법을 어기는; 레 18:7[어머니와의 성교] 또는 레 18:8[계모와의 성교]) 사람에 관한 바울의 가르침에 의해 설명된다. 이 상황에 대해 아무 조치가 취해지지 않은 것에 화가 난 바울은 고린도 교회의 행동을 촉구한다. 그들은 이 남자를 공동체에서 쫓아내야 한다. 실제로 바울은 강한 언어를 사용해 "주 예수의 이름으로 너희가 내 영과 함께 모여서 우리 주 예수의 능력으로 이런 자를 사탄에게 내주었으니 이는 육신은 멸하고 영은 주 예수의 날에 구원을 받게 하려 함이라"(고전 5:4-5)고 말한다. 여기서 그 행동의 동기가 그 사람을 부끄럽게 하는 것이 아니라 대면한 사람의 이익을 증진하기 위한 것임에 주목해야 한다. 그러나 그는 교회의 순수성을 걱정한다. 바울은 그들에게 "만일 어떤 형제라 일컫는 자가 음행하거나 탐욕을 부리거나 우상숭배를 하거나 모욕하거나 술 취하거나 속여 빼앗거든" 그런 자와 사귀지 말라고 촉구한다 (고전 5:11-12).

실제로 이 특별한 이야기의 결말은 성공적이었을 수도 있다. 그 사람은 분명 자신의 행동을 바꾸었을 것이다. 그래서 바울은 고린도 교회에 다시 편지를 쓸 때 그 사람을 회복시키라고 권면했다. "이러한 사람은 많은 사람에게서 벌 받는 것이 마땅하도다. 그런즉 너희는 차라리 그를 용서하고 위로할 것이니 그가 너무 많은 근심에 잠길까 두려워하노라. 그러므로 너희를 권하노니 사랑을 그들에게 나타내라"(고후 2:6-8).

오늘날 교회들이 공동체 친화적인 태도로 행동하고 바울이 고린도 교회에 보낸 편지에서 설명한 것처럼 성도를 파문시키는 관행을 피하려고 노력하기 때문에 여기 나온 것 같은 바울의 지시를 따르는 교회는 거의 없다. 그런 이유는 아마도 부분적으로는 과거에 교회가 회복에 대한 진정한 관심이나 희망 없이 그 관행을 순수하고 단순한 형벌로 사용하거나 남용했기 때문일 것이다. 그럼에도 불구하고 교회가 죄를 대면하지도 않은 채로 반복적으로 죄를 범하는 사람을 허용한다면, 그에게 진정으로 사랑을 행하는 것인지 의심해야 한다.

그리하여 우리는 바울(그리고 그 이전에는 예수)이 교회 안에서의 정의에 가장 관심을 갖고 있음을 알 수 있다. 바울이 "밖에 있는 사람들을 판단하는 것이야 내게 무슨 상관이 있으리요마는 교회 안에 있는 사람들이야 너희가 판단하지 아니하랴?"(고전 5:12)라고 말하기 때문에, 바울이 교회 내부의 정의와 순수성에만 관심을 가졌다는 인상을 받을 수 있다. 그러나 그것은 우선 순위의 문제이며 또한 (교회 내의 고집스런 죄인들과 교제를 끊어야 하는 것처럼) 외부인과 교제하지 않는 것 역시 잘못된 일이라는 인식이기도 하다. "내가 너희에게 쓴 편지에 '음행하는 자들을 사귀지 말라' 하였거니와 이 말은 '이 세상의 음행하는 자들이나 탐하는 자들이나 속여 빼앗는 자들이나 우상숭배하는 자들을 도무지 사귀지 말라' 하는 것이 아니니 만일 그리하려면 너희가 세상 밖으로 나가야 할 것이라"(고전 5:9-10). 그리고 예수와 바울은 당시 외부 세계에 설득력 있는 영향을 거의 미칠 수 없었다. 그들은 그때 로마 세계 안에서 비방과 박해를 받은 공동체에 속해 있었다.

오늘날 미국의 그리스도인들은 무엇보다도 교회 내의 정의와 순결에 관심을 가져야 하지만, 하나님의 형상을 지닌 자신의 동료를 위해 정의의 발전에도 마음을 두고 목소리를 내야 한다. 과연 그 형상은 어떤 모습인가? 우리는 앞서 간략히 언급한 증인들에 대한 예수의 말씀으로 시작해야 할 것이다. 예수는 신명기 19:16-21에서 자신의 가르침을 이끌어내시면서 형제나 자매를 고발하는 것에 대해 말씀하신다(마 18:15-20). 이 구약 율법은 법적인 상황에서 정의를 추구하는 가운데 진리를 발견하려고 하였다. 정의는 죄를 지은 자에게는 형벌을, 무죄한 자에게는 구원을 가져다준다. 그런 정의는 피고인과 고소인 모두에게 공정한 정책을 추구해야 한다.

많은 구약의 율법은 "네 이웃에 대하여 거짓 증거하지 말라"(출 20:16)는 제9계명으로 시작해서 정의를 추구하고 집행할 때 공정성의 확보를 목적으로 한다. 법정에서 공정성을 확보하고자 하는 시도가 구약의 율법에서도 드물지 않게 발견된다.

너는 거짓된 풍설을 퍼뜨리지 말며 악인과 연합하여 위증하는 증인이 되지 말며 다수를 따라 악을 행하지 말며 송사에 다수를 따라 부당한 증언을 하지 말며 가난한 자의 송사라고 해서 편벽되이 두둔하지 말지니라. 네가 만일 네 원수의 길 잃은 소나 나귀를 보거든 반드시 그 사람에게로 돌릴지며 네가 만일 너를 미워하는 자의 나귀가 짐을 싣고 엎드러짐을 보거든 그것을 버려두지 말고 그것을 도와 그 짐을 부릴지니라. 너는 가난한 자의 송사라고 정의를 굽게 하지 말며 거짓 일을 멀리하며 무죄한 자와 의로운 자를 죽이지 말라. 나는 "악인을 의롭다" 하지 아니하겠노라. 너는 뇌물을 받지 말라. 뇌물은 밝은 자의 눈을 어둡게 하고 의로운 자의 말을 굽게 하느니라. 너는 이방 나그네를 압제하지 말라. 너희가 애굽 땅에서 나그네 되었었은즉 나그네의 사정을 아느니라(출 23:1-9).

다시 말해 우리는 법적 상황에서 진실을 말하는 것에 대한 주장을 본다. 흥미롭게도 율법은 빈자나 외국인 같은 취약한 사람들에게 불리한 편애뿐만 아니라 유리한 편애도 금지한다. 레위기에서도 표현된 바와 같이 정의는 왜곡되어서는 안 된다("너희는 재판할 때에 불의를 행하지 말며 가난한 자의 편을 들지 말며 세력 있는 자라고 두둔하지 말고 공의로 사람을 재판할지며"[레 19:15]).

개인적인 원수에 대한 편견도 금지된다. 죄를 지은 사람은 벌을 받고 무죄한 사람은 면제될 수 있도록 모든 사람은 진실을 추구해야 한다. 신명기는 공정성에 대한 이런 원칙을 구체적으로 형사 사법 제도에 적용한다.

네 하나님 여호와께서 네게 주시는 각 성에서 네 지파를 따라 재판장들과 지도자들을 둘 것이요 그들은 공의로 백성을 재판할 것이니라. 너는 재판을 굽게 하지 말며 사람을 외모로 보지 말며 또 뇌물을 받지 말라. 뇌물은 지혜자의 눈을 어둡게 하고 의인의 말을 굽게 하느니라. 너는 마땅히 공의만을 따르라. 그리하면 네가 살겠고 네 하나님 여호와께서 네게 주시는 땅을 차지하리라(신 16:18-20).

구약의 다른 부분은 율법이 법적 상황에서 진리, 정의, 공정성을 추구하는 것을 지지한다. 한 예로 지혜의 미덕을 명확히 표현하는 잠언이 인용될 수 있다. 지혜는 율법의 가까운 친척이기 때문에 이는 놀랄 일이 아니다.[4] "지혜자의 서른 가지 잠언"(잠 22:17-24:22; 참조. 22:22)의 부록에 추가된 "지혜자의 잠언들" 중 첫 번째 항목은 다음과 같다.

재판할 때에 낯을 보아주는 것이 옳지 못하니라. 악인에게 "네가 옳다" 하는 자는 백성에게 저주를 받을 것이요 국민에게 미움을 받으려니와 오직 그를 견책하는 자는 기쁨을 얻을 것이요 또 좋은 복을 받으리라(잠 24:23-25).

이 언어는 비록 원칙이 비즈니스와 개인적인 거래로 확장될 수 있더라도 이 잠언 말씀의 주요 초점이 법정이라는 점을 나타낸다. 사회가 번영하려면 죄를 지은 사람은 벌을 받아야 하며 함부로 석방되어선 안 된다. 이 법(앞서 인용된 출 23:1-9 참조)과 마찬가지로 뇌물이나 개인의 지위 확대는 그런 정의의 왜곡을 초래하는 한 요인이다.

악인은 사람의 품에서 뇌물을 받고 재판을 굽게 하느니라(잠 17:23; 참조. 28:21).

....

4   Longman, *Fear of the Lord*, 169-72에서 주장된 바와 같이.

전도서는 종종 잠언의 가르침을 논박하는 것으로 잘못 여겨지기도 한다. 그러나 실제로 전도서는 지혜의 한계를 지적하고, 무엇보다도 하나님이 아닌 다른 것에서 삶의 의미나 목적을 찾으려는 노력이 무익함을 강조하고 있다.[5] 전도자는 지혜, 쾌락, 부, 일, 지위에서 삶의 의미를 찾으려고 노력하다가는 결국 모든 것이 무의미함을 깨닫게 될 것이라고 단언한다. 죽음의 불가피성을 인정하는 것 외에도 전도자는 잠언의 현자들이 옹호하는 정의의 유형이 삶, 그중에서도 특히 법정에 없다는 사실로 인해 인생이 허무하다는 사실을 깨닫는다.

> 내 허무한 날을 사는 동안 내가 그 모든 일을 살펴보았더니 자기의 의로움에도 불구하고 멸망하는 의인이 있고 자기의 악행에도 불구하고 장수하는 악인이 있으니(전 7:15).

> 또 내가 해 아래에서 보건대 재판하는 곳 거기에도 악이 있고 정의를 행하는 곳 거기에도 악이 있도다(전 3:16).

따라서 지혜 문학은 형사 사법 제도에서의 공정성과 공평의 미덕을 강조하면서 현실적으로 그것이 부재함을 한탄한다.

법과 지혜에서 발견되는 원칙을 설명하는 내러티브가 구약에서 종종 발견되는데, 대부분 법적 상황에서의 공정성, 정의, 진리의 개념과 관련된다. 실제로 우리는 긍정적이고 부정적인 예를 모두 발견할 수 있다.

----

5   인용된 특정 구절들뿐만 아니라 전도서에 대한 자세한 논의는 Tremper Longman III, *Ecclesiastes*, New International Commentary on the Old Testament(Grand Rapids: Eerdmans, 1998)를 참조하라.

열왕기는 솔로몬이 통치 기간 전반부에 하나님께 다스리는 지혜를 구하던 모습에 집중하여 그를 지혜롭고 공정하고 의로운 왕의 전형으로 제시한다(왕상 3:1-15). 하나님이 솔로몬에게 지혜를 주신 후 그것을 적용한 바로 첫 번째 예가 두 창기에게 내려진 법정 판결이다. 두 사람은 한 아기를 놓고 싸웠다. 둘 다 각자 사흘 전 출산했는데 그중 한 명의 아기가 죽었다. 한 여인은 다른 여인이 밤에 자신의 아이를 훔쳐 가서는 그 아기가 자기 아들이라고 주장한다며 상대방을 고소했다. 놀랍게도 솔로몬은 아기를 둘로 쪼개어 각 여인에게 반씩 나누어주겠다고 선언했다. 아기를 갖고 있던 여인은 동의한 반면, 친모는 차라리 자신의 요구를 포기하겠다고 소리침으로써 자신이 친모임을 드러냈다. 여기서 솔로몬은 사회 최하층으로 여겨진 사람들과 관련된 소송에서도 어떻게 진실을 찾아낼 수 있는지에 대한 통찰력을 보여준다. 서술자는 다음과 같이 결론짓는다. "온 이스라엘이 왕이 심리하여 판결함을 듣고 왕을 두려워하였으니 이는 하나님의 지혜가 그의 속에 있어 판결함을 봄이더라"(왕상 3:28).

반례는 아합 왕의 이야기에서 발견된다. 열왕기의 서술자는 상당한 양의 지면을 아합의 이야기에 할애한다. 열왕기는 포로기 때 최종 편집되었는데, 그 주된 목적은 당시 청중의 질문에 답하는 것이었다. "왜 우리는 포로 생활을 하는가? 우리가 무엇을 했기에 이런 일을 당하는가?" 그에 대한 답은 북왕국과 남왕국 모두의 죄를 나열하는 형식으로 나오며, 아합은 북왕국 통치자들의 죄를 대표하는, 최고로 문제가 많은 인물이다. 서술자는 아합을 오므리의 후계자로서 다음과 같이 행한 자로 소개한다. "오므리의 아들 아합이 그의 이전의 모든 사람보다 여호와 보시기에 악을 더욱 행하여 느밧의 아들 여로보암의 죄를 따라 행하는 것을 오히려 가볍게 여기며[6] 시돈 사람의 왕 엣바알의 딸 이세벨을 아내로 삼고 가서 바알을 섬겨 예배하고"(왕상 16:30-31). 하나님은 이에 대응하여 그와 대결할 사람으로 예언자 엘리야를 임명하셨다.

아합과 이세벨의 많은 죄 가운데 형사 사법 규범을 위반한 것이 있는데, 바로 나봇의 포도원 이야기(왕상 21장)에 그 예가 나온다. 아합은 왕궁에 인접한 나봇의 포도원을 사고 싶었지만 나봇은 그 땅을 팔 생각이 전혀 없었다. 그로 인해 아합은 시무룩해졌고 아버지의 궁정에서 자란 그의 아내 이세벨은 왕권에 대해 다른 견해를 가지고 있었다. 그녀는 상스러운 증인 두 명을 매수하여 나봇을 중범죄로 고발하게 함으로써 그에게 누명을 씌웠다. 나봇이 처형된 후 아합은 포도원을 차지했지만 하나님의 심판을 받게 된다. 아합의 (아마도 간략한) 회개로 인해 심판이 지연되었지만 그의 행동을 보면 그의 왕조에 재앙이 닥칠 것을 예상할 수 있다. 이 이야기에서 엘리야는 신에 의해 왕의 양심으로 임명된 예언자의 좋은 예다. 이스라엘이 율법을 어길 때 하나님은 그들을 율법으로 다시 안내할 예언자들을 임명하신다. 실제로 현대 서구의 정의 옹호자들이 예언자들에 대해 적절하게 호소할 때 그들은 예언자들이 불의에 대한 비난의 근거를 구약 율법에 둔다는 점을 놓치고 있다. 그들은 언약의 변호사라고 말할 수 있다. 이스라엘이 (언약에 내포된) 율법에서 벗어날 때 예언자들은 가장 먼저 그들의 우상숭배를 비난했다. 또한 이스라엘이 첫 두 계명을 위반한 것을 가장 심각하게 보았다. 이어서 정의를 집행하면서 진리, 공정성을 보존하라는 계명 및 다른 명령을 어긴 것에 대해

---

6   이 진술은 그가 신명기의 중앙집중화법을 위반하여 여로보암이 벧엘과 단에 세운 불법 제단을 허용했다는 사실을 가리킨다(왕상 12:25-13:34; 신 12장).

하나님의 백성을 책망한다.

8세기의 예언자 아모스는 가장 적절한 예를 보여준다. 아모스는 잔혹한 행위를 저지른 주변 나라에 대한 하나님의 심판을 선포하고 나서(암 1:1- 2:3) 유다의 범죄로 주의를 돌린 다음(2:4-5) 북왕국 이스라엘을 언급한 것(2:6에서 시작)으로 유명하다. 5장에서 아모스는 북왕국이 회개하지 않으면 멸망이 닥칠 것이라고 전하며 한탄한다. 많은 고발이 이뤄지는 가운데 하나님은 예언자 아모스를 통해 부패한 법정의 정의를 지적하신다.

> 정의를 쓴 쑥으로 바꾸며 공의를 땅에 던지는 자들아, 묘성과 삼성을 만드시며 사망의 그늘을 아침으로 바꾸시고 낮을 어두운 밤으로 바꾸시며 바닷물을 불러 지면에 쏟으시는 이를 찾으라. 그의 이름은 여호와시니라. 그가 강한 자에게 갑자기 패망이 이르게 하신즉 그 패망이 산성에 미치느니라. 무리가 성문에서 책망하는 자를 미워하며 정직히 말하는 자를 싫어하는도다(암 5:7-10).

이를 요약하면 법, 내러티브, 지혜, 예언은 모두 형사 사법 제도의 정의와 공정성을 위해 진리를 추구한 다음 죄인에게 적절한 형벌을 적용하는 편견 없고 공정한 의사 결정자가 필요했다는 사상을 표현한다. 구약과 신약에 걸쳐 계속 등장하는 이 원칙들은 오늘날 형사 사법 제도의 이상이 되어야 한다. 그리고 지혜로운 방법으로 끊임없는 정밀한 조사와 개혁이 이뤄지는 가운데 적용되어야 한다. 집행, 판결, 형벌 제도 시스템 등 그 어떤 분야든 간에 형사 사법 제도에서 발견되는 공정성 위반 사례는 그 율법에 따라 처리되어야 한다. 어쨌든 형사 사법 제도와 관련된 업무를 수행하는 사람들은 업무의 민감한 성격을 고려하여 다른 사람들보다 더 높은 수준의 진실성, 공정성, 정의를 추구하고 그에 따라 평가받아야 한다.

응보적 정의 vs. 회복적 정의

현대 미국 형벌 제도에서 범죄자를 처벌하는 것이 정의의 목적이라는 점을 생각해보면, 정의는 주로 응보적(retributive)이라고 할 수 있다. 수감은 이 제도에서 중요한 역할을 한다. 어떤 사람이 누군가를 상대로 범죄를 저지르면 그 영향이 피해를 입은 개인을 넘어 사회 전반으로 확대되는 것은 사실이다. 따라서 중요한 의미에서 범죄에 대한 기소를 단지 범죄자와 피해자 사이의 문제로 보지 않는 것이 적절하다. 국가가 기소하면, 일반적으로 벌금은 피해자가 아닌 국가를 상대로 지불된다. 종종 유죄 판결을 받은 범죄자는 감옥에 가기도 한다.

(세속의 사람들뿐만 아니라) 일부 그리스도인은 형사 사건을 검토하는 데 처벌 자체보다 회복이 궁극적인 목표가 되는 새로운 패러다임을 도입해야 한다고 요구한다.[7] 이 새로운 패러다임을 옹호하는 사람들은 형사 사법 제도가 궁극적으로 범죄자와 피해자 및 더 넓은 공동체 사이의 관계 회복을 지향해야 한다는 견해를 지지한다. 한 저자는 **회복적 정의**(restorative justice)라는 용어를 만들고 그것을 "해(害), 필요 및 의무를 집합적으로 식별하고 해결하여 가능한 한 상황을 치유하고 바로잡기 위해 특정 범죄에 대해 이해관계가 있는 사람들을 최대한 참여시키는 과정"이라고 정의하는 하워드 제어(Howard Zehr)의 말을 인용한다.[8] 따라서 회복적 정의를 지지하는 사람들은

---

7   Trudy D. Conway, David Matzko McCarthy, and Vicki Schieber, eds., *Redemption and Restoration: A Catholic Perspective on Restorative Justice*(Collegeville, MN: Liturgical, 2017)에 수록된 논문 모음을 참조하라.

8   Howard Zehr, *Changing Lenses: A New Focus for Crime and Justice* (Scottdale, PA: Herald, 1990), W. J. Collinge, "Catholic Social Thought," in Conway, McCarthy, and Schieber, *Redemption and Restoration*, 121에 인용됨.

피해자들이 단순히 고발하고 증언하는 데 그치지 않고 더 큰 역할을 해야 한다고 믿는다. 그들은 또한 범죄자들이 스스로 야기한 해악을 인정하고 사회에 다시 통합되는 것이야말로 범죄자들에 대한 희망이라고 믿는다.

그들은 이 점에 있어서 감옥 시스템의 유용성에 의문을 제기한다. 한 저자는 구약이 범죄에 대한 형벌로서의 투옥을 이야기하지 않는다고 주장한다.[9] 하지만 교도소에 대한 회복적 정의 운동의 의향이 찰스 설리반(Charles Sullivan)에 의해 포착된다. 그는 다음과 같이 말한다. "교도소는 절대적으로 투옥되어야 하는 사람들을 위해서만 사용되어야 하며…투옥되는 사람들은 삶을 회복하는 데 필요한 모든 자원을 가져야 한다."[10]

회복적 정의 노선을 따르는 사람들이 제기한 문제는 그들이 제시한 훌륭한 목표 중 과연 얼마가 현 형사 사법 제도의 개선을 위해 시행될 수 있는지의 측면에서 논의할 가치가 있다. 그렇기는 하지만 나는 응보적 형벌 제도가 잠재적으로 회복적인 성격을 띠는 한 성경이 응보적 형벌 제도를 지지할 것이라고 믿는다. 적용되어야 하는 원칙은 다음 질문에 답해야 한다. **"형벌이 범죄에 상응하는가?" 동해복수법**이 문자적으로 강요되어서는 안 된다는 것은(앞의 내용 참조) 수감 기간이 범죄의 심각성에 상응하는 만큼(판사의 지혜에 의해 결정됨) 적절하게 부과되더라도, 회복이라는 관점이 고려되어야 한다는 뜻이다. 물론 피해자가 범죄자와 만나고 싶어 한다면 허용해야 한다. 그런 다음 설리반이 지적한 것처럼 교육 기회 등이 포함된 회복과 재활을 위

---

9 Richard Buck, "Scripture—Old Testament," in Conway, McCarthy, and Schieber, *Redemption and Restoration*, 5장을 참조하라. 그는 도피성을 다루고 있지만, 그것이 우발적이거나 부주의한 살인과 같은 일을 저지른 사람들에게 실제로 감옥처럼 기능했다는 점을 인식하지 못하는 것 같다. 왜냐하면 도피성의 명시된 목적이 가족 구성원의 복수로부터 그들을 보호하는 것이었기 때문이다.

10 그의 진술은 Collinge, "Catholic Social Thought," 122에서 발견된다.

한 자원이 우리의 교도소에 있어야 한다. 많은 교도소에 그런 기회가 있지만, 우리는 처벌하려는 욕망이 회복을 위해 노력해야 하는 책임을 압도하지 않도록 주의해야 한다. 즉 우리는 지속적으로 수감자들의 존엄성에 신경을 써야 한다.

사형은 어떤가?

우리는 구약의 율법이 종종 다양한 범죄와 함께 사형을 언급하고 있음을 관찰했다. 출애굽기 20:22-23:19에 있는 소위 언약 법전(Covenant Code)의 사례법을 살펴보면, 사형이 계획적인 살인(21:13-14), 부모 폭행(21:15), 저주(21:17), 납치(21:16), 어떤 사람의 소가 두 번째 들이받는 것(21:29)을 포함한 다양한 법과 관련되어 있음을 확인할 수 있다. 토라에 수록된 다른 법전들은 기타 범죄와 관련된 사형에 대해 말한다. 또한 우리는 계획적인 살인을 제외한 모든 경우에 사형이 의무적인 형벌이 아닌 최고 형벌이라고 주장한 바 있다. 이에 더해 신약이 하나님의 공동체가 더 이상 정치적 실체(이스라엘)가 아닌 영적 실체(교회)인 새로운 상황을 제시한다고 제안했다. 그리고 그런 이유로 범죄에 대한 형벌이 적어도 교회의 순수성을 위해 계속적으로 시행되는 물리적인 형벌이 될 것이라고 추정해서는 안 된다. 또한 비록 우리가 현대 사회에 여전히 적절하고 계몽적인 원칙들, 특히 법정과 더 넓은 형사 사법 제도에서의 평등, 공정성 및 정의의 원칙들이 있다고 제안했을지라도, 오늘날에는 이스라엘과 같은 정치적 실체가 더 이상 존재하지 않기 때문에 이스라엘의 형법과 관련된 형벌이 현대 법전의 구성에 적절하다고 가정해서는 안 된다. 연속성과 불연속성 문제에 대한 또 다른 사고방식은 토라의 율법이 세상 모든 나라나 민족이 아니라 이스라엘과 맺은 모세 언약 안에서 발견된다는 사실을 설명한다.

　이는 이스라엘 밖에 있는 사람들이 이스라엘과 동일한 도덕 원칙에 의해 심판받지 않는다는 의미가 아니다. 우리가 해야 할 일은 하나님이 예언자 아모스의 중개를 통해 주변 나라들에 대해 행하신 고발을 살펴보는 것이다(암 1-2장). 그러나 그것은 우리가 구약의 율법과 거기에 나온 형벌 전체가 특히 그리스도께서 오신 이후에 이스라엘 밖의 나라들에 적용될 것이라고 기대할 수 없음을 의미한다. 가령 우리가 앞서 근친상간과 관련된 문제를 살펴봤듯이 바울은 구약에 따라 사형을 요구하지 않고 파문을 요구한다. 예수 자신은 간음하다가 잡힌 여자에게 그저 "가서 다시는 죄를 범하지 말라"(요 8:11)고 말씀하신다.[11]

　그러나 계획적인 살인의 경우는 어떠한가? 우리는 이 범죄가 더 가벼운 형벌의 가능성에서 면제된 유일한 범죄였다는 점에 주목했다(민 35:31). 또한 계획적인 살인에 대한 사형이 모세 시대에 처음으로 정해진 것이 아니라 훨씬 더 이른 노아 시대에 하나님께서 홍수를 내리신 다음 언약을 세우셨을 때 제정되었다는 사실에도 주목해야 한다.

　홍수 이전에 예상되었던 바와 같이(창 6:18), 홍수로 불어난 물이 빠졌을 때 하나님은 노아와 언약을 맺으셨다. 노아는 어떤 의미에서 새로운 아담이며, 홍수 이후의 시대는 초기화된 인류와 같다. 따라서 우리는 창세기 9장에서 창세기 1장과 2장의 반향을 많이 듣는다. 하나님은 아담과 하와를 축복하셨던 것처럼(1:28) 노아와 그의 아들들을 축복하신다(9:1). 하나님은 노아

11　이 이야기는 원래 복음서의 일부가 아닐 수도 있으나, 예수에 관한 초기 전통으로서 아마도 실제 사건을 반영할 것이다.

에게 "생육하고 번성하여 땅에 충만하라"(9:1)고 말씀하신다. 이는 아담과 하와에게 주어진 명령(1:28)을 상기시킨다. 또한 하나님의 형상을 언급하는 언어(1:26-27)의 반향이 있는데, 이는 노아 시대의 타락 이후의 상황을 고려하고 살인에 대한 사형의 문제를 논하는 방식으로 되어 있다.

> 다른 사람의 피를 흘리면 그 사람의 피도 흘릴 것이니 이는 하나님이 자기 형상대로 사람을 지으셨음이니라(창 9:6).

여기에 **동해복수법**이 있다. 누군가 인간의 생명을 빼앗아갔다면, 결과적으로 그들의 생명이 빼앗길 것이다. 따라서 계획적인 살인의 결과로서의 사형이라는 개념은 인간의 존엄성에 기초한다. 확실히 인간은 이 결정을 내릴 수 없지만, 성경 본문은 하나님의 형상으로 지어진 누군가를 죽임으로써 그분의 사역뿐만 아니라 인간성을 그렇게 해치는 사람을 처형하는 것을 허용하는 분으로서의 하나님을 그린다.

이런 맥락에서 우리는 하나님과 이스라엘 사이의 언약으로서 기술된 모세 언약과의 차이점에 주목해야 한다. 노아 언약은 (새 아담을) 뒤따르는 모든 인간의 조상으로서 제시되는 노아뿐만 아니라 모든 피조물과도 맺어진 언약이다.

> 내가 내 언약을 너희와 너희 후손과 너희와 함께 한 모든 생물 곧 너희와 함께 한 새와 가축과 땅의 모든 생물에게 세우리니 방주에서 나온 모든 것 곧 땅의 모든 짐승에게니라. 내가 너희와 언약을 세우리니(창 9:9-11a).

이런 식으로 계획적인 살인으로 인한 사형이 하나님의 형상과 노아 언약의 지속적인 관련성에 대한 성경의 가르침에 근거한다고 주장할 수 있다. 따라서 사형은 일관된 생명 존중(pro-life) 입장의 일부로 볼 수 있다.[12]

그러나 성경이 계획적인 살인에 대해 사형을 요구하고 있다고 제안한 지금, 우리는 현재 특정 문화에서 사형이 집행되는 것을 두고 여전히 의문을 제기할 수 있다. 오늘날 사형 집행을 주저하게 만드는 두 가지 논거는 이렇다.

첫째, 우리는 **동해복수법** 개념에 호소하여 오늘날 사형 선고의 대안이 있다고 제안할 수 있다. **동해복수법**의 측면에서 볼 때 후기의 모세 율법은 "눈에는 눈"이라는 언어로 표현되지만 그런 문자 그대로의 동등한 형벌을 실제로 입법화하지는 않는다. 우리가 볼 수 있는 한, 구약의 이스라엘에는 발달된 수감 제도가 없었다. 당시 수감 생활이란 개념은 오늘날 21세기 미국에서처럼 선택 사항이 아니었다. 중요한 점은 처형에 대한 엄한 대체 형벌이 노아 언약에서 선포된 성경 원칙을 훼손하지 않을 것이라고 생각할 이유들이 있다는 것이다.

둘째, 우리로 하여금 유죄 선고를 받은 살인범의 처형을 주저하게 하는 현재 제도의 공정성에 대한 우려를 표현할 수 있다. 살인범의 처형은 되돌릴 수 없는 과정이다. 연구에 따르면 가난한 (흑인) 피고인들은 부유한 (백인) 피고인에 비해 살인에 대한 유죄 판결과 사형을 피할 가능성이 상당히 낮다. 또한 살인죄로 유죄 판결을 받았다가 나중에 나온 새로운 증거로 인해 무죄로 판명되는 사람들도 많다.[13] 물론 구약 시대에도 잘못된 유죄 판결이 있었다

---

12 이는 지속적으로 생명 존중 입장을 취하려면 낙태, 사형, 전쟁에 반대해야 한다는 개념에 도전하기 위해 의도적으로 만들어진 발언이다.

13 Richard Celeste et al., "Jerry Brown, Save the 740 People on Your Death Row," *New York Times*, December 13, 2018, https://deathpenalty.org /press/press-room/jerry-brown-save-740-people-death-row/.

는 데는 의심의 여지가 없다. 그러나 엄한 대체 형벌의 가능성이 있는 오늘날, 계획적인 살인 사건에 사형을 적용하려 한다면 이 점을 고려해야 한다.

계획적인 살인 사건에 대한 사형을 다룬 성경 본문에 관한 우리의 연구는 최종적으로 두 가지 결론에 이르게 된다. 첫째, 계획적인 살인을 저지른 사람들을 처형하는 것에 대해 긍정적인 성경적 사례가 만들어질 수 있다. 둘째, 성경은 이 경우에 사형을 요구하지 않으며, 다른 엄한 형벌이 부과될 수 있다.

태도와 성향

하나님의 백성은 형사 사법 제도(치안 유지 활동에서 판결에 이르기까지 모든 면에서)의 공정성과 정의에 대해 적극적인 관심을 보여야 한다.

성경적 원칙들

1. 하나님은 정의와 공정의 하나님이시다.
2. 형사 사법 제도는 정의와 공정성을 특징으로 삼아야 한다.
3. 형벌은 범죄에 비례해야 한다(동해복수법).
4. 계획적인 살인 사건이라 할지라도 범죄에 상응하는 형벌을 결정하는 데 지혜가 필요하다.
5. 교회는 우선적으로 그 자체의 순수성에 관심을 가져야 하며, 또한 모든 사람이 형사 사법 제도 안에서 평등하고 공정한 대우를 받을 수 있도록 관심을 가져야 한다.

성찰 및 질문

1. 성경이 말하는 정의란 무엇인가? 당신의 견해는 성경의 견해와 일치하는가? 그 이유는 무엇인가?
2. 동해복수법(*lex talionis*)은 무엇을 의미하는가? 성경이 그것을 가르치는가? 어떻게 가르치는가? 당신은 동해복수법이 공정성과 정의를 강화한다고 생각하는가?
3. 성경은 사형을 허용하는가? 성경을 통해 당신의 대답을 뒷받침할 수 있는가? 당신은 미

국이 사형을 허용해야 한다고 생각하는가? 어떤 범죄에 대해 허용해야 하는가?

4. 왜 오늘날 대부분의 교회는 완강하고 회개하지 않는 죄인과 같은 교인을 파문하지 않는 가? 교회는 그들을 파문해야 하는가?

5. "회복적 정의"에 대해 어떻게 생각하는가? 그것은 성경적인가?

9   이민

내가 이 책을 쓰는 동안 이민은 교회뿐만 아니라 미국에서도 가장 분열을 일으키는 문제 중 하나였다. 한편으로 일부 정치인과 교회 및 다른 분야의 지도자들은 이미 입국한 수백만 명의 미등록 이민자(undocumented immigrant)에 대한 강경한 정책과 이들의 입국을 막기 위한 국경 강화를 요구하고 있다. 이에 더해 물리적인 장벽의 건설을 요구하고 이미 불법으로 입국한 사람들을 사면하지 말라고 요구한다. 다른 한편 장벽을 쌓기보다는 이미 이 나라에 머무르는 사람들을 위해 "시민권을 취득할 수 있는 길"을 모색하는 사람들이 교회 안팎으로 많이 존재한다. 이들이 전부 국경 경비에 반대하는 것은 아니지만, 박해나 경제적인 필요로 인해 미국 이민을 원하는 사람들을 상대적으로 더 환영하는 태도를 보인다.

교회와 그리스도인들은 이 문제에 관해 어떻게 생각하고 행동해야 하는가? 어떤 사람들은 입국하려는 외국인을 저지하고 이미 들어와 있는 비시민권자들을 추방하기 위한 싸움에 합류하는 반면, 또 어떤 사람들은 체포되고 추방될 위험에 처한 미등록 이민자들을 위한 피난처를 지원하고(아래 성역 도시와 교회에 대한 섹션 참고) 궁핍한 사람들의 입국을 차단하려는 움직임을 비난한다. 과연 성경은 이토록 성가시고 논쟁적인 문제에 대해 우리에게 도움을 주는가? 이 책에서 다루는 다른 문제들과 마찬가지로 성경은 우리에게 특정한 정책을 제시하기보다는 이 감정적이고 당혹스러운 문제를 다룰 때 그리스도인들이 염두에 두어야 할 중요한 원칙들을 제공한다.

이민 문제와 관련된 용어들

이민자(immigrant)에 해당하는 일련의 히브리어 단어들이 구약에 등장한다. 우리는 "토샤브"(*toshab*), "네케르"(*neker*), "자르"(*zar*)와 같은 관련 용어에 대한 간략한 설명과 함께 이 중 가장 관련이 있는 용어로 논의에서 자주 인용되는 "게르"(*ger*, 복수형 *gerim*[게림])에 초점을 맞출 것이다.

따라서 우리는 "게르"(*ger*)의 의미를 자세히 살펴볼 것이다. 일반적으로 사람들은 "게르"가 "방황하다"를 의미하는 동사 어근 *gwr*에서 파생된 명사라는 사실에 동의한다. 따라서 이 단어는 땅을 소유하지 않은 사람을 가리키는 것으로 보인다. 즉 "게림"(*gerim*)은 그들이 살고 있는 땅의 통상적인 사회구조의 일부가 아니다. 그들은 가족, 부족, 민족에 통합되지 않는다. "게르"라는 용어는 가끔 "본토 태생의 사람"이라는 뜻의 "에즈라흐"(*'ezrah*)와 대조적으로 사용된다. "게림"은 분명히 외부인이다. 하지만 고대의 맥락과 현대 범주에 대한 관계에서 그들의 지위는 정확히 무엇인가?

최근 마크 글랜빌은 적어도 신명기에서 "게림"이 항상 또는 일반적으로 이스라엘 땅에 거주하는 외국인들을 지칭하는 것이 아니며 매우 자주 어

떤 이유로 인해 통상적인 사회 질서에서 추방된 이스라엘 사람들을 지칭한
다고 주장하였다.[1] 그는 자신의 견해를 요약하는 논문에서 다음과 같이 말
한다. "'게르'라는 용어는 핵심 가족 밖의 취약한 사람을 나타낸다."[2] 그럴
수도 있지만 "게르"에 의해 명시된 범주에는 이스라엘 한가운데 살고 있는
외국인도 포함된다(그리고 글랜빌은 그 가능성을 허용한다).[3] (적어도 신명기 밖에
서) "게르"에 그런 의미가 포함될 수 있다는 것은 아브라함(창 23:4)이 가나
안 땅에서 "게르"로 간주되었던 족장 이야기를 통해 확인할 수 있다. 또한
이스라엘 백성 역시 이집트 땅에 살았을 때 "게림"으로 간주되었다(창 15:13
에서 예견됨). 우리가 보게 되겠지만 이집트에서의 이 경험은 나중에 이스라
엘이 그들 가운데 살고 있는 "게르"를 지원해야 한다는 부르심의 기초가 될
것이다. 그렇지만 "게르"가 이스라엘에서 영구히 정착하려고 애쓰는 외국
인이란 의미에서 항상 "이민자"라고 번역되어야 하는 것은 아니라고 본 글
랜빌이 옳을 수 있다. 그는 이 용어가 이스라엘(그리고 유다)의 통상적인 혈연
구조에 통합되지 않는 모든 사람을 가리킨다고 제안한다. 예를 들어 이 용어
는 아시리아의 침공 이후 남쪽으로 도망간 북이스라엘인이나 기원전 701년
산헤립의 침공으로 가족이 붕괴된 유다인을 가리킬 수 있다.[4] 그는 "게르"에

---

1   Mark R. Glanville, *Adopting the Stranger as Kindred in Deuteronomy* (Atlanta: SBL Press, 2018).

2   Mark R. Glanville, "The Ger (Stranger) in Deuteronomy: Family for the Displaced," *Journal of Biblical Literature* 137 (2018): 599.

3   Glanville, "*Ger* (Stranger) in Deuteronomy," 603: "그것[*ger*]에는 또한 비유대/비이스라엘인 이었던 사람들이 포함될 것이다."

4   Glanville은 현대의 많은 성서학자와 함께 신명기가 모세 시대의 책이 아닌 후기 책이라고 믿는다. 그는 또한 현재의 신명기가 오랜 시간에 걸쳐 지어졌기 때문에 "게르"가 토라의 다른 부분들과 비교할 때 신명기에서 독특한 의미를 가질 수 있을 뿐만 아니라 신명기의 다른 부분들이 각기 다른 사회적, 역사적 배경에서 비롯되어 서로 구별되는 뉘앙스를 가질 수 있다고 믿는다. 나는 신명기 저작에 대한 Glanville의 이해를 공유하지 않는다(물론 그렇다고 해서 나

대해 "본거지를 잃은 낯선 사람"(displaced stranger)이라는 번역을 제공한다. 하지만 그런 번역도 이스라엘에 있는 외국인 이민자를 수용할 수 있다. 따라서 비록 글랜빌이 옳다 할지라도 우리는 "게림"에 대해 이야기하는 구절들은 외국인 이민자들을 포함해야 하며 이민자들의 본질, 권리, 책임에 대한 구약의 이해와 관련이 있는 것으로 간주되어야 한다고 결론짓는다.

그렇기는 하지만 "게르"에 관한 성경의 가르침이 우리의 현대 상황과 구체적으로 관련성이 있는지 결정하기 전에 다뤄야 할 추가 질문이 있다. "게르"가 오늘날 우리가 등록(합법) 이민자나 미등록(불법) 이민자라고 부르는 것에 속하는가?[5] 일단은 "게르"에 대한 성경 자료를 제시한 후에야 이 질문에 대해 정확한 답을 내릴 것이며, 지금으로서는 단순히 "이민자"라는 단어를 사용할 것이다. 이 질문을 다시 살펴볼 때 이스라엘에 있는 외국인들을 지칭하는 데 사용되는 히브리어 용어들도 검토할 것이다.

다음 조사에서 나는 전부는 아니어도 (구약에서 90회 이상 나타나는) "게르"에 대해 말하는 대표적인 구절들을 선택하려고 한다. 계속해서 NIV 번역을 인용하는데, 여기서는 "게르"를 "foreigner"(외국인)로 옮긴다. 그런데 "foreigner"에 담긴 뉘앙스가 부족하다. 우선 NIV에서는 다른 히브리어 단어들도 "foreigner"로 번역된다. 그리고 한편으로 "게르"가 외국인을 뜻할 때는 아래에서 우리가 제안하는 바와 같이 특별한 지위의 외국인을 의미하

는 모세가 책 전체를 썼다고 생각하는 것은 아니다. Tremper Longman III and Raymond B. Dillard, *Introduction to the Old Testament*, 2nd ed. [Grand Rapids: Zondervan, 2006], 40-51 을 참조하라). 나는 또한 신명기가 오랜 시간에 걸쳐 기록되었을지라도 지금은 정경 전체로 읽혀야 한다고 믿는다. 즉 나는 "게르"의 의미에 대한 질문에 역사적(통시적) 접근법보다는 문학적-신학적(공시적) 접근법을 취한다. 어쨌든 역사적 접근법은 매우 사변적이다.

5 나는 필요한 서류 없이 입국하는 사람들이 불법적으로 이 나라에 머물고 있다는 사실을 인식하면서, (불법 이민자보다) 덜 경멸적인 미등록 이민자라는 용어를 사용하려고 한다.

기 때문이다. 따라서 다음에 오는 인용문에서 "게르"가 어디에서 나타나는지 명확하게 밝히기 위해, 우리는 NIV 번역의 "foreigner" 뒤 괄호 안에 *ger*를 넣는다.

약속의 땅에서 "게림"(*gerim*)으로서의 족장들

> 나는 당신들 중에 나그네[*ger*, NIV "foreigner"]요 거류하는 자이니 당신들 중에서 내게 매장할 소유지를 주어 내가 나의 죽은 자를 내 앞에서 내어다가 장사하게 하시오(창 23:4).

수십 년 동안 약속의 땅에서 살았던 아브라함은 아내 사라가 죽자 그녀를 매장할 땅을 구입하기 위해 헤브론 도시 주변 지역의 주민들(헷 족속)에게 접근한다. 그들과 협상할 때 아브라함은 자신을 "게르"라고 밝힌다. 이처럼 그는 그 땅 태생이 아니며 메소포타미아(우르, 하란 경유)에서 이주한 사람이다. 족장 시대에 약속의 땅은 다양한 그룹(때로는 전체로서 가나안 족속으로 지칭되지만 다른 경우에는 일련의 다른 칭호ー"겐 족속과 그니스 족속과 갓몬 족속과 헷 족속과 브리스 족속과 르바 족속과 아모리 족속과 가나안 족속과 기르가스 족속과 여부스 족속"[창 15:19-21]ー로 묘사됨)의 사람들이 정착한 곳이었다. 당시 원주민은 민족 국가가 아니라 지역 통치자가 있는 도시 국가에 더 가까웠다. 이 시점까지 모든 원주민 집단에서 외부인이었던 아브라함은 땅을 소유하지 않았다. 목축민이었던 그는 양 떼와 함께 이곳저곳으로 떠돌아다녔다. 그와 후손인 이삭과 야곱은 도시 국가들 사이에 있는 내륙 지역에서 이동했을 가능성이 있지만 일시적으로 일부 도시 국가의 변두리에 거주하기도 했다. 거기서 그는 도시 국가의 통치자들과 다양한 유형으로 상호작용했다. 성경의 기록을 보면 그는 생애 대부분의 기간에 상당한 재력을 소유한 채로("그 땅의 군주"[창 23:6, 개역개정 "하나님이 세우신 지도자"]) 살았다. 인생 초반부에는(참조. 창 12:10-20) 기근을 맞아 일시적으로 이집트로 이주하기도 했다. 나중에 우리는 고대 세계에서의 국경 통제(border control)에 대한 문제를 제기할 것이다. 그런데 실제로 그가 이집트에 들어가기 전에도 사라에게 자신과 그녀의 관계에 관해 거짓말하라고 강권한 것을 보면("원하건대 그대는 나의 누이라 하라"[창 12:13]) 이집트 땅에 몰래 들어가지 않고 파라오의 감시망에 잡힐 가능성을 예상하고 있는 것이 분명하다. 이는 그가 상당한 자산가임을 나타낸다.[6]

헷 족속은 그가 매장지를 구입할 수 있도록 허용한다. 신학적으로 이 작은 땅의 취득은 큰 의미가 있다. 그것은 아브라함에게 주어진 땅에 대한 약속(창 12:1-3)이 장차 성취될 것이라는 보증이다. 하지만 이것은 그 땅에서 "게림"으로서의 아브라함(또는 그의 직계 자손)의 지위를 바꾸지는 못한다.

이집트에서 "게르"로서의 이스라엘

여호와께서 아브람에게 이르시되 "너는 반드시 알라. 네 자손이 이방에서 객 [ger, NIV 'strangers']이 되어 그들을 섬기겠고 그들은 사백 년 동안 네 자손을 괴롭히리니"(창 15:13).

----

6   그녀는 실제로 아브라함의 이복 누이인데(창 20:12), 그는 그녀가 자신의 아내이기도 하다는 사실을 은폐함으로써 의도적으로 파라오를 속이고 있다.

첫째, 내가 알 수 없는 이유로 NIV(2011)가 용어 "게르"를 "외국인들" (foreigners)이 아닌 "낯선 사람들"(strangers)로 번역하는 것에 주목하라. 둘째, 하나님은 모세보다 수 세기 전에 살았던 아브라함에게 이 말씀을 하시지만, 분명히 모세 시대에 아브라함의 후손이 존재할 것임을 예상하신다. 셋째, 우리가 앞으로 이집트에서의 이스라엘의 경험이 그들 가운데 있는 "게림"에게 친절해야 하는 이유로 자주 인용될 때마다 확인하겠지만, 이 절에 표현된 개념은 다른 여러 구절에서도 발견된다.

그렇지만 이 한 절이면 이집트에서의 이스라엘의 존재가 다른 땅에서 태어나고 낯선 곳에 임시 거처 이상의 것을 가지고 있는 사람들로서의 "게림"의 본질을 이해하는 데 도움이 된다고 제안하기에 충분하다. 그러나 그들의 노예화는 "게림"으로서의 지위에 필수적인 부분이 아니다. 왜냐하면 노예화는 그들의 지위와 별개로 일어나는 것이기 때문이다. 그러나 이 본문과 다른 본문들은 "게림"이 (다른 약자들과 함께) 노예가 되지 않고 어떤 식으로든 이용당하지 않도록 특별한 보호가 필요하다는 점을 시사할 수 있다. 나중에 우리는 이집트에 있는 이스라엘이 등록 이민자에 더 가까운지 아니면 미등록 이민자에 더 가까운지 따져볼 것이다.

미디안에서 "게르"로서의 모세

그가 아들을 낳으매 모세가 그의 이름을 게르솜이라 하여 이르되 "내가 타국에서 나그네[ger, NIV 'foreigner']가 되었음이라" 하였더라(출 2:22).

출애굽 이야기의 시작 부분에서 우리는 아기 모세의 이야기를 읽는다(출 2

장). 이집트 가운데 있는 외국인들이 두려워진 파라오는 이스라엘인들이 낳는 모든 남자 아기를 즉시 죽이라고 명령한다. 이런 명령에도 불구하고 히브리 산파들의 용기 덕분에 모세를 포함한 남자 아기들이 태어난다(출 1:15-21). 그렇지만 결국 커가는 아기를 계속 숨겨둘 수 없었던 모세의 어머니는 작은 갈대 바구니 안에 그를 넣어서 나일강 위에 놓는다. 마침 파라오의 딸이 나일강에서 목욕하다가 바구니를 발견한다. 아이러니하게도 노예가 된 이스라엘 백성을 구원할 미래의 구원자가 바로 파라오의 집에서 양육된다.

그런데 장성한 모세는 이스라엘인을 괴롭히던 이집트인을 죽인 후 그곳에서 도망쳐야 한다고 느낀다(출 2:11-25). 그는 이집트를 떠나 미디안이라는 지역으로 간다. 미디안은 보통 이야기하는 민족 국가가 아니라, 목축민들이 양 떼가 뜯을 수 있는 풀이 있는 곳을 따라 이동하는 지역이다. 모세는 이드로라는 미디안 사람의 집에서 살면서 그의 딸 십보라와 결혼하고 그의 양 떼를 돌본다. 하나님은 이곳 미디안의 불타는 떨기나무에서 모세에게 나타나셔서 이집트로 돌아가 이스라엘 백성을 종살이에서 이끌어내라고 명령하실 것이다.

우리의 연구 목적을 되새기다 보면, 앞서 인용된 구절에서 그의 맏아들 게르솜의 이름과 그 이름에 대한 설명에 관심을 갖게 된다. 그 이름에 명사 "게르"가 나온다. 그리고 모세는 자신이 타국에 살고 있는 "게르"라고 명확히 주장한다. 그리고 실제로 그는 "게르"였다. 이드로의 가족에 통합되었을지라도 모세는 외국인(이집트 가정에서 성장한 이스라엘 사람)이었다. 다음 섹션에서 알게 되겠지만, 모세가 미디안에서 누린 지위는 이집트 내의 이스라엘 백성 전체의 지위와 유사했다.

이스라엘에서 "게림"이 갖는 권리와 책임

우리는 앞서 구약에서 언급되는 "게림"의 정체를 결정하는 데 도움이 되는 구절들을 살펴본 내용을 바탕으로, 오늘날에 적용 가능한 유사점을 검토할 것이다. 이제 우리는 이스라엘 안에서 "게림"의 권리와 책임에 대해 말하는 율법을 살펴볼 것이다. 약속의 땅에 사는 족장들, 미디안에서의 모세, 이집트에서의 이스라엘 백성들과의 유사점에 기초하여, 우리는 이미 "게림"이 출생 국가가 아닌 다른 땅에서 장기간 거주 중이며 본토 태생이 아닌 외국인을 의미한다는 점(적어도 외국인일 수 있다는 사실)을 알 수 있다. 우리는 여전히 그들이 등록 이민자, 미등록 이민자 중 어디에 더 가까운지 검토할 필요가 있다. 그러나 지금까지 우리는 *immigrant*(이민자)가 "게르"를 번역하기에 적절한 영어 단어라는 결론을 내려왔다.[7]

이제는 주로 이스라엘에서 "게림"이 갖는 권리(또는 특권)와 책임에 대해 말하는 토라에 포함된 율법에 나오는 다른 구절과 예언서의 말씀을 살펴볼 것이다. 이는 특히 더 넓은 고대 근동 세계의 관행과 비교하여 판단할 때 매우 주목할 만하다. "게르"(이민자)는 법으로 보호되는 특정 권리와 책임을 가졌고, 이 점은 이스라엘의 불순종에 대한 예언자들의 위협의 근거가 된다. 다른 학자들과 마찬가지로 우리는 이 율법들을 사회법, 재판법, 종교법으로 나눌 것이다.[8] 다시 말하지만 아래 인용된 본문들은 예시일 뿐 완전한 것이 아니다.

....

7   개인적으로 소통을 나눈 Bruce Waltke에게 감사한다.
8   특히 Glanville을 참조하라. 그의 분석이 주로 신명기에 제한됨에도 불구하고, 그는 이 범주들을 사용한다.

사회법

거류민[*ger*, NIV "foreigner"]이 너희의 땅에 거류하여 함께 있거든 너희는 그를 학대하지 말고 너희와 함께 있는 거류민[*ger*, NIV "foreigner"]을 너희 중에서 낳은 자['*ezraḥ*] 같이 여기며 자기 같이 사랑하라. 너희도 애굽 땅에서 거류민[*gerim*, NIV "foreigners"]이 되었었느니라. 나는 너희의 하나님 여호와이니라(레 19:33-34; 참조. 신 10:19).

거류민[*ger*, NIV "foreigner"]이 너희의 땅에 거류하여 함께 있거든 너희는 그를 학대하지 말고(출 23:9; 참조. 22:21).

네 포도원의 열매를 다 따지 말며 네 포도원에 떨어진 열매도 줍지 말고 가난한 사람과 거류민[*ger*, NIV "foreigner"]을 위하여 버려두라. 나는 너희의 하나님 여호와이니라(레 19:10; 참조. 23:22; 신 24:19).

이 세 인용 구절이 보여주듯이 "게르"는 특정한 사회적 보호의 수혜자였다. 처음 두 본문(레 19:33-34; 출 22:21)은 온갖 형태의 학대가 포함된 광범위한 용어를 사용함으로써 외국인을 "학대"해서는 안 된다는 일반 원칙을 명확하게 말한다. 첫 번째 구절에 따르면 "게르"는 본토 태생의 사람('*ezraḥ*)이 누리는 모든 사회적 보호를 받는다. 우리는 출애굽기 22:21이 이집트에 사는 이스라엘 백성의 경험을 인용하는 동기절(motive clause)을 설명하는 것에 주목해야 한다(참조. 창 15:13). 이스라엘 백성은 실제로 이집트에서 학대를 받았고, 율법은 이를 근거로 그들 가운데 있는 "게르"를 학대하지 못하게 막는다.

세 번째 구절은 추수를 마친 다른 사람의 밭에서 이삭을 모아 생계를 유지하는 가난한 본토인을 위한 수단을 "게르"가 이용해도 된다고 허용한다. 이 관행은 과부인 나오미가 모압인 며느리인 룻을 보아스의 밭으로 보내 이삭을 줍게 한 룻기의 이야기를 통해 유명해졌다. 여기서 룻은 "게르"인가? 그녀가 "게르"라고 불리진 않지만 아마도 그럴 것이다. 그러나 그녀는 지금 영구히 그 땅에 살고 있는 외국 태생의 여자다. 따라서 그녀의 이야기는 아마 레위기 19:10에 있는 율법의 의도를 설명한 것이다.

이들은 "게르"가 사회적 혜택을 받았음을 보여주는 구절들이다. 우리는 이제 "게르"를 위한 사법적 권리를 보증하는 구절들을 살펴볼 것이다.

재판법

내가 그때에 너희의 재판장들에게 명하여 이르기를 "너희가 너희의 형제 중에서 송사를 들을 때에 쌍방 간에 공정히 판결할 것이며 그들 중에 있는 타국인[ger, NIV 'foreigner']에게도 그리할 것이라"(신 1:16).

고아와 과부를 위하여 정의를 행하시며 나그네[ger, NIV "foreigner"]를 사랑하여 그에게 떡과 옷을 주시나니(신 10:18).

너는 객[ger, NIV "foreigner"]이나 고아의 송사를 억울하게 하지 말며 과부의 옷을 전당 잡지 말라(신 24:17).

"객[ger, NIV 'foreigner']이나 고아나 과부의 송사를 억울하게 하는 자는 저주를 받을 것이라" 할 것이요 모든 백성은 "아멘" 할지니라(신 27:19).

곧 백성의 남녀와 어린이와 네 성읍 안에 거류하는 타국인[gerim, NIV "foreigners"]을 모으고 그들에게 듣고 배우고 네 하나님 여호와를 경외하며 이 율법의 모든 말씀을 지켜 행하게 하고(신 31:12; 참조. 수 8:33, 35).

여호와께서 이와 같이 말씀하시되 "너희가 정의와 공의를 행하여 탈취당한 자를 압박하는 자의 손에서 건지고 이방인[ger, NIV 'foreigner']과 고아와 과부를 압제하거나 학대하지 말며 이곳에서 무죄한 피를 흘리지 말라"(렘 22:3; 참조. 슥 7:10; 말 3:5).

이스라엘이 제대로 기능할 경우에는 긴밀히 결합된 공동체의 모습을 보였다.[9] 개인은 가족 안에서, 가족은 족속 안에서, 족속은 지파 안에서, 지파는 전체 이스라엘 안에서 각자 자기 자리를 찾았다. 가나안에 들어온 세대가 "잡족"(출 12:38, ESV "mixed multitude")이라고 불렸기 때문에 출애굽 때부터 그들의 사회적 결속력은 엄밀히 말해 민족적 단일성이 아니었다는 사실을 우리는 안다. 하지만 우리가 현재 관심을 갖고 있는 "게림"은 나중에 이스라엘로 들어왔다. 이 "게림"은 이스라엘의 사회 구조에 완전히 통합되지 않았기 때문에 착취에 취약했다. 여기에 인용된 구절들은 잠재적으로 위험에 처한 이 사람들이 법의 영역에서 정의를 보증받아야 한다고 요구한다. 이 구절 중 일부에서 그들은 잠재적으로 취약한 다른 사람들—과부와 고아—과 함께 언급된다. 성경 시대와 같은 족장 사회에서 남편이나 아버지가 없는 과부와 고아는 취약한 환경에 놓일 수밖에 없었다. 율법은 모든 과부와 고아와 "게림"에게도 본토 태생의 이스라엘 사람에게 주어지는 것과 동일한 정의가 주어져야 한다고 요구했다. 법정은 "게림"에게 그런 정의를 제공하는 편

---

9   사사기는 이스라엘 사회가 극도로 파편화되어서 도덕적 타락과 영적 혼란으로 이어진 시대의 어두운 그림을 우리에게 보여준다.

이 좋다. 왜냐하면 그렇게 하지 않으면 하나님께서 친히 그렇게 하실 것이기 때문이다. 이처럼 하나님은 "게르"를 사랑하신다(신 10:18). 만약 이스라엘이 "게림"에게 정의를 베풀지 않으면, 율법에 순종하지 않는 사람들에게 임할 언약적 저주의 대상이 될 것이다(신 27:19). 실제로 "게림"은 이스라엘의 모든 남자, 여자, 어린이와 함께 모여 하나님이 명령하신 주기적인 언약 갱신 의식에 참석함으로써 율법과의 관계에 대한 헌신과 율법 준수에 대한 서약을 재확인하도록 요구된다(신 31:12; 수 8:33, 35). 따라서 언약의 저주에 근거하여 죄 많은 이스라엘에 대한 심판 메시지를 전한 예언자들은 제멋대로인 이스라엘에게 "게림"을 포함한 약자들을 돌보라고 촉구한다(렘 22:3; 슥 7:10; 말 3:5).

고대 근동의 맥락을 고려할 때 "게림"에게 사회적, 사법적 권리를 보장하는 이 구절들은 매우 주목할 만하다. 그리고 더 놀라운 것은 "게림"을 이스라엘의 종교 생활로 초청하는 구절이다.

종교법

사회법과 재판법 외에 "게르"와 관련된 종교법도 많이 발견된다. "게르"가 참여 가능한 이스라엘의 종교 생활 범위는 놀랍다. 아래 본문들은 우리가 "게르"의 정체를 더 면밀하게 식별하는 데 도움이 될 것이다. 안식일, 유월절, 속죄일, 칠칠절과 초막절 절기, 제사 관행과 관련 있는 율법이 "게르"의 참여에 대해 말하고 있다.

안식일

안식일을 기억하여 거룩하게 지키라. 엿새 동안은 힘써 네 모든 일을 행할 것이나 일곱째 날은 네 하나님 여호와의 안식일인즉 너나 네 아들이나 네 딸이나 네 남종이나 네 여종이나 네 가축이나 네 문안에 머무는 객[ger, NIV "foreigner"]이라도 아무 일도 하지 말라(출 20:8-10; 참조. 신 5:14).

우선 안식일에 관한 법을 살펴보자. 종교적 의무를 말하는 이 특별한 법은 어떤 면에서는 사회법으로 분류하는 편이 더 낫다. 이 법에 의하면 본토 태생인 이스라엘 백성과 그들의 가족뿐만 아니라 "게림" 역시 일곱째 날에는 노동을 멈추고 쉬어야 한다. 이 규정은 "게림"의 종교적 헌신에 관해 아무것도 말하지 않는다. 동물들도 안식일을 지켜야 했다. 물론 이 법은 인간과 동물을 막론하고 모든 존재가 줄곧 일하지 못하게 막으며 그들에게 꼭 필요한 휴식을 제공해야 한다고 말한다. 이 율법이 "게림"의 종교적 참여나 책무를 암시하지는 않지만, 우리는 다음 법 중 일부가 그렇게 한다고 믿는다.

유월절

너희와 함께 거류하는 타국인[ger, NIV "foreigner"]이 여호와의 유월절을 지키고자 하거든 그 모든 남자는 할례를 받은 후에야 가까이하여 지킬지니 곧 그는 본토인과 같이 될 것이나 할례받지 못한 자는 먹지 못할 것이니라. 본토인['ezraḥ]에게나 너희 중에 거류하는 이방인[ger, NIV "foreigner"]에게 "이 법이 동일하니라" 하셨으므로(출 12:48-49; 참조. 민 9:14).[10]

이레 동안은 누룩이 너희 집에서 발견되지 아니하도록 하라. 무릇 유교물을 먹는 자는 타국인[ger, NIV "foreigner"]이든지 본국에서 난 자['ezraḥ]든지를 막

---

10 신 16:1-8에 나오는 유월절에 관한 율법은 "게르"를 참석자로 언급하지 않는다. 그러나 다시 말하지만 일부 다른 절기와 관련하여 우리가 볼 수 있듯이, 그 법은 포함되어야 할 별도의 참가자 목록을 제시하지 않는다. 이것은 그들이 생략되는 것이 여기서 별로 중요하지 않음을 시사한다. Glanville, "Ger (Stranger) in Deuteronomy," 614-15을 참조하라.

론하고 이스라엘 회중에서 끊어지리니(출 12:19).

유월절은 이스라엘 백성이 지킨 주요 절기 중 하나였다. 이 절기는 출애굽 때 제정되었다. 따라서 유월절은 하나님이 이집트의 속박으로부터 그들을 구원하시고 약속의 땅으로 인도하셨을 때 민족으로서의 이스라엘이 탄생한 것을 기념하는 때다. 유월절은 이스라엘이 자신을 다름 아닌 하나님에 의해 형성된 민족으로 이해하는 데 매우 중요한 절기다.

이 법은 이스라엘에 살고 있는 타국인(*ger*)이 유월절을 기념하고자 할 가능성에 대해 말한다.[11] 그들이 그런 강요를 받았을 가능성은 없다. 일부 "게림"이 참여하기를 원했다는 것은 그들이 단순히 다른 이유들(경제, 외국인 노예 또는 종, 다른 곳에서 탈출한 노예, 정치적 난민) 때문이 아니라 실제로 "본토인"과 동일한 종교 행위를 실천하기 위해 이스라엘로 들어왔을 수도 있음을 시사한다. 그런 "게림"은 할례를 받고 자신의 집에서 누룩을 확실히 제거해야 했다. 이는 본토인에게도 요구되는 조건이었다. 집에 누룩이 있으면 "이스라엘 공동체에서 끊어지는" 형벌을 받았다. 이는 "게림"이 공동체의 일부로 간주되었음을 나타낸다.

속죄일

너희는 영원히 이 규례를 지킬지니라. 일곱째 달 곧 그달 십일에 너희는 스스로 괴롭게 하고 아무 일도 하지 말되 본토인[*ʾezraḥ*]이든지 너희 중에 거류하는 거

---

11 아마도 "게르"가 기념하기를 원할 것이라는 NIV의 번역("wants to celebrate")은 번역자의 해석적 결정에서 비롯된 것이며 나도 이에 동의한다. "~하기를 원한다"(wants to)는 히브리어로 따로 표현되지 않고 동사를 번역하는 한 가지 방식을 나타낸다. 나는 이 접근 방식에 동의한다. 왜냐하면 일부 "게림"이 참여를 원하지 않을 가능성을 고려하기 때문이다.

류민[ger, NIV "foreigner"]이든지 그리하라(레 16:29-30).

다시 한번 우리는 "게르"(ger)가 "에즈라흐"('ezrah) 즉 본토인과 나란히 있는 것을 봄으로써 "게르"가 단순히 이스라엘에서 태어난 유민(流民)이 아닌 외국 태생임을 확인한다(Glanville과 대조됨).[12] 우리는 여기서 "게르"가 속죄일에 참여한다는 사실을 안다. 속죄일은 성막을 정결케 하는 의식을 집행하는 연례행사다. 사람들이 일 년 내내 그들의 죄를 속죄하기 위해 희생제물을 그곳으로 가져오기 때문에, 어떤 의미에서 성막 자체에 죄가 쌓인다. 따라서 해마다 거룩한 장소에 쌓인 오염을 제거하는 의식이 거행된다. 이때에는 속죄(죄가 신과 인간의 관계를 깨뜨리기 때문에 하나님과의 화해가 필요함)가 이루어질 수 있도록 "게림"을 포함한 모든 사람이 일하면 안 된다. 이 속죄는 "너희"를 위한 것인데, 문맥상 본토인과 "게림"이 모두 포함된다. 다시 한번 이 구절은 "게림"이 이스라엘 공동체 안에 포함되었음을 보여주지만, 여전히 그들은 본토인과 구별된다.

칠칠절과 초막절

칠칠절: 너와 네 자녀와 노비와 네 성 중에 있는 레위인과 및 너희 중에 있는 객[gerim, NIV "foreigners"]과 고아와 과부가 함께 네 하나님 여호와께서 자기의 이름을 두시려고 택하신 곳에서 네 하나님 여호와 앞에서 즐거워할지니라(신 16:11).

....
12 그러나 위에서 언급한 것처럼 Glanville마저 신명기에서도 "게림"이 일부 외국 태생의 유민(流民)을 포함한다고 믿는다. 이는 그의 연구의 초점이다.

초막절: 절기를 지킬 때에는 너와 네 자녀와 노비와 네 성 중에 거주하는 레위인과 객[gerim, NIV "foreigners"]과 고아와 과부가 함께 즐거워하되(신 16:14).

칠칠절(오순절로도 알려짐)과 초막절(장막절)은 유월절(무교절이라고도 함)과 더불어 이스라엘 남성들이 하나님 앞에 모습을 드러내야 하는 연례 절기다(신 16:16). 이 셋은 농업 주기 및 이스라엘의 구원 역사와 밀접한 관계가 있는 매우 중요한 순례 절기다.[13]

이 두 절기를 맞아 "게르"는 나머지 이스라엘 사람들과 함께 즐거운 축제에 참여해야 한다. "게르"는 칠칠절에 "네 하나님 여호와 앞에서 즐거워할지니라"는 말을 듣는다. 이는 야웨에 대한 적극적인 헌신을 나타낸다. 흥미롭게도 그리고 설득력 있게도 "게르"는 노비, 레위인, 고아, 과부와 함께 나열되어 있는데, 이들은 모두 잠재적으로 취약한 공동체의 구성원이다. 하지만 "게르"는 여기서 중요한 연례 절기를 기념하는 종교의식에 완전히 참여하도록 초대받는다.

희생제물: 권리와 책임

너는 또 그들에게 이르라. "이스라엘 집 사람이나 혹은 그들 중에 거류하는 거류민[ger, NIV 'foreigner']이 번제나 제물을 드리되 회막 문으로 가져다가 여호와께 드리지 아니하면 그는 백성 중에서 끊어지리라"(레 17:8-9).

---

13 자세한 내용은 Tremper Longman III, *Immanuel in Our Place: Seeing Christ in Israel's Worship* (Phillipsburg, NJ: P&R, 2001), 185-99을 참조하라.

너는 이스라엘 자손에게 또 이르라. "그가 이스라엘 자손이든지 이스라엘에 거류하는 거류민[*ger*, NIV 'foreigner']이든지 그의 자식을 몰렉에게 주면 반드시 죽이되 그 지방 사람이 돌로 칠 것이요"(레 20:2).

"게르"는 본토인과 함께 이스라엘의 중요한 연례 절기에 참여할 수 있으며 번제를 드리고 희생제물을 바칠 수도 있다. 번제는 죄로 인해 깨어진 하나님과의 관계를 회복하는 데 사용되는 주요 속죄제사다(참조. 레 1장). 인용된 이 두 법은 본토인과 "게르"를 막론하고 모든 이스라엘 백성에게 오직 합당한 희생제물(인신 제물은 확실히 아님)을 합당한 방식으로(성소에서) 바치라고 경고한다.

기타 종교 의식 및 의무

또 스스로 죽은 것이나 들짐승에게 찢겨 죽은 것을 먹은 모든 자는 본토인이거나 거류민[*ger*, NIV "foreigner"]이거나 그의 옷을 빨고 물로 몸을 씻을 것이며 저녁까지 부정하고 그 후에는 정하려니와(레 17:15-16).

여호와의 이름을 모독하면 그를 반드시 죽일지니 온 회중이 돌로 그를 칠 것이니라. 거류민[*ger*, NIV "foreigner"]이든지 본토인[*'ezraḥ*]이든지 여호와의 이름을 모독하면 그를 죽일지니라(레 24:16).

그런 다음 본문은 다음과 같이 결론을 내리면서 다른 법들을 상세히 설명하기 위해 확장된다.

거류민[*ger*, NIV "foreigner"]에게든지 본토인[*'ezraḥ*]에게든지 그 법을 동일

하게 할 것은 나는 너희의 하나님 여호와임이니라(레 24:22; 참조. 민 15:15-
16).

요약하면 율법은 놀랍게도 사회적, 사법적, 종교적 권리와 책임의 측면에서
본토인과 "게르"를 동등하게 대우한다. "게르"와 현대 상황의 관계를 면밀
히 검토해보기 전에 "게르"에 대한 예언자의 미래 환상을 잠깐 살펴봄으로
써 결론을 내리고자 한다.

미래에 "게르"를 포함하는 것에 대한 비전

> "너희는 이 땅을 나누되 제비 뽑아 너희와 너희 가운데에 머물러 사는 타국
> 인[gerim, NIV 'foreigners']곧 너희 가운데에서 자녀를 낳은 자의 기업이 되
> 게 할지니 너희는 그 타국인을 본토에서 난 이스라엘 족속같이 여기고 그
> 들도 이스라엘 지파 중에서 너희와 함께 기업을 얻게 하되 타국인[ger, NIV
> 'foreigner']이 머물러 사는 그 지파에서 그 기업을 줄지니라." 주 여호와의 말
> 씀이니라(겔 47:22-23).

구약 시대 고대 근동의 상황과 이스라엘은 다른 민족과 분리되어 지내라는
하나님의 명령을 고려할 때, "게림"이 이스라엘 공동체에 포함된 것은 매우
놀라운 일이다. 후자의 목적은 이스라엘이 야웨 이외의 다른 신을 숭배하려
는 유혹에서 벗어나게끔 만드는 것이었다. 곧 살펴보겠지만 이런 관찰은 우
리로 하여금 이스라엘 안에 거주하는 "게림"이 야웨 숭배자였는가의 여부
를 검토하게 할 것이다.

놀랍게도 토라에 제시된 이스라엘의 사회적, 사법적, 종교적 삶에 "게
림"이 포함되었음에도 불구하고 그들에게는 땅의 상속이 허용되지 않았다.

땅은 아브라함의 자손들에게 주어졌다. 그렇지만 예언자 에스겔은 미래에 대한 놀라운 환상에서 "게림"이 완전히 포함되고 본토인과 함께 땅을 상속받을 때를 상상한다.

그렇다면 현대 이민자와 관련하여 "게림"은 누구인가?

앞서 인용한 많은 본문은 "게르"를 "에즈라흐"('ezraḥ) 즉 본토인과 대조한다. 그러므로 우리가 "게르"를 외국 태생(foreign- born)으로 보는 것은 옳다.[14] 그렇지만 히브리 성경에는 "게림"만큼 이스라엘 사회와 종교에 통합되지 않은 외국인을 가리키는 다른 용어들이 있다. 예를 들어 "노크리"(nokri), "벤-네카르"(ben-nekar), "자르"(zar) 같은 단어가 있다. 이들은 외국인이지만 장기적, 영구적인 거주에는 관심이 없는 사람들을 가리킬 가능성이 높다.

우리는 앞서 "게림"이 이스라엘에 영구적으로 거주하는 외국 태생의 개인으로 보인다는 결론에 이르렀다. 그들은 본토인과 동등한 사회적, 사법적 권리를 가지고 있다. 또한 희생제사 및 안식일, 유월절, 칠칠절, 초막절, 속죄일에 거행되는 중요한 종교의식에 참여할 수 있다. "게림"이 야웨 숭배로 개종한 자들이 아니었다면 이런 종교의식에 그토록 완전히 접근할 수 있었을 것이라고 상상하기는 불가능한 일은 아니지만 어렵다.[15] 히브리 성경의 초기 그리스어 역본인 70인역은 "게르"를 "프로셀뤼토스"(prosēlytos, 이 단어에서 영어 단어 proselyte[개종자]가 나옴)라고 번역하는데, 이는 야웨 신앙으로

---

14 이는 Glanville의 견해와 대조된다. Glanville은 (그가 저작 연대를 기원전 7세기로 추정하는 신명기의 한 부분에 대한 면밀한 검토에 기초하여) "게르"가 더 일반적으로 "본거지를 잃은 낯선 사람"(displaced stranger)을 의미하며, 대개 스스로 혈연 구조에서 멀어진 본토인들을 가리킨다고 주장한다.

15 나는 Glanville(Adopting the Stranger, 173)과 의견을 달리한다. Glanville은 "게림"의 참여가 허용되었지만 그들이 반드시 "야웨께 충성"한 것은 아니었다고 말한다.

의 개종을 의미한다.

우리는 "게르"에 대한 이런 설명을 통해 "게르"가 오늘날의 이민자에 해당한다는 결론을 도출할 수 있다. 이민자는 수용국(host country)에서 영주권을 얻고자 하는 외국 태생의 사람이다. 따라서 성경이 "게르"에 대해 말하는 내용은 이민자에 대한 행동 및 태도와 관련이 있어야 한다. 그러나 우리는 현대의 공공 정책 문제에 비추어 추가 질문을 해야 한다. "게르"는 등록 이민자와 유사한가, 아니면 미등록 이민자와 유사한가? 아니면 두 가지 특징을 다 갖고 있는가? 이 질문에 앞서 한 가지 확인할 것이 있다. 고대 근동 세계에서는 국경을 통제했는가?

우리는 구약을 통해 국경선에 대한 분명한 의식이 존재했음을 알고 있다. 이스라엘 같은 민족 국가는 다른 나라와 자신을 구분하는 국경선과 내부에서 지파를 분리하는 경계선을 모두 갖고 있었다.[16] 그러나 외국인의 이스라엘 입국을 규제하는 국경 통제가 있었는가? 그 특정한 질문에 답해줄 수 있는 확실한 성경의 증거는 없다. 그러나 구약 시대의 민족 국가들이 국경을 통한 이동을 통제했다는 암시가 성경 안팎에서 발견된다.

예를 들어 우리는 이집트인들이 국경을 통제하고 입국인을 관리했다는 확고한 증거를 가지고 있다.[17] 아브라함이 기근의 참화를 피하고자 이집트로 향했을 때 그 나라에 몰래 들어가지 않았다. 그는 자신이 이집트의 감시망에 포착될 것이라고 여겼다. 그래서 파라오가 자기 아내를 원할지도 모르는 상황에 대비하여 자신을 보호하기 위한 조치를 마련했다(창 12:10-20). 나중에 요셉의 가족이 또 다른 기근을 피하기 위해 이집트로 이주하기를

---

16   수 13-21장에 나오는 지파들 사이의 경계에 대한 매우 상세한 목록을 참조하라.

17   James Karl Hoffmeier(*The Immigration Crisis: Immigrants, Aliens, and the Bible* [Wheaton, IL: Crossway, 2009])는 우리가 다음 단락에서 조사하는 자료에 대해 광범위한 논의를 보여준다.

원했을 때도, 요셉은 먼저 파라오의 허락을 구해야 한다는 것을 알았다(창 45:16-25; 46:31-47:12). 요셉 같은 고위 관리조차도 단순히 그들을 이동시키기로 결정할 수 없었다. 토라는 이스라엘 백성들이 한때 이집트의 "게림"이었다는 사실에 근거하여 그들에게 "게림"을 돌보라고 지시하면서(출 22:21; 레 19:33-34), 그들이 공식적으로 이집트에 받아들여졌으나 나중에 등극한 파라오가 배신하여 그들을 노예로 삼고 정중히 대우하지 않았던 과거를 상기시킨다. 이스라엘은 이집트에서 나온 후 에돔 땅으로 올라가는 길을 통해 약속의 땅으로 이동하고자 했다(민 20:14-21). 에돔의 국경 지역에 있는 가데스에 도착했을 때, 모세는 에돔 땅으로의 진입을 요청하기 전에는 국경을 넘지 않았다. 그는 다음과 같이 합리적으로 호소했다.

> 모세가 가데스에서 에돔 왕에게 사신을 보내며 이르되 "당신의 형제 이스라엘의 말에 우리가 당한 모든 고난을 당신도 아시거니와 우리 조상들이 애굽으로 내려갔으므로 우리가 애굽에 오래 거주하였더니 애굽인이 우리 조상들과 우리를 학대하였으므로 우리가 여호와께 부르짖었더니 우리 소리를 들으시고 천사를 보내사 우리를 애굽에서 인도하여 내셨나이다.
>
> 이제 우리가 당신의 변방 모퉁이 한 성읍 가데스에 있사오니 청하건대 우리에게 당신의 땅을 지나가게 하소서. 우리가 밭으로나 포도원으로 지나가지 아니하고 우물물도 마시지 아니하고 왕의 큰길로만 지나가고 당신의 지경에서 나가기까지 왼쪽으로나 오른쪽으로나 치우치지 아니하리이다" 한다고 하라 하였더니(민 20:14-17).

합리적인 호소였으나 에돔은 이렇게 대답했다. "너는 우리 가운데로 지나가지 못하리라. 내가 칼을 들고 나아가 너를 대적할까 하노라"(민 20:18). 모세는 다시 요청한다. "우리가 큰길로만 지나가겠고 우리나 우리 짐승이 당신의 물을 마시면 그 값을 낼 것이라. 우리가 도보로 지나갈 뿐인즉 아무 일도 없으리이다"(20:19). 하지만 에돔은 또 부정적으로 답했다. "너는 지나가지 못하리라"(20:20). 게다가 에돔은 이스라엘이 "불법적으로" 자신들의 땅에 들어올 경우에 대비하여 군대를 보냈고, 우리는 다음과 같은 기록을 본다. "에돔 왕이 이같이 이스라엘이 그의 영토로 지나감을 용납하지 아니하므로 이스라엘이 그들에게서 돌이키니라"(20:21).

이 에피소드를 살펴보는 이유는 에돔의 행동을 옹호하려는 것이 아니라 에돔같이 작은 민족 국가도 국경을 넘는 사람들을 통제했다는 점을 지적하려는 것이다. 아마도 사사 시대처럼 정치적으로 분열되었던 때를 제외하고는 이스라엘도 동일한 행동을 했을 가능성이 매우 크다.

국경에 대한 강한 의식과 어느 정도의 국경 경비에 대한 성경의 증거 외에도, 우리는 호프마이어가 언급하는 성경 외적 증거를 참조할 수 있다. 여러 면에서 구약 시대의 이집트는 미국과 유사했다. 정치적 격변과 기근의 시기에 이집트가 축적한 부와 문명으로 인해 그 나라로 오고 싶어 하는 사람들이 많았다. 우리는 이미 아브라함과 요셉의 이야기를 통해 이집트가 외국인의 유입을 허가했지만, 그 과정에서 승인이 필요했다는 사실을 확인했다. 다양한 텍스트와 기원전 19세기경 중부 이집트 총독의 무덤에 묘사된 유명한 장면에서 나온 증거는 우리의 이해를 뒷받침해주며, 이집트에 정통한 학자 호프마이어는 그것을 다음과 같이 묘사한다.

[무덤 장면은] 그[총독]의 영토에 들어가는 셈족 무리를 보여준다.…지도자의 이름은…북서 셈어[히브리어와 관련됨]에 해당하는 아비샤이(Abishai)이며, 그는 "외국인 지배자"(foreign chieftain)란 칭호를 가지고 있다. 그 뒤를 남자,

여자, 어린이와 그들의 물품을 나르는 당나귀가 따랐다. 그들의 머리 모양, 수염, 의복은 같은 그림에 있는 이집트인들의 외양과 대조를 이룸으로써 다른 민족성과 외국인이라는 신분을 드러낸다. 족장 앞에서 이집트 관리가 증명서를 제시한다. 이는 아마도 대장장이로서(풀무 두 세트가 짐을 나르는 동물들 위에 포함되어 있음), 또는 더 가능성이 높은 쪽으로는 방연석(galena)을 찾는 광부로 일하기 위해 그곳에 체류하는 것을 허가한다는 이집트의 비자와 같은 증명서였다. 분명 이 노동자들은 경제적 기회를 찾아 중앙 이집트로 온 것이다. 그들은 이 37명의 무리가 그곳에서 일해도 된다는 허가증을 가지고 있었다. 문서의 내용이 보이게끔 펼쳐져 있다.…그 문서에는 파라오 세누스레트 2세 (Senusret II)의 제6년, 즉 기원전 1862년으로 날짜가 기입되어 있고 비자가 적용되는 셈족의 인원수가 기록되어 있다.[18]

우리가 성경과 더 광범위한 고대 근동 문헌에서 읽은 내용을 기초로 살펴보면 국경 경비나 입국자 통제와 관련하여 부도덕한 조치는 없었다.[19] 우리가 성경을 토대로 민족 국가들이 어떤 한 나라에 들어가고자 하는 사람은 누구나 국경을 넘을 수 있게 허용해야 한다고 주장할 수는 없다.

이민과 국경 경비의 문제에 관한 원칙을 위해 성경을 살펴보는 한편, 우리는 구약 시대에 경제적 기회를 추구하는 이민자들에게 이스라엘이 첫 번

---

18   Hoffmeier, *Immigration Crisis*, 39.
19   성경이 국경 경비 문제에 특별히 초점을 맞추지 않는다는 사실을 고려할 때, 나는 (여기서 그리고 Hoffmeier의 글에서 언급된 바와 같이) 우리가 얻은 암시들이 중요하다고 생각한다. 따라서 나는 M. Daniel Carroll R.(*Christians at the Border: Immigration, the Church, and the Bible*, 2nd ed. [Grand Rapids: Brazos, 2013], 93)이 이 점을 성공적으로 다룬다고 생각하지 않는다. 그러나 뒤에서 살펴보겠지만 우리가 하나님의 형상으로 창조되었다는 가르침에 비추어 볼 때 그리스도인이라면 증명서 여부에 상관 없이 이민자들을 환영해야 한다는 Carroll의 요점이 승리한다고 생각한다.

째 선택으로 여겨진 적이 없었다는 사실을 명심해야 한다. 이스라엘은 전성기일 때도 이집트와 메소포타미아의 더 강력한 정치, 군사, 경제 세력에 대적할 수 없는 이류 민족 국가였다. 그렇다고 지역적인 이주가 없었다는 뜻은 아니다. (나오미 가족은 이스라엘에 기근이 들자 모압으로 이주했으며, 기근이 끝난 후 나오미와 룻은 이스라엘로 돌아왔다.) 우리는 또한 정치적 난민들이 다른 나라에서 피난처를 찾았다는 사실을 알고 있다. 그리고 이스라엘 사람들이 일종의 박해를 피해 이웃 나라에서 피난처를 찾는 모습이 성경에 묘사되어 있는 것처럼(예를 들어 다윗은 사울을 피해 시글락으로[삼상 27장], 여로보암은 솔로몬을 피해 이집트로 갔다[왕상 11:40]), 이스라엘에서 피난처를 찾은 사람도 일부 있었을 것이라고 생각한다.

우리는 구약에 체계적인 이민 정책이 없다는 사실에 놀라지 않는다(신약은 곧 검토될 것이다). 그러나 현재 이민 논쟁에서 (아무리 좋은 의도여도) 성경의 자료를 일부 사용할 때 주의를 기울여야 하는 점에 대해 힌트를 얻는다. 예를 들어 "게림"에 관한 구절들이 모든 (등록 및 미등록) 이민자에게 적용된다는 점을 확인하는 것은 흔한 일이지만, 문학적, 역사적 맥락 내에서 이 구절들을 연구하다 보면 그것을 등록 이민자라고 부르는 대상으로 제한하게 될 것이다. 이 구절들은 (완전한 시민권을 받기 전에도) 합법적으로 입국한 사람들의 완전한 통합과 수용을 요구한다는 점에서 매우 중요하다. 그들에게도 본토에서 태어난 시민이 갖는 완전한 사법적, 사회적 권리와 책임이 허용되어야 하며, 교회의 예배와 삶에 온전히 참여할 수 있게끔 초청되어야 한다. 현재 미국의 공공 정책에 이런 견해가 반영되어 있다. 미국에서 완전한 시민권이 주어질 때까지 보류되는 것은 투표권이 유일하다.

신약은 이민 문제에 대해 다른 관점을 제시하는가? 신약에는 그 주제에 대한 직접적인 가르침이 없기 때문에 우리는 이 섹션에서 구약에 초점을 맞췄다. 사실 이 침묵은 놀랍지 않다. 왜냐하면 우선 우리가 거듭 지적한 바와 같이, 당시 하나님의 백성은 민족 국가에 소속되어 살다가 여러 나라에서 이끌려 나와 그들의 신앙에 독이 되는 문화 속에서 거주하는 백성이 되었기 때문이다. 신약 문헌들의 기록 대상인 일부 그리스도인들은 유대교에서 개종한 사람들이었고, 다른 이들은 이방 세계 출신이었다. 이 그리스도인들은 당시 로마의 속주였던 유다 지역이나 다른 로마 속주에서 살았다. 다시 말하면 당시 교회는 오늘날처럼 이민 정책을 세우지 않았다. 또한 그 시절의 교회는 로마 제국이 공공 정책을 결정할 때 발언권이 없었다는 점을 기억해야 한다. 이를 파악하면 왜 신약의 저자들이 이민을 둘러싼 문제를 직접적으로 다루지 않는지를 이해할 수 있다.

매우 흥미롭게도 베드로는 세상 속에 자리한 교회의 지위를 언급하기 위해 타국에 살고 있는 사람들의 은유를 사용했다. 그리스도인들은 현 세상에 살고 있는 강제 이민자이자 "유배자들"(exiles)로서 그들의 진정한 고향인 하나님과 함께하는 삶으로 들어가기를 기다리고 있다. 따라서 베드로는 다음과 같은 편지를 교회로 보낸다.

> 예수 그리스도의 사도 베드로는 본도, 갈라디아, 갑바도기아, 아시아와 비두니아에 흩어진 나그네 곧 하나님 아버지의 미리 아심을 따라 성령이 거룩하게 하심으로 순종함과 예수 그리스도의 피 뿌림을 얻기 위하여 택하심을 받은 자들에게 편지하노니 은혜와 평강이 너희에게 더욱 많을지어다(벧전 1:1-2).

그런 은유가 일반적인 이민 정책을 뜻하는 것은 아니지만, 분명 이민자들을 향한 기독교의 동정과 지원을 형성할 수 있다. 흔히 인용되는 또 다른 신약 본문도 마찬가지일 것이다. 이 본문도 이민 정책을 말하지는 않지만 국가로부터의 포악한 박해를 피해 도망치는 모든 등록 및 미등록 이민자를 향해 기독교적 애정을 구축할 수 있다.

예수의 유아기에 대한 마태의 기록을 보면, 천사가 요셉과 마리아에게 가서 헤롯이 예수를 죽이려고 찾고 있음을 경고했다. 그런 다음 헤롯이 죽을 때까지 "이집트로 피하라"고 말했다. 그들은 그렇게 했다. 우리는 이 이야기를 통해 우리의 주요 구원자이신 예수가 부모와 함께 고국을 떠난 정치적 난민이었음을 상기하게 된다. 즉 이 가족이 적절한 허가를 받지 않은 채 잘 요새화되고 통제된 국경을 넘어갔다고 생각할 이유가 없다. 그러나 다시 말하면 우리는 이 이야기를 통해 정치적 난민이 되어 위험한 상황으로부터 보호를 구하는 다른 사람들의 곤경에 대해 적절한 태도와 애정을 형성해야 한다.

여전히 국경 경비가 비성경적이고 부도덕한 일이라는 의견을 뒷받침하기 위해 이 본문을 사용하는 것은 성경적으로도 근거가 빈약하다. 다른 한편 성경 자료는 우리나라에 들어오기 위해 허가를 구하고 받는 사람들에 대한 포용을 장려한다.

그러나 내 생각에 종종 부적절하게 인용된 이 본문들이 미등록 이민자 및 성경과 이민에 관한 이야기의 끝인가? 전혀 그렇지 않다. 우리는 이제 이민과 하나님의 형상이라는 주제를 논할 것이다.

불법 이민자와 하나님의 형상

이민은 최근 미국에서 큰 분열을 일으키는 문제가 되었다. 그리고 이와 관련하여 논쟁이 계속될 우려가 있다. 왜냐하면 양대 정당이 그 문제에 대한 협상을 거부함으로써 문제의 실질적인 해결책을 만들어내기보다는 상대방을 희생시켜 정치적으로 점수를 얻거나 자신의 지지 기반을 만족시키려는 의도가 더 강하기 때문이다. 현 상황에서 양측이 동의할 수 있는 한 가지는 바로 우리의 이민 시스템에 심각한 결함이 있고 포괄적인 개혁이 필요하다는 점이다. 또한 적어도 표면적으로 불법 입국뿐만 아니라 마약의 유입을 막기 위해 국경 경비를 개선할 필요가 있다는 점에 있어서는 정치적 합의가 이루어진 듯이 보인다. 그러나 재차 강조하지만 정당들은 국경 경비, 이민 정책, 판결, 합법적 입국 절차 같은 실제적인 문제를 해결하기보다는 다른 정당이나 이민자들을 향해 욕설을 퍼붓고 상대를 악마화하는 데만 몰두한다.

유감스럽게도 그리스도인과 교회는 이 난국에서 대체로 도움이 되지 못했다. 주목할 만한 몇 가지 예외를 제외하고, 그들은 희망을 품은 이민자와 실제 이민자 및 국경을 통제하려고 노력하는 사람들을 악마화하거나 합법적인 입국의 필요성을 약화시키는 데 적극적인 조치를 취함으로써 같은 유형의 당파적 정치에 참여했다. 비극은 우리가 사용하는 언어에서부터 시작된다. 미등록 이민자들을 최악의 인간 유형으로 묘사하고 싶어 하는 사람들이 있는 반면, 성경이 국경 개방을 지지하며 국경 경비국이 체포하려는 사람들을 그들의 "성역"인 교회 안으로 받아들여야 한다고 주장하는 사람들도 있다(성역 도시와 교회에 대해서는 다음 섹션을 참조하라).

이 시점에서 특히 분열을 일으키는 이 문제에 대해 우리는 성경이 특정 공공 정책을 제시하기보다는 그리스도인들이 이런 공공 정책을 개발할 때 심사숙고해야 하는 원칙들을 제시한다는 점을 다시금 상기해야 한다. 앞서 언급한 바와 같이 모든 정당은 적어도 공개적으로 미국이 망가진 이민 시스템을 고쳐야 한다는 것에 동의한다. 미국에 있는 사람들과 해외에서 온 이민자들 모두 현 상황에 대한 수사법과 조치(및 그것의 결여)로 인해 신체적, 심리적 피해를 경험한다. 그러므로 그리스도인들은 국경을 안전하게 할 뿐만 아니라 정치적, 종교적 박해 및 경제적 궁핍으로부터 도망쳐온 사람들을 따뜻하게 맞이할 수 있는 시스템을 만들기 위해 이민 개혁을 요구해야 한다. 국경 경비의 특정 형태와 연간 허용되는 이민자 및 난민의 수는 신중한 판단(지혜)이 필요한 문제지 성경적 처방을 찾을 문제가 아니다.

한마디로 그리스도인들은 이민자를 받아들이는 것이 우리의 신체적, 경제적 안녕에 대한 위험을 수반하더라도 그것을 두려워하지 않는 사람들이 되어야 한다. 그리스도인들은 "온전한 사랑이 두려움을 내쫓나니"(요일 4:18)라는 말씀을 믿는다. 그 완전한 사랑이 우리를 향한 하나님의 사랑이든 하나님을 향한 우리의 사랑이든(또는 둘 다든), 우리는 그리스도인으로서 이 세상에서뿐만 아니라 특히 예수 그리스도를 통한 하나님과의 영원한 관계에서 그 사랑의 의미를 찾는다. 그리고 그것은 자신뿐만 아니라 가까이 있거나 멀리 떨어져 있는 다른 사람들을 위해 최고의 것을 원하는 방향으로 우리를 이끌어야 한다.

왜 우리는 그리스도인으로서 다른 나라에서 고통을 겪고 더 나은 삶을 위해 미국으로 오고 싶어 하는 사람들에게 관심을 가져야 하는가? 왜 그리스도인들은 외국인이 우리나라에 들어오지 못하게 막아야 한다고 주장하고 자기 보호 전략을 펼 때 무시무시한 악마화를 삼가야 하는가?

성경을 읽은 사람들에게는 답이 분명하다. 무엇보다도 모든 사람은 하나님의 형상으로 창조되었다. 우리는 3장에서 이 기본적인 성경의 가르침을 탐구했다. 그리스도인과 비그리스도인, 미국인과 비미국인, 등록 이민자와 미등록 이민자 모두 하나님의 형상으로 창조되었다. 모든 사람은 어떤 식으로든 하나님의 영광을 반영하고 있으며, 공평하고 공정하고 정중하게 대우받을 가치가 있다. 실제로 미국 독립선언서의 두 번째 단락은 서두에서 이런 원칙을 인정하고 있다.

> 우리는 다음과 같은 진리들을 자명한 것으로 생각한다. 즉 모든 사람은 평등하
> 게 창조되었고, 그들의 창조주에 의해 양도할 수 없는 특정 권리들을 부여받았
> 으며, 그 권리에는 생명과 자유와 행복의 추구가 포함된다.

미국에서 태어나 살고 있는 사람들뿐만 아니라 모든 사람이 평등하게 창조
되었으며 양도할 수 없는 권리를 가지고 있다.

물론 모든 인간이 하나님의 형상으로 창조되었다고 해서 모든 외국인
이 우리나라에 들어올 수 있게끔 정부를 독려해야 한다는 것은 아니다. (그
리고 그리스도인들이 정책을 세우지는 않지만 정책 수립에 영향을 미칠 발언권을 가지고
있음을 기억해야 한다는 뜻도 아니다.) 그러나 마땅히 입국이 거부되어야 할 "악
당들"을 핑계 삼아 다른 사람의 입국을 제한해서는 안 된다. 그리고 모든 인
간이 하나님의 형상으로 창조되었다는 성경적 가르침에 마약 거래자, 범죄
자, 테러리스트도 포함된다는 것은 엄연한 진리다. 16세기에 장 칼뱅은 동
시대 사람들에게 다음과 같이 주장했다.

> 이웃 사랑은 사람의 태도에 의해 좌우되지 않고 하나님을 바라보는 것이다.…
> 주님은 모든 [인간]에게 예외 없이 "선을 행하라"고 명령하신다. 그들 중 대다
> 수는 자신의 공로로 판단될 경우 가치가 없어진다. 그러나 여기서 성경이 가
> 장 좋은 방법으로 도움을 주는 것은 우리가 [사람들이] 스스로 공덕을 쌓는다
> 고 생각하는 것이 아니라 모든 [인간] 안에 있는 하나님의 형상을 바라보아
> 야 하며 그 형상에게 모든 경의와 사랑을 품어야 한다고 가르칠 때다.…그러
> 므로 도움이 필요한 사람을 만날 때 그가 어떤 사람이든 당신에게는 그를 돕

는 것을 거부할 이유가 없다. "그는 모르는 사람이야"라고 말해보라. 하지만 당신이 자신의 골육을 멸시하는 것을 하나님이 허락지 않으신다는 사실로 인해 [사 58:7] 주님은 당신이 잘 알고 있어야 하는 표를 그에게 주셨다. "그는 멸시할 만하고 무가치해"라고 말해보라. 그러나 주님은 그가 하나님께서 자신의 형상의 아름다움을 주기로 작정하신 사람임을 보여주신다. 그에게 봉사해야 할 빚이 당신에게는 없다고 말해보라. 그러나 크고 많은 은혜로 딩신을 자신에게 묶어두셨던 하나님은, 이를테면 그 사람을 그 자신의 자리에 두셔서 당신이 그를 향해 그 은혜들을 인정하게 하신다.…어려울 뿐 아니라 전적으로 인간 본성에 반대되는 일을 성취하는 길은 확실히 단 하나밖에 없다. 즉 우리를 미워하는 사람들을 사랑하고 그들의 악행을 은혜로 갚는 것이다.…그것은 우리가 [인간의] 악한 의도를 생각하지 않고 그들 안에 있는 하나님의 형상을 주시해야 함을 기억하는 것이다. 하나님의 형상은 그들의 범죄를 말소하고 삭제하며, 그것의 아름다움과 위엄으로 우리를 매혹함으로써 그들을 사랑하고 포용하게 한다.[20]

칼뱅이 이주를 간절히 원하는 사람들과 적절한 서류 없이 입국하려는 사람들을 향해 그리스도인이 어떤 태도를 갖고 행동해야 하는지를 알려주는 또 다른 성경을 언급함으로써 하나님의 형상에 대한 이런 성찰을 시작했다는 점에 주목하라. 누가복음은 한 유대인 율법 교사가 기본적인 질문을 했던 때

----

20   John Calvin, *Institutes of the Christian Religion*, ed. John T. McNeill, trans. Ford Lewis Battles, 2 vols. (Philadelphia: Westminster, 1960), 3.7.6. "Calvin, Corinth, and Calcutta: Trinity, Trafficking, and the Transformation of Theologia"(2014년 9월 26일에 노스 파크 신학교 [North Park Theological Seminary, Chicago, IL]에서 발표됨)라는 제목의 논문에서 이 구절에 대한 나의 관심을 이끌어내고 그에 관한 고무적인 해설을 제시한 것에 대해 밴더빌트 대학교(Vanderbilt University)의 Paul C. H. Lim에게 감사드린다.

를 이야기한다. "선생님, 내가 무엇을 하여야 영생을 얻으리이까?"(눅 10:25) 예수는 그가 질문에 스스로 답하게 하신다. 그분은 토라의 율법을 다음과 같이 요약하신다. "네 마음을 다하며 목숨을 다하며 힘을 다하며 뜻을 다하여 주 너의 하나님을 사랑하고 또한 네 이웃을 네 자신 같이 사랑하라"(10:27). 예수는 만약 그가 이러한 것들을 행하면 애타게 구하는 영생을 얻게 될 것이라고 말씀하신다. 그러나 율법 교사는 이웃의 정의를 원한다. 그는 누구를 자기 자신처럼 사랑해야 하는가? 예수는 이 질문에 오늘날 우리가 선한 사마리아인의 비유라고 일컫는 말씀으로 응답하신다.

> 어떤 사람이 예루살렘에서 여리고로 내려가다가 강도를 만나매 강도들이 그 옷을 벗기고 때려 거의 죽은 것을 버리고 갔더라. 마침 한 제사장이 그 길로 내려가다가 그를 보고 피하여 지나가고 또 이와 같이 한 레위인도 그곳에 이르러 그를 보고 피하여 지나가되, 어떤 사마리아 사람은 여행하는 중 거기 이르러 그를 보고 불쌍히 여겨 가까이 가서 기름과 포도주를 그 상처에 붓고 싸매고 자기 짐승에 태워 주막으로 데리고 가서 돌보아 주니라. 그 이튿날 그가 주막 주인에게 데나리온 둘을 내어 주며 이르되 "이 사람을 돌보아 주라. 비용이 더 들면 내가 돌아올 때에 갚으리라"(눅 10:30-35).

예수는 율법 교사가 요점을 파악했는지 확인하기 위해 다음과 같은 질문으로 이야기를 이어가셨다. "네 생각에는 이 세 사람 중에 누가 강도 만난 자의 이웃이 되겠느냐?"(10:36) 율법 교사는 "자비를 베푼 자니이다"라고 말한다. 예수께서 이 사람에게 "가서 너도 이와 같이 하라"(10:37)고 말씀하실 때 그를 따르는 모든 자에게 말씀하신 것이다. "이와 같이 하라"는 무엇을 의미하는가? 그 말은 이웃을 어떻게 정의하는가? 우리는 인간적으로 이웃을 우리와 같은 사람들로 정의하는 경향이 있지만, 예수는 그렇지 않다고 말씀하신다. 사마리아인은 강도 만난 사람과 달랐다. 실제로 유대인과 사마리아인 사이에는 상당한 적대감이 있었다. 그럼에도 불구하고 사마리아인은 말과 태도와 행동을 통해 자신이 공격당한 사람의 이웃임을 보여주었다.

이 가르침은 미국의 그리스도인들이 미등록 외국인을 포함한 이민자들을 어떻게 보아야 하는지에 대한 질문에 어떤 영향을 미치는가? 답은 분명하다. 우리는 할 수 있는 모든 방법을 동원하여 최선을 다해 그들을 도와야 한다. 그리스도인으로서 우리는 그들을 돌보고 먹이며 환대하고 그들이 법적 도움을 받을 수 있게끔 도와주라는 부름을 받았다.

예수는 다시 돌아오실 때 "모든 민족을 그 앞에 모으고 각각 구분하기를 목자가 양과 염소를 구분하는 것 같이"(마 25:32) 하실 것이라고 가르치셨다. 예수는 계속해서 "창세로부터 너희를 위하여 예비된 나라를"(25:34) 받을 양과 염소를 구분하는 기준에 대해 다소 놀라운 설명을 하신다. 그분은 양에 대해 다음과 같이 말씀하신다. "내가 주릴 때에 너희가 먹을 것을 주었고 목마를 때에 마시게 하였고 나그네 되었을 때에 영접하였고 헐벗었을 때에 옷을 입혔고 병들었을 때에 돌보았고 옥에 갇혔을 때에 와서 보았느니라"(25:35-36).

양으로 대표되는 의인들은 언제 자신들이 그에게 이런 친절과 동정의 행동을 베풀었는지 몰라서 이 설명을 듣고 말문이 막힌다. 그들이 묻자 예수는 "내가 진실로 너희에게 이르노니 '너희가 여기 내 형제 중에 지극히 작은 자 하나에게 한 것이 곧 내게 한 것이니라'"(마 25:40)라고 대답하신다.

예수가 말씀하신 "내 형제"는 누구인가? 그는 주리고 목마르고 나그네가 된 모든 사람이다. 그러나 예수가 궁핍한 모든 사람이 아니라 오직 그리스도인들, 특별히 제자들을 말씀하신 것이라고 믿을지라도, 미국 교회는 수

많은 미등록 이민자들이 그리스도인임을 깨달을 필요가 있다. 그러나 예수가 모든 사람을 위해 죽으셨기 때문에 그분의 동정심이 그리스도인에게만 국한될 것이라고 생각하기는 어렵다.

그리스도인은 미등록 이민자를 포함한 모든 이민자에게 그리고 그들에 대해 정중하게 말해야 한다. 더 나아가 모든 이민자에게 동정심을 표현하고 따뜻한 행동을 해야 한다. 그리스도인은 가능한 한 많은 이민자를 돕고자하는 마음으로 실질적인 행동을 취해야 하며, 21세기 초반 미국의 이민 문제를 논할 때 종종 따라붙는 공포와 배제의 수사법에 굴복하지 않아야 한다. 최근 신문 사설에서 조셉 토빈(Joseph W. Tobin) 추기경이 국경 장벽에 자원을 투입하는 것에 반대하며 다음과 같은 조언을 남겼는데, 이는 그리스도인들(그리고 사회의 다른 사람들)에게 올바른 방향을 제시하는 것이라고 생각된다. "우리는 기술, 입국을 위한 추가적인 법적 수단, 이주를 강요하는 요소를 다루는 정책들을 통해 국경 경비를 위한 인도적인 방법을 찾을 수 있다."[21]

성역 도시와 교회

구약에서 성소(sanctuary)는 하나님이 타락한 세상에 사는 그분의 백성에게 특별한 방식으로 자신의 임재를 알리신 거룩한 장소였다. 구약 시대에 이 성소들(가장 유명한 것은 성막이었고 나중에는 성전)은 하나님의 임재를 알리기 위해 "구별"되거나 성별된 지역적 장소로서, 사람들이 그분을 경배하기 위해

---

21   Joseph W. Tobin, "The 'Ethic' of Trump's Border Wall," *The New York Times*, January 30, 2019, www.nytimes.com/2019/01/30/opinion/trump-mexico-border-wall-immigration. html?em_pos=small&emc=edit_ty_2019 0131&nl=opinion-today&nl_art=10.

올 수 있는 곳이었다. 그러나 예수가 오시자 성소나 거룩의 개념이 완전히 달라졌다. "말씀이 육신이 되어 우리 가운데 거하시매"(요 1:14). 하나님은 자신의 임재를 특정 장소로 제한하시지 않기 때문에 거룩은 더 이상 지역적 실재(local reality)가 아닌 전 세계적 실재다. 좋은 소식은 오늘날 우리가 어디서나 하나님과 친밀한 만남을 가질 수 있다는 것이다.[22] 그러므로 신학적 의미에서 볼 때 오늘날에는 성소와 같은 것이 없다.

(도시든 교회든) 현대의 성역 운동(sanctuary movement)은 미등록 이민자들의 돌봄과 보호를 위한 장소로서의 성역 개념을 불러일으킨다. 이 이민자들은 일반적으로 여기서 오래 살았지만 추방될 위험에 처한 사람들로, 추방되면 가족과 분리될 가능성이 크다. (이 용어를 사용하는 사람들도 잘 모를 수 있으나 특히 도시와 관련하여) **성역**(sanctuary)이라는 용어는 성경에서 고발된 사람들이 부당한 대우를 피해 성역이라는 일정 지역으로 도망할 수 있었다는 사실에서 유래한다. 다윗의 군대 장군인 요압은 자기를 처형하라는 솔로몬의 명령을 전해 듣고 성막이라는 곳으로 도망가 제단의 뿔을 잡았는데, 이를 통해 성막이 성역과 비슷한 역할을 했음을 알 수 있다(왕상 2:28-35). 우리는 잠시 후 이 이야기를 살펴볼 것이다.

그러나 그 전에 약속의 땅에 들어갈 때 세워진 도피성도 언급해야 한다. 민수기 35장과 여호수아 20장을 보면 오늘날 우리가 우발적, 비고의적 살인이라고 부르는 범죄를 저지른 사람들이 "피의 보복자"(avenger of blood, 수 20:3)를 피해 갈 수 있는 성읍들을 그 땅 전역에 지정해야 한다고 말한다. 우발적, 비고의적 살인을 저지른 사람은 성읍의 장로들에게 가서 자신의 처지를 말하고 고의적인 살인을 저지르지 않았음을 확인받으면 그 성읍에 들

----

22   자세한 내용은 Longman, *Immanuel in Our Place*, 63-74을 참조하라.

어갈 수 있다. 거기서 피의 보복자로부터 보호받을 것이다. 이 피의 보복자는 그 사람을 죽임으로써 복수를 원하는 희생자의 가까운 친척일 가능성이 크다.

이 시스템은 우발적, 비고의적 살인을 저지른 사람들은 사형의 대상이 될 수 없으며 피의 보복자 같은 비사법적 실체의 손에 의해 처벌을 받아서도 안 된다는 이유를 든다. 그러나 우발적, 비고의적 살인을 저지른 사람이 형벌을 면하지는 못한다는 점에 주목하라. 그는 대제사장이 죽을 때까지 도피성에 머물러야만 한다. 즉 그의 자유는 제한된다. 그는 일종의 감금을 통해 형벌을 받는 것이다.

두 가지 다른 고려 사항을 염두에 두어야 한다. 첫째, 구약의 도피성은 당시 이스라엘 법체계의 일부지 그것을 반문화적으로 훼손하려는 시도가 아니라는 점이다. 둘째, 도피성은 (시대에 맞지 않는 표현이지만) 죄인에게 감옥을 회피할 수 있는 수단이나 피난처를 주기 위한 것이 아니다. 도피성과 관련하여 고의적인 살인을 한 사람은 성읍 출입을 거부당할 수도 있다. 성소의 경우에는 요압이 제단 뿔을 잡았어도 솔로몬의 대리인이 그곳으로 들어가 그를 죽일 수 있었다.

그렇다면 우리는 어떻게 해야 하는가?

교회는 부당한 대우를 받는 사람들에게 성역을 제공할 준비가 되어 있어야 한다. 남북전쟁 이전에 탈출한 노예들에게 피난처를 제공했던 교회들은 각 남부 주(州)의 법에 어긋난 일임에도 불구하고 옳은 행동을 하고 있었다. 1980년대에는 중앙아메리카에서 정치적 박해를 경험한 사람들이 미국에 들어올 수 있는 합법적인 입국 승인을 얻지 못했음에도 불구하고 그들에게 피난처를 제공한 교회들이 있었다. 즉 성경적 정의에 대한 우리의 의식이 국가의 법에 의해 손상될 때, 교회는 깊은 해를 입을 사람들에게 피난처를 제공해야 한다. 동시에 불의의 근원이 되는 법을 바꾸기 위해 부지런히 노력해야 한다.

앞서 논의한 이민 문제에서 우리가 옳다면, 현재 상황은 앞의 단락에서 언급되었던 상황들만큼 명확하지 않을 수 있다. 국경을 경비하고 입국을 통제하는 일에 관해 본질적으로 부도덕적이거나 비성경적인 것은 없다. 그러나 지난 수십 년 전부터 현재에 이르기까지 우리의 이민 시스템이 잘 작동하지 않았기 때문에, (때로 사람들이 기피하는 일을 하기 위해) 우리나라에 들어온 많은 미등록 이민자들이 이곳에서 상당히 오랜 기간 직업을 갖고 세금을 내며 아이들을 양육해왔다. 그중 상당수가 법적 지위를 취득했거나 그러기 위한 과정을 밟고 있다. 그런데 정부가 마침내 엄격한 법을 적용하여 사람들을 추방하기로 결정한다면 많은 경우 가족이 해체될 것이고, 그렇다면 이는 정부가 부당하게 행동하는 것일 수 있다.

한마디로 성역을 제공하는 것에 관한 결정은 특정 상황에 대한 신중한 판단을 요하는 어려운 일이다. 사람들이 불법적으로 입국한 이유가 무엇이었나? 그들은 위해(危害)나 박해 때문에 피난처를 구하고 있었는가? 그들이 여기에 온 지는 얼마나 되었나? 그들이 사람이나 재산에 대해 폭력적인 범죄를 저질렀는가?[23] 추방된다면 뿔뿔이 흩어질 가족이 있는가?

성역을 제공하면 그 사실을 비밀로 해서는 안 된다. 당국에 알려야 하고, 성역 교회나 도시는 법적 추방을 막기 위해 국가 기관과 협력해야 한다.

---

23 물론 그 정의로만 따진다면 미등록 이민자들은 불법적으로 입국함으로써 범죄를 저질렀다. 그러나 우리의 연구 방향은 현재 이민 시스템의 정당성과 기능성에 대해 더 많은 질문을 제기한다.

태도와 성향

성경은 박해나 경제적인 이유로 우리나라로 이주하거나 입국하려는 사람들에게 사랑과 호의를 품고 그들을 지원하고자 하는 마음을 품으라고 권한다. 그리스도인들은 하나님의 형상으로 창조된 타인의 고통을 경감시키기 위해 가능한 한 많은 일을 하기를 열망해야 한다. 예수는 선한 사마리아인의 비유를 통해 모든 사람이 우리의 돌봄과 보호를 받을 자격이 있는 이웃이라고 가르치신다.

성경적 원칙들

1. 우리는 모든 이민자를 사랑하고 돌봐야 한다.
2. 히브리어 성경에 사용된 "게림"이라는 단어는 오늘날 우리 사회의 미등록 이민자와 관련된다. 또한 성경은 "게림"에 대해 종교 의식을 권유하고 참여를 허용해야 하며 그들에게 완전한 사법적 권리와 사회적 권리를 보장해야 한다고 명령한다.
3. 국경 경비는 부도덕한 행위가 아니다. 성경은 국경 개방을 요구하지 않는다.
4. 미등록 이민자를 포함한 모든 사람은 하나님의 형상으로 창조되었으며, 우리는 말, 태도, 행동으로 그들을 존중해야 한다.
5. 그리스도인들은 미등록 이민자를 포함한 어떤 사람에 대해 악마화하는 행동에 가담하거나 그런 일을 지원해서는 안 된다.
6. 예수는 그리스도인들을 향해 가까이 있든 멀리 있든 우리 자신과 비슷하든 다르든 모든 사람을 우리의 이웃으로 여기고, 특히 그들이 곤경에 처했을 때 우리의 도움을 받을 자격이 있는 사람처럼 대하라고 요구하신다.
7. 예수는 제자들에게 굶주리고 목마른 나그네를 도우라고 말씀하신다.
8. 그리스도인들은 (정치적, 종교적인 이유로) 박해가 이뤄지는 곳에 있는 많은 이들을 적극적으로 도와야 한다.
9. 우리는 최소한이 아닌 최대한 많은 사람을 돕고자 하는 소망을 품어야 한다.
10. 그리스도인은 공정하고 질서 있는 이민 시스템을 구축하려는 입법안을 지지해야 한다.[24]

....

24 공정하고 질서 있는 이민 시스템을 지향하는 단계에 대한 흥미롭고 명확한 설명이 궁금하다면, David Brooks, "Our Disgrace at the Border," *New York Times*, April 11, 2019, https://www.nytimes.com/2019/04/11/opinion/border-crisis-immigration.html을 참조하라. 또한 Mark R. Amstutz, *Just Immigration: American Policy in Christian Perspective*(Grand Rapids: Eerdmans, 2017)를 참조하라.

성찰 및 질문

1. 그리스도인은 국경 경비에 대해 어떻게 생각해야 하는가?
2. 그리스도인은 국경 개방 개념을 지지해야 하는가?
3. 등록 이민자, 미등록 이민자, 정치적 난민, 종교적 난민을 향한 우리의 태도는 어떠해야 하는가?
4. 우리의 이민 시스템은 개인의 종교를 고려해야 하는가? 이유는 무엇인가?

10 동성 결혼

2015년에 대법원이 오버거펠 대(對) 호지스(*Obergefell v. Hodges*) 재판의 판결을 내림으로써 미국 전역에서 동성 결혼이 허용되었다. 60년 전이었다면 교회 안팎의 사람들 대다수가 상상도 할 수 없는 일이다. 그때는 교회 내 보수파든 주류파든 동성 결혼을 인정해달라고 요구하는 사람이 없었다. 현재 성소수자(LGBTQ+) 커뮤니티라고 불리는 공동체 내부는 물론이고 교회 밖에서도 동성 결혼을 옹호하는 사람이나 단체가 없었다. 그렇다고 성소수자의 권리를 요구하는 사람들이 별로 없었다는 뜻은 아니다. 1960년대에 일어난 "성 혁명"의 일부로서 당시 비전통적이라고 불릴 만한 온갖 종류의 성관계가 (항상 그랬던 것처럼) 사적으로 행해지고 더 넓은 범위에서 정상화되는 과정에 있었다. 오히려 1960년대부터는 결혼 자체가 부르주아 제도라는 공격을 받았다.

그러나 오버거펠 대(對) 호지스 판결이 나올 때까지 성소수자 커뮤니티 안팎의 세력들이 사회 내에서 동성 결혼이 수용되어야 한다고 주장하기 시작했다. 오늘날 미국 인구의 3분의 2 이상이 동성 결혼을 지지하는 것을 보면 이 개념은 더 넓은 공동체에서 분명히 주목을 끌었던 것 같다. 그리고 그 비율은 계속 증가하고 있다.

주목할 만한 점은 적어도 서구 교회 내에서 동성 결혼이 점점 더 받아들여지고 있다는 것이다. 세계 교회는 대체로 동성 커플 사이의 성행위와 결혼에 대해 부정적인 태도를 유지해온 반면, 서구 교회는 수용적인 태도를 취했다. 가톨릭교회와 복음주의 개신교 교회 대부분은 예외지만, 심지어 이 그룹에서도 (특히 평신도와 복음주의 개신교의 일부 사상적 리더들 가운데서) 동성 결혼에 관한 전통적 가치가 약화되고 있다. 이 문제에 관해 적어도 복음주의 개신교 교회 안에는 강력한 세대 분열이 일어나고 있으며, 젊은 세대가 기성 세대보다 동성 결혼 개념을 훨씬 더 잘 받아들인다.

이런 배경에서 우리는 결혼과 동성 관계에 대한 성경의 가르침을 살펴보려고 한다. 성경은 이 문제에 대해 어떻게 말하는가? 성경은 동성 관계를 금지하는가, 아니면 지지하는가? 또는 중립적인 태도를 보이는가? 우리는 전반적인 문화의 정서보다는 그 주제에 대한 성경의 가르침이 기독교적 규범에서 더 중요하게 다루어져야 한다고 주장했지만, 두 번째로 중요한 질문이 있음을 알게 될 것이다. 우리는 하나님의 말씀인 성경이 그분의 백성에게 어떤 사고와 행동 방식을 요구하는지뿐만 아니라 하나님께서 과연 그분의 백성이 교회 밖의 사람들에게 특정 방식으로 행동하라고 강요하시는지에 관심이 있다. 따라서 먼저 그 주제에 대해 성경이 어떤 이야기를 하는지 살펴볼 것이다. 그 과정에서 우리는 구약과 신약을 포함한 성경이 일관되게 동성 간의 행위를 금지한다는 사실을 알게 될 것이다. 만약 성경이 동성 간의 행위를 긍정하지 않는다면, 당연히 동성 결혼 역시 허용하지 않으리라고 추론할 수 있다.

동성 관계에 대한 성경의 가르침

오늘날 동성 관계에 대한 성경의 가르침은 성경을 둘러싼 가장 논쟁적인 문제 중 하나다.[1] 그런데 이는 새로운 양상이다. 과거에는 성경이 그런 성행위를 금지한다는 관점에 대해 이의를 제기하는 사람이 거의 없었다. 왜냐하면 성경이 그 문제에 관해 너무도 분명한 태도를 취하고 있기 때문이다. 구체적으로 동성 행위를 다루는 구절들을 다루기 전에, 우리는 성에 대한 성경 신학(biblical theology of sexuality)이라고 부를 수 있는 더 넓은 맥락을 살펴볼 필요가 있다.

성에 대한 성경 신학

성(性)은 성경의 주요 주제다. 일부 사람들은 이 사실에 놀랄 수도 있다. 아마도 하나님이 우리의 영혼에만 집중하시고 몸에는 별로 관심을 기울이시지 않는다고 생각하는 사람들은 놀랄 것이다. 그렇다면 몸과 영혼의 분열에 관해 말하는 것이 성경적인가라는 질문을 잠시 보류하면, 하나님이 몸을 포함한 전인으로서의 우리에게 관심을 갖고 계신다는 점에는 의문의 여지가 없다. 그리고 성은 우리 삶의 큰 부분이다. 하나님은 우리를 성적인 존재로 만드셨다(창 1:27; 2:18-25). 성경을 열심히 읽지 않는 사람들을 한층 더 놀라게 하는 것은 성경이 인간의 경험에 있어서 성에 대해 긍정적인 말을 많이

---

1   자세한 내용은 Tremper Longman III, *Old Testament Controversies: Pressing Issues about Evolution, Sexuality, History, and Violence* (Grand Rapids: Baker, 2019), 207-69을 참조하라.

하고 있다는 점이다.[2] 이런 현실은 성경이 우리의 성을 억압하는 데만 관심이 있다는 일반적인 개념에 어긋난다. 실제로 성경은 우리의 번영을 위해 성욕이 특정 방향을 향하게 한다. 따라서 성행위는 동성 관계의 영역에서뿐만 아니라 특정한 이성 관계에서도 금지된다. 모든 사람은 성적으로 고결하고 충실한 삶을 살라는 부름을 받는다. 일부는 독신이라는 더 높은 소명을 받기도 한다(고전 7:1-7).

인간의 창조

우리는 앞서 창세기의 창조 이야기가 인간을 관계적 존재로 기술하고 있음을 관찰했다.[3] 첫 번째 인간을 창조하신 후 하나님은 "사람이 혼자 사는 것이 좋지 않다"고 선언하셨다. 하나님은 첫 번째 여자를 창조하시고 그들 사이의 평등을 강조하신다. 그들의 관계는 친밀했다. 남자는 "이는 내 뼈 중의 뼈요 살 중의 살이라. 이것을 남자에게서 취하였은즉 여자라 부르리라"(창 2:23)고 말한다. 그런 다음 성경의 서술자는 결혼에 대한 성경적 이해로 해석될 수 있는 말을 남긴다. "이러므로 남자가 부모를 떠나 그의 아내와 합하여 둘이 한 몸을 이룰지로다"(2:24). 두 번째 창조 이야기의 마지막 절을 보면 이 "한 몸으로의 연합"이 만족스럽고 방해가 되지 않았다는 사실을 알 수 있다. "아담과 그의 아내 두 사람이 벌거벗었으나 부끄러워하지 아니하니라"(2:25). 이 벌거벗음은 남자와 여자 사이에 그 어떤 장벽도 인식되지 않았음을 드러낸다. 그들은 육체적인 측면 외에도 정신적, 감정적, 심리적으로 약한 모습을 투명하게 드러낼 수 있었다. 그러나 바로 다음 장에서 보게 되

---

2   Dan B. Allender and Tremper Longman III, *God Loves Sex: An Honest Conversation about Sexual Desire and Holiness* (Grand Rapids: Baker, 2014).

3   106-108쪽을 참조하라.

듯이 이 아름다운 상황은 오래가지 않는다.

동산에서의 소외

우리는 앞서 뱀의 유혹에 넘어간 아담과 하와의 이야기를 자세히 살펴보았다.[4] 여기서는 그 이야기를 해설하기보다는 성에 대한 도덕적 자율성을 주장하기로 한 인간의 결정이 불러온 결과에 초점을 맞출 것이다.

우선 우리는 금단의 열매를 먹음으로써 도덕적 자율성을 주장하기로 한 남자와 여자의 결정이 그들 사이의 즉각적인 소외를 유발한다는 점에 주목하려고 한다. "여자가 그 나무를 본즉 먹음직도 하고 보암직도 하고 지혜롭게 할 만큼 탐스럽기도 한 나무인지라 여자가 그 열매를 따먹고 자기와 함께 있는 남편에게도 주매 그도 먹은지라 이에 그들의 눈이 밝아져 자기들이 벗은 줄을 알고 무화과나무 잎을 엮어 치마로 삼았더라"(창 3:6-7). 그들은 더 이상 벌거벗은 채로도 부끄러움을 느끼지 않던 그런 상태가 아니었다. 하나님이 의도하셨던 그들의 성적 조화는 이제 붕괴되었다.

또한 하나님은 반역 행위에 대해 뱀과 여자와 남자에게 형벌을 선언하신다. 이 세 형벌은 형벌이 내려진 자들뿐만 아니라 모든 피조물에 영향을 미친다. 여자에게 내려진 형벌은 그녀가 자녀 및 남편과 맺고 있는 친밀한 관계와 관련이 있다. 후자는 그들 사이의 새로운 소외를 강조한다. "너는 남편을 원하고 남편은 너를 다스릴 것이니라"(창 3:16c). 이 욕망은 낭만적인 욕망이 아닌 지배하려는 욕망이다. 여자는 남자를 지배하길 원하고, 남자는 여자에 대해 자신의 힘을 주장하려고 한다. 앞서 살펴보았듯이 죄의 뿌리는 이기심을 채우는 것이다. 우리는 에덴동산 이야기를 통해 그런 열정이 어떻

....
4   79-84쪽을 참조하라.

게 남자와 여자 사이의 아름다운 유대를 파괴하는지 알 수 있다. 창세기 2장에서 확인할 수 있듯이 죄는 성에 관한 하나님의 의도를 파괴한다. 동산에서 남자와 여자는 "한 몸"이었으나, 이제는 죄의 결과로 자신을 가린다. 그들은 더 이상 벌거벗어도 부끄러움을 느끼지 않는 상태로 있을 수 없다.

다시 동산으로

그러나 그것이 이야기의 끝은 아니다. 하나님은 사랑하는 인간 피조물을 포기하시지 않고, 인간과의 조화로운 관계를 회복하기 위해 그들을 구속하시고자 한다. 이를 알리는 신호로서 하나님은 인간이 반역한 직후 그들에게 입을 옷을 주신다. 그래서 그들은 새로 발견된 부끄러움에도 불구하고 서로의 앞에 머물 수 있게 되었다(3:21).

타락 이후에도 신-인 관계뿐만 아니라 가장 친밀한 인간관계에 대한 희망이 있다. 성경의 아가는 다음과 같이 노래한다.

남자(여자에 대해 이야기함)

너는 동산의 샘이요
생수의 우물이요
레바논에서부터 흐르는 시내로구나.…
내 누이, 내 신부야, 내가 내 동산에 들어와서
나의 몰약과 향 재료를 거두고
나의 꿀송이와 꿀을 먹고
내 포도주와 내 우유를 마셨으니(아 4:15; 5:1).

여자(남자에 대해 이야기함)

북풍아, 일어나라.

남풍아, 오라.

나의 동산에 불어서

향기를 날리라.

나의 사랑하는 자가 그 동산에 들어가서

그 아름다운 열매 먹기를 원하노라.…

내 사랑하는 자가 자기 동산으로 내려가

향기로운 꽃밭에 이르러서

동산 가운데에서 양 떼를 먹이며

백합화를 꺾는구나.

나는 내 사랑하는 자에게 속하였고 내 사랑하는 자는 내게 속하였으며

그가 백합화 가운데에서 그 양 떼를 먹이는도다(아 4:16; 6:2-3).

아가는 사랑시를 모아놓은 책이다. 수 세기 동안 이 에로틱한 책은 하나님과 이스라엘(유대교 해석가들) 또는 그리스도와 교회 사이의 관계(기독교 해석가들)에 대한 알레고리로 해석되었다. 그러나 19세기 학자들은 아가에 알레고리적 읽기를 유발하는 본문의 신호가 없다고 보고(2장의 장르에 대한 논의 참조), 이 책을 사랑시 모음이나 사랑 관계에 대한 이야기라고 인식했다. 우리는 전자의 접근 방식을 취하지만, 아가가 인간의 사랑 특히 남자와 여자 사이의 육체적 친밀감을 강조하는 내용이라는 데 상당한 합의가 이루어졌다

는 사실을 기억해야 한다.[5]

정경 내에서 읽으면 아가는 육체적 친밀감을 칭송할 뿐만 아니라, 필리스 트리블이 매우 설득력 있게 제안하듯이 성의 구속(redemption of sexuality)에 대해 말한다.[6] 그녀는 자신의 주장을 펼칠 때 앞서 나열된 구절에서 예증된 바와 같이 자주 나오는 동산 이미지를 지적한다. 아가 저자는 동산에서 서로를 즐기는 남녀에 관한 부분을 통해 의도적으로 에덴동산을 상기시킨다. 그렇게 함으로써 비록 죄가 젠더와 성적 조화를 깨뜨릴지라도 모든 것이 상실되지는 않았으며 여전히 성적 향유가 가능하다는 사실을 깨닫게 한다.

이는 가능하지만 항상 성취할 수 있는 것은 아니다. 아가의 일부 시는 성적 행복이 성취하기 어렵거나 무심코 또는 빨리 탐닉되는 것이 아님을 인정하기도 한다. 결국 감정적, 육체적 친밀감을 추구하는 행위를 통해 다른 사람에게 자신을 열 때 위험이 따른다.[7] 따라서 "이미-아직"(already-not yet) 상태인 성의 구속에 대한 희망을 제시했다는 점에서 아가가 성에 대한 성경 신학에 기여했다고 평가할 수 있다. 죄의 영향은 이생에서 근절되지 않는다. 모든 사람은 성적으로 망가졌다. 이는 성경이 우리의 성에 대해 말하는 첫 번째이자 가장 중요한 요점이다. 만약 일상에서 우리 눈에 있는 "들보"에 대한 예수의 말씀과 관련 있는 부분을 찾는다면, 그것은 분명 성의 영역 안에 있다(마 7:1-6). 우리가 앞서 언급했듯이 예수의 가르침은 도덕적 평가를 배

---

5 더 자세한 내용은 Tremper Longman III, *Song of Songs*(Grand Rapids: Eerdmans, 2001)를 참조하라.

6 Phyllis Trible, *God and the Rhetoric of Sexuality* (Philadelphia: Fortress, 1978).

7 예컨대 아 1:5-6; 2:15; 5:2-6:3과 Allender and Longman, *God Loves Sex*, 102-22에 수록된 해설을 참조하라. 내가 예전에 가르친 George M. Schwab는 아가의 이런 측면을 탁월하게 연구해낸 결과물로 인정받아야 한다. George M. Schwab, *The Song of Songs' Cautionary Message Concerning Human Love* (New York: Peter Lang, 2002).

제하진 않지만 확실히 그 안에 강력한 겸손을 포함한다.[8]

천국에서의 성?

이미-아직(already-not yet)의 구속이라는 말은 신학자나 여러 사람들에게 친숙한 표현이다. 예수의 죽음과 부활로 인해 그를 신뢰하는 죄인들이 하나님과 화해를 이룬다. 예수는 십자가에서 죄와 사망을 이기셨지만, 그것은 그분이 장차 다시 오셔서 새 예루살렘의 도래를 알리실 때 완성될, 이미 결정되었지만 아직 완성되지는 않은 승리다. 새 예루살렘은 더 나은 에덴의 회복에 대한 은유다. 죄와 사망이 패배했지만, 사람들은 여전히 현실에서 죄를 짓고 죽는다. 따라서 우리가 앞 섹션에서 기술한 바와 같이 성의 이미-아직의 본질에 관해 이야기할 때 그 논의는 성의 최종 구속에 대한 질문을 제기한다. 그것은 정확히 어떤 모습인가?

천국에서 우리의 존재가 갖출 많은 측면과 마찬가지로 세부적으로 확신할 수는 없지만, 영성(spirituality)에 대한 플라톤적 사고의 잔재를 근절하고 우리가 무형의 영혼이 아닌 육체로 부활할 것임을 기억해야 한다. 그리고 부활한 우리의 몸에, 우리가 오늘날 먹고 마시고 성적인 즐거움을 누리는 것과 같이 육체적 쾌락으로서 경험하는 요소가 전혀 없을 것이라고 생각할 이유는 없다. 신학자 루이스 스메데스가 생각한 대로, 아마도 우리가 현재 황홀한 오르가즘으로 경험하고 있는 것은 다가올 더 큰 쾌락에 대한 암시에 불과할 것이다.[9] 오늘날 우리를 괴롭히고 고통스럽게 하는 모든 깨어짐은 종말에 치유될 것이다.

---

8   84쪽에 있는 이 구절에 대한 논의를 참고하라.
9   Lewis B. Smedes, *Sex for Christians* (Grand Rapids: Eerdmans, 1994).

다시 말하지만 천국에서의 존재에 관한 가정은 그저 추측일 뿐이다. 중요한 점은 마치 우리가 천국을 구름 위에 앉아 수금을 연주하고 천사의 날개를 과시하며 영원(eternity)을 보내는 것 같은, 지나치게 영적인 모양으로 만들어서는 안 된다는 것이다. 이미-아직 상태인 성의 구속은 우리가 부끄러움 없이 벌거벗은 모습으로 취약한 부분을 서로에게 완전히 열고 모든 깨어짐이 제거된 채 서로 앞에 다시 설 수 있을 것임을 시사한다.

깨어진 성적 관계 억제하기

하나님은 성별을 반영하는 성적 존재로 인간을 창조하셨다. 고대 근동의 다른 종교에서 내세우는 신학과 달리, 하나님 자신은 성별을 반영하시지도 않고 성욕이 왕성하시지도 않은 분이다. 그러나 성(性)과 결혼은 종의 번식을 위한 수단에서 더 나아가 하나님이 의도하신 인간의 창조 목적의 일부를 구성한다. 흥미롭게도 결혼을 소개하는 구절은 부모를 떠나 서로 연합하고 "한 몸"으로서 성적인 결합을 이루는 것에 관해 이야기하는 반면, 자녀에 대해서는 언급하지 않는다. 성은 자녀라는 추가 선물과는 별개로 하나님이 주신 선물이다.

성경은 인간의 성에 대해 매우 긍정적으로 묘사한다. 그렇다면 대다수 사람들 특히 성경을 부주의하게 읽는 독자들은 왜 성경이 성에 대해 그토록 부정적이라고 생각하며 등을 돌리는가?

성경이 성(性)을 칭송하면서도 우리의 욕구가 망가져서 하나님이 애초에 의도하신 목적과 다른 방향으로 인도되었음을 지적하기 때문이다. 또한 성경은 그 결과 율법과 다양한 이야기에 나오는 예시를 통해 이처럼 방향이 어긋난 욕구에 따라 행동하는 것을 경고하시는 하나님의 말씀을 전하고 있다. 우리는 이 이야기들 속에서 빗나간 성생활의 부정적인 결과에 대해 듣는다.

제7계명: "간음하지 말라"(출 20:14)

이 시점에서 독자는 반드시 구약의 율법 자료를 숙지해야 한다. 그렇지 않다면 이 내용을 다시 살펴볼 필요가 있다(47-72쪽). 여기서는 이에 대해 간략하게 다룰 것이다. 십계명은 이스라엘의 사회학적, 구속사적 맥락에 따라 특정 상황에 적용되는 열 가지 일반 윤리 원칙을 제시한다. 그리스도는 다시 오셔서 모든 것이 다 이루어질 때까지 우리 삶에 대한 하나님의 뜻을 표현한 구약 율법의 유효성이 지속될 것임을 재확인하셨다(마 5:17-20, "천지가 없어지기 전에는 율법의 일점일획도 결코 없어지지 아니하고 다 이루리라"[18절]). 그리스도의 오심은 시민법, 의식법, 제의법, 도덕법 사이의 구분을 허용하는 율법의 목적을 성취했다. 물론 사회학적 상황이 변함에 따라 법이 오늘날 어떤 방식으로 적용되는지 질문하게 되지만, 도덕법은 여전히 그리스도인과 관련이 있다.

앞서 언급되지는 않았지만 성과 관련된 율법에 대한 논의에서 중요한 것은 구약과 동일한 가르침을 단순히 반복하는 신약의 중요성이다. 앞으로 우리는 신약이 동성 간의 육체적 관계에 대한 구약의 이해를 명시적으로 재확인하며 그 반복이 성에 관한 정경의 가르침을 이해하는 데 큰 의미가 있음을 보게 될 것이다.

구체적으로 살펴보면 제7계명은 혼외 성관계를 금지하는 내용임을 알 수 있다. 성관계는 자손을 생산하기 위한 목적 외에도 법적으로 약속된 관계에 있는 사람들을 위한 것이다. 창세기 2:24의 언어를 사용해 표현하면, 우리는 그 어떤 것보다도 자신을 다른 사람에게 드러내는 친밀한 "한 몸"을 이루는 육체적 행위에 참여하기 전에 부모를 떠나 배우자에 대한 새로운 일차적 충성을 형성하고 그/그녀와 연합해야 한다.

사례법은 혼전 및 혼외 성관계를 금지할 뿐만 아니라 특정 관계에 있는 사람들의 성적 접촉이나 결혼을 금지함으로써 제7계명을 적용하기도 한다. 이 사례법은 레위기 18장과 20장에 등장한다. 레위기 18장은 하나님이 모세에게 그의 백성이 이집트와 가나안에 거주하는 고대 근동의 이웃들처럼 행동해서는 안 된다고 말씀하시는 (따라서 그들이 반문화적 삶을 살고 그들의 문화에 동화되어서는 안 된다는 것을 보여주시는) 장면으로 시작된다. 하나님은 그들에게 이렇게 말씀하신다. "내가 너희를 인도할 가나안 땅의 풍속과 규례도 행하지 말고 너희는 내 법도를 따르며 내 규례를 지켜 그대로 행하라. 나는 너희의 하나님 여호와이니라. 너희는 내 규례와 법도를 지키라. 사람이 이를 행하면 그로 말미암아 살리라. 나는 여호와이니라"(레 18:1-5, 3b-5을 인용함). 여기서 우리는 하나님이 주변 나라가 아닌 **그분**의 백성이 어떻게 행동하는지에 관심을 갖고 계신다는 점에 주목해야 한다.

금지된 성적 관계의 목록은 우리가 근친상간법이라고 부르는, 가까운 친척과의 관계를 금지하는 법으로 시작한다. "각 사람은 자기의 살붙이를 가까이하여 그의 하체를 범하지 말라"(레 18:6)는 일반적 진술에 이어, 어머니, 계모, 누이, 이복 누이, 손녀, 고모, 며느리, 형제의 아내, 한 여자와 그녀의 딸이 포함된 구체적인 관계를 언급한다(18:7-18). 월경 중인 여자(19절), 이웃의 아내(20절), 동물(23절)과의 성관계 외에 다른 성적 관계도 금지된다. 다음 구절은 이런 맥락에서 읽을 수 있다.

> 너는 여자와 동침함 같이 남자와 동침하지 말라. 이는 가증한 일이니라(레 18:22).

레위기 20장은 대체로 우리가 레위기 18장에서 발견한 금지된 성적 관계의 목록을 다른 순서와 언어로 반복한다. 여기서는 동성 관계에 관한 한 구절만 인용할 것이다.

> 누구든지 여인과 동침하듯 남자와 동침하면 둘 다 가증한 일을 행함인즉 반드시 죽일지니 자기의 피가 자기에게로 돌아가리라(레 20:13).

또한 레위기 20장은 구약 시대에 이스라엘과 관련된 율법을 위반할 경우에 주어지는 형벌을 추가한다.[10]

구약 율법은 분명히 동성 관계를 금지한다. 이 가르침의 명료성은 해석사에 의해 증명된다. 해석사에서 약 30년 전까지만 해도 이 결론에 대해 이견이 없었고, 이것은 여전히 서구 밖의 세계 교회에서 널리 받아들여지는 해석으로 남아 있다. 서구에서는 사회적 세력과 더 넓은 문화에 대한 양보가 지지할 수 없는 수많은 새로운 해석 전략이나 단순히 구약의 가르침의 관련성에 대한 거부로 이어졌다고 주장할 수 있다. 우리는 다른 곳에서 이런 새로운 전략들과 상호작용하였다. 고대의 이단(마르키온주의[Marcionism]) 외에도 신약이 이 주제에 대한 구약의 가르침을 재확인하기 때문에 구약을 거부하는 것은 문제가 있다.[11]

신약의 가르침

우리는 구약의 모든 사례법이 신약 시대에 구속력을 유지한 것은 아님을 관

---

10 앞서(193-205, 208-212쪽) 우리는 구약 율법의 형벌에 대해 논했다. 이는 구약 시대의 형벌 적용에 약간의 유동성이 있었다는 증거를 확인한다. 또한 그리스도께서 오시고 하나님의 백성이 민족 국가에서 교회로 전환됨에 따라 이런 일시적인 형벌들이 더 이상 관련이 없음을 나타낸다.

11 이 새로운 해석 전략들과 나의 상호작용에 대해서는 *Confronting Old Testament Controversies*, 219-51을 참조하라.

찰했다. 어떤 경우에는 예수의 오심으로 인해 구약 율법의 의도가 적절하지 않게 되었다. 예수가 동물 제물이 예고했던 것처럼 단번에 드려진 희생제물이셨기 때문에 우리는 더 이상 희생제물을 바치지 않는다(히 7:26-28). 또한 이제는 "정결한 음식"(kosher)으로 간주된 것들로 우리의 식단을 제한하지 않는다. 왜냐하면 원래 하나님의 백성이 이방인과 함께 먹지 못하게 하는 것이 그 음식의 목적이었지만, 지금은 유대인과 이방인 사이에 있던 "분리의 벽"이 무너졌기 때문이다(엡 2:14-16). 레위기 18장과 20장에 나오는 성생활 관련 율법에 대해서도 마찬가지다. 월경 중인 여자와의 동침 금지 조항도 더 이상 유효하지 않다. 그 조항은 여자의 생식 능력과 관련된 피를 거룩한 것으로 간주하고 그 거룩한 것과의 접촉이 사람을 부정하게 만든다는 제의적 정결 율법과 관련이 있기 때문이다.[12]

그러나 성생활과 관련된 다른 율법들이 특히 신약에 의해 재확인될 때 여전히 유효하며, 동성과의 육체적으로 친밀한 관계에 관한 율법만큼 노골적으로 재확인된 율법은 없다고 생각할 충분한 이유가 있다. 근친상간에 관한 율법을 예로 들어보자. 바울은 어머니나 계모와 동침하던 남자를 징계하지 않는 고린도 교회를 책망한다(고전 5:1-2). 이 참고 구절로부터 우리는 신약 역시 레위기 18장과 20장에 의해 규정된 것처럼 다른 가까운 친척과의 동침을 금지할 것이라고 가정할 수 있다. 신약은 수간(獸姦)을 전혀 다루지 않지만, 예수의 오심으로 시작된 새 시대가 동물과의 성관계를 허용할 것이라고 생각하긴 어려울 것이다. 근친상간 및 수간과 비교하면 신약은 지속적으로 동성 관계를 분명히 금지하고 있다.

---

12 남자의 정액과 접촉하는 것에 필적할 정도로 그것이 생명과 연결되어 있기 때문이다(레 15:16-18).

그러나 특정 구절들을 살펴보기 전에 예수도 바울도 모두 우리가 앞서 기술했던 창세기 2장에서 제시된 결혼관을 재확인했다는 점에 주목해야 한다. 예수는 일부 유대인 지도자들과 이혼에 대해 토론하면서 다음과 같이 말씀하신다. "사람을 지으신 이가 본래 그들을 남자와 여자로 지으시고 말씀하시기를 '그러므로 사람이 그 부모를 떠나서 아내에게 합하여 그 둘이 한 몸이 될지니라' 하신 것을 읽지 못하였느냐?"(마 19:4-5)

바울은 에베소 교인들에게 보낸 서신에서 남편과 아내를 포함한 모든 그리스도인에게 서로에게 복종하라고(다른 사람의 최선의 이익을 자신의 이익 앞에 두라고[엡 5:21]) 강조한다. 그는 남편과 아내에게 지시하는 맥락에 기독론적 관점을 첨가하여 창조 이야기를 언급한다. "그러므로 사람이 부모를 떠나 그의 아내와 합하여 그 둘이 한 육체가 될지니 이 비밀이 크도다. 나는 그리스도와 교회에 대하여 말하노라"(엡 5:31-32).

우리는 이제 예수와 바울이 창세기 2장에서 발견되는 결혼관을 재확인하는 맥락에서 구체적으로 동성 관계를 언급한 구절들을 살펴볼 것인데, 세 구절 모두 바울 서신에 나온다.[13] 구체적으로 로마서 1장, 고린도전서 6장, 디모데전서 1장에 기록된 구절이다.

바울은 로마 교회에 보낸 편지의 서두에서 첫 인사를 한 다음에 "복음은 모든 믿는 자에게 구원을 주시는 하나님의 능력"(롬 1:16)이기 때문에 그들에게도 "복음 전하기를"(1:15) 원한다고 말한다. 그리고 그들에게 "복음"을 제시하기 전에 나쁜 소식을 알린다.[14] "하나님의 진노가 불의로 진리를

---

13 딤전 1장을 포함하여 목회 서신의 원저자 문제에는 논쟁의 여지가 있지만, 바울이 실제로 서신을 썼는지의 여부는 그 기록의 정경적 권위와 관련이 없다(나는 그가 썼다고 믿는다).

14 Douglas J. Moo, *Romans*, The NIV Application Commentary (Grand Rapids: Zondervan, 2000), 59.

막는 사람들의 모든 경건하지 않음과 불의에 대하여 하늘로부터 나타나나니"(1:18). 그리고 (3:20까지 이어지는 가운데) 그의 의도가 단지 선택된 그룹뿐만 아니라 모든 사람에게 유죄를 선고하는 것임을 이해하게 된다. 바울의 신랄한 고발에서 무탈한 사람은 아무도 없다. "곧 모든 불의, 추악, 탐욕, 악의가 가득한 자요 시기, 살인, 분쟁, 사기, 악독이 가득한 자요 수군수군하는 자요 비방하는 자요 하나님께서 미워하시는 자요 능욕하는 자요 교만한 자요 자랑하는 자요 악을 도모하는 자요 부모를 거역하는 자요 우매한 자요 배약하는 자요 무정한 자요 무자비한 자라"(1:29-31). 바울은 사람들을 못된 말로 비난하려는 것이 아니라 그들이 구원자가 필요한 죄인임을 말하기 위해서 이런 표현을 쓴다.

여러 죄목이 언급되고 있지만, 우리는 특히 이 장의 목적과 관련해 동성관계가 이 맥락에서 언급된 특정한 죄 가운데 있다는 점을 지적해야 한다.

> 이 때문에 하나님께서 그들을 부끄러운 욕심에 내버려 두셨으니 곧 그들의 여자들도 순리대로 쓸 것을 바꾸어 역리로 쓰며 그와 같이 남자들도 순리대로 여자 쓰기를 버리고 서로 향하여 음욕이 불 일듯 하매 남자가 남자와 더불어 부끄러운 일을 행하여 그들의 그릇됨에 상당한 보응을 그들 자신이 받았느니라 (롬 1:26-27).

바울은 "자연스러운 성관계"(개역개정에서는 "순리로 쓸 것")에 대해 말하면서 창세기 2장을 염두에 두고 있다. 규범적으로 읽는다면, 바울은 창세기 2장에 나오는 결혼 관계에 대한 묘사(남자와 여자가 부모를 떠나 연합하고 "한 몸"을 이룸)가 "자연스러운" 모습이라고 여기는 것 같다. 다시 말하지만 이성애든 동성애든 모든 성적인 죄는 이 창조의 목적을 위반하는 행위다. 앞서 언급했듯이 바울은 사람들이 스스로 무죄하다고 느끼지 않도록 하기 위해 계속해서 모든 인간과 관련이 있는 죄의 목록을 길게 언급한다(1:28-32). 우리가 이를 강조하는 것은 많은 사람이 동성애라는 죄를 일종의 특별한 범주로 간주하는 오류를 피하기 위해서다. 또한 바울이 동성애적 욕망과 행위를 죄로 간주하지 않는다고 제안하는 것도 잘못된 일이다. 그리고 바울이 로마서 1장에서만 자신의 견해를 밝힌 것도 아니다.

고린도전서 6장에서 바울은 동료 그리스도인을 상대로 소송을 제기하는 사람들을 책망하면서 그런 분쟁을 공공연하게 드러내기보다는 속임을 당하는 편이 더 낫다고 주장한다. 그는 "너희는 불의를 행하고 속이는구나. 그는 너희 형제로다"(고전 6:8)라고 말한 다음, 하나님 나라의 상실을 초래하는 악행의 범주를 확장한다. "미혹을 받지 말라. 음행하는 자나 우상숭배하는 자나 간음하는 자나 탐색하는 자나 남색하는 자나 도적이나 탐욕을 부리는 자나 술 취하는 자나 모욕하는 자나 속여 빼앗는 자들은 하나님의 나라를 유업으로 받지 못하리라"(6:9b-10). 우선 바울이 이 목록을 통해 우리 모두를 난처하게 만들었다는 사실을 분명히 해보자. 모든 사람이 성생활에 대한 하나님의 의도를 위반했다. 그리고 우리는 모두 성적으로 부도덕하다. 누구든지 어떤 인물이나 대상을 하나님보다 더 중요하게 여기고 있기 때문에 우리는 모두 우상숭배자다. 또한 너무 많이 마시고 누군가를 속여 크고 작은 것을 빼앗으며 욕심을 부리는 사람이 많다.

그러나 이 목록에는 "남자들과 더불어 성관계를 가진 남자들"(개역개정에서는 "탐색하는 자나 남색하는 자")이 포함되어 있다. 이것은 그리스어 단어 두 개를 번역한 것이다. 하나는 한 쌍의 수동적인 사람(*malakoi*)을, 다른 하나는 능동적인 사람(*arsenokoitai*)을 가리킨다. 우리가 "남자들과 더불어 성관계를 가진 남자들"을 강조하는 유일한 이유는, 내가 아는 교회 내의 탐욕스러운 사람 그 누구도 하나님이 그들을 만드신 방식으로서 그것을 소유하거나 옹호하려고 하지 않기 때문이다. 탐욕스럽다는 지적을 받을 때 자신이 그렇지 않다고 부인할 수는 있지만, 교회에서는 그 누구도 "탐욕은 선하니 나를 내버려두라"고 말하지 않는다.

더 나아가 바울은 디모데에게 보낸 첫 번째 편지의 서두에서 자신이 율법 교사라고 주장하면서도 "자기가 말하는 것이나 확증하는 것도 깨닫지 못하는"(딤전 1:7) 거짓 교사를 반대하라고 지시한다. 그는 계속해서 율법이 행악자들의 죄를 깨닫게 할 때 율법의 선함이 드러난다고 말한다. "율법은… 불법한 자와 복종하지 아니하는 자와 경건하지 아니한 자와 죄인과 거룩하지 아니한 자와 망령된 자와 아버지를 죽이는 자와 어머니를 죽이는 자와 살인하는 자며 음행하는 자와 남색하는 자와 인신매매를 하는 자와 거짓말하는 자와 거짓 맹세하는 자와 기타 바른 교훈을 거스르는 자를 위함이니 이 교훈은 내게 맡기신 바 복되신 하나님의 영광의 복음을 따름이니라"(1:9b-11).

고린도전서에서도 그랬던 것처럼 바울은 그 누구에게도 빠져나갈 구멍을 주지 않는다. 우리는 자신이 이 목록에 기술되어 있음을 알 수 있다. 바울은 우리가 하나님 앞에 서 있다는 관점에서 볼 때 부모를 죽이는 것보다 거짓말하는 것이 하나님 보시기에 더 나쁘다는 견해를 전달하지 않는다. 그러나 이 책과 현대 교회에서는 이 목록에 묘사된 다른 행위들이 용인될 수 없는 것이라고 인식하는 방식으로 동성애적 행동이 용인될 수 있는지의 여부를 중요한 문제로 여긴다.[15]

---

15 고전 6장과 딤전 1장에 대한 이런 해설은 Longman의 *Confronting Old Testament Controversies* 에서 찾을 수 있다. 거기서는 수정주의적 해석과 상호작용함으로써 교회에 대한 영향에 우리의 생각을 집중시키는 반면, 여기서는 공공 정책에 관한 기독교적 사고에 미치는 영향에 대해

요약

요약하면 신약에는 동성애 관행에 대해 말하는 세 구절이 있다. 그 구절들은 모두 구약에 언급된 모세의 율법과 의견을 같이한다. 우리는 이 주제에 대해 구약과 신약 사이에 차이점이 있다고 시사할 여지가 전혀 없다. 이는 정경 전체의 가르침과 그것이 오늘날 교회에 전하는 명령을 고려할 때 중요한 점이다. 나의 예전 동료인 저명한 신약학자 로버트 건드리는 성경 자료를 조사한 후 관찰한 바를 다음과 같이 표현했다. "① 성경은 결코 동성애를 호의적인 시각으로 다루지 않는다. ② 동성애는 항상 악과 관련하여 나타난다. ③ 명백한 판결이 내려지는 곳마다 정죄나 금지가 있다."[16]

나는 동성 관계에 대한 성경의 가르침이 아주 최근까지도 논쟁의 여지 없이 대다수 그리스도인들 사이에서 전해져올 수 있는 이유가 명백하다고 생각한다. 그 가르침에 의문을 제기하려면 매우 상상력이 풍부한 해석을 제시하거나 성경 자체의 정경적 권위에 대한 교회의 오랜 견해를 부정해야만 한다. 이 두 가지 태도는 21세기 서구 기독교에서 흔하게 발견되었다. 그러나 이 방향으로 (가고 싶은 만큼이나) 가고 싶지 않은 (많은) 사람들을 위해, 우리는 교회로서 긍정하지 않고도 이들을 환영할 수 있는 방법에 대해 생각할 필요가 있다. 동성에게 끌리는 그리스도인들이 직면하는 삶의 선택이 경시되어서는 안 된다. 교회는 역사적으로 동성에게 끌리는 형제자매들 곁에서 공동체를 제공하는 비극적인 일을 해왔다. 그러나 그것은 다른 데서 다룰 주제다. 왜냐하면 우리는 교회 구성원의 자격이나 성직 안수의 문제가 아니라

계속 이야기할 것이다.

16 Robert H. Gundry, "On Homosex and Homosexual Marriage," 미공개 강의. 나에게 원고를 보여준 저자에게 감사를 표한다. Gundry는 "동성애"(homosex)를 "동성애 성교에 참여하는 것에 대한 약칭"으로 사용한다.

공공 정책에 대한 그리스도인의 태도에 대해 고민하고 있기 때문이다.[17]

공공 정책에 대한 함의

성경은 동성 행위에 대한 금지를 분명히 밝히고 있기 때문에 암시적으로 동성 결혼을 금지할 것이다. 그러나 동성 결혼을 허용하는 사회에 사는 오늘날 미국인들의 현실을 고려해보면 그것은 공공 정책의 문제에 대한 답이 아니다. 그리스도인들은 이 법에 대해 얼마나 관심을 가져야 하는가? 그리스도인들은 오버거펠 대(對) 호지스 판결을 뒤집기 위해 노력해야 하는가? 이 경우에 그리스도인으로서 더 넓은 사회에서의 행동에 관심을 가져야 하는가?

주제의 명확성으로 인해 교회는 그 행위를 생각하고 실천하는 데 있어서 이성애든 동성애든 성생활에 대한 성경적 가르침을 존중해야 한다. 그러나 그것이 공공 정책의 문제로 이어지진 않는다. 그리스도인들은 자신이 소속된 사회가 번영하는 데 필요하다고 믿는 가치가 반영되길 바랄 수 있겠지만, 많은 사람이 성생활의 영역에서 성경적 원칙을 따르지 않는다고 해서 놀라거나 염려해서는 안 된다. 교회는 자체의 관행에 대한 국가의 침해에 저항하면서도, 특히 국가가 동성 결혼을 헌법적 권리로 표준화했을 때 국가에 교회의 성 윤리를 강요하려고 해서는 안 된다.[18] 성경은 간음도 금지하지만, 그

---

17   Wesley Hill, *Washed and Waiting: Reflections on Christian Faithfulness and Homosexuality* (Grand Rapids: Zondervan, 2010)처럼 동성에게 끌리는 그리스도인들에 대한 글뿐만 아니라, Longman, *Confronting Old Testament Controversies*, 207-65에서의 나의 해설을 참조하라.

18   이 점에서, Lewis가 "도덕의 입법화"(morals legislation)라고 부르는 것에 대한 Lloyd-Jones와 C. S. Lewis의 논평이 적절하다(136-140쪽 참조).

리스도인들은 간통법을 옹호하지 않는다. 국가가 근친상간이나 다자간 결혼(polyamorous marriage)을 금지함으로써 교회에 동의한다는 것은 (최소한 현재로서는) 여러 가치를 행복한 형태로 수렴하려는 것이다. 다시 말하지만 여기서 작동하는 원칙은 하나님께서 그리스도인들이 삶에 대한 그분의 뜻을 따르기를 원하신다는 것이다. 하나님은 비그리스도인이 단순히 그리스도인처럼 행동하는 것에서 더 나아가 그분과 관계 맺기를 원하신다. 따라서 그것은 입법보다는 설득을 통해 이 문제에 접근하려는 지혜와 관련된다.

태도와 성향

그리스도인들은 우선 성생활의 영역에서 자신의 깨짐(brokenness)을 인정해야 하며 성적 정직성(sexual integrity)을 유지하기 위해 노력해야 한다. 그리스도인들은 성생활에 관한 성경적 가르침에 충실하면서도, 성소수자(LGBTQ+) 커뮤니티에 속한 사람들을 사랑해야 하며 그들을 악마화해서는 안 된다. 이성애자든 동성애자든 모든 사람은 하나님의 형상으로 창조된 그분의 귀중한 피조물이기 때문에 우리의 존중을 받을 가치가 있다.

성경적 원칙들

1. 하나님은 남자와 여자가 "한 몸"으로 연합하는 새로운 관계를 형성하기 위해 (그들의 주된 충성의 대상이었던) 부모를 떠나도록, 성적 쾌락의 능력을 지닌 인간을 창조하셨다.
2. 인간의 죄는 인간의 자율성에 대한 주장과 관련이 있다. 그 결과 하나님과 인간 사이의 관계뿐만 아니라 남자와 여자 사이의 관계도 깨졌다.
3. 따라서 모든 인간은 성생활을 포함한 삶의 모든 측면에서 깨어져 있다.
4. 아가는 삶에서 어느 정도의 성적 기쁨이 발견될 수 있다는 가능성을 입증할 뿐만 아니라, 현실적으로 성적 즐거움에 대한 투쟁과 위협을 묘사한다.
5. 성경은 구약과 신약에 걸쳐 일관되고도 명확하게 동성 행위를 금지한다. 따라서 동성 결혼을 금지할 것이다.
6. 교회에 대한 가르침은 분명하다. 교회는 동성 결혼을 축복해서는 안 되지만, (적극적인 동성 관계에 있는 사람들을 긍정하지 않더라도 그들을) 사랑하고 환영해야 한다.

7. 그리스도인이라면 사람들이 단순히 하나님을 따르는 사람처럼 행동하기보다는 그분과 관계 맺기를 원하신다는 하나님의 뜻을 염두에 둔 채 가능한 한 사랑이 깃든 방식으로 공공 광장에서 자신의 신념을 표현해야 하며, 성에 대한 하나님의 의도가 인간의 번영을 위한 것임을 동료 시민들에게 납득시키기 위해 노력해야 한다.

성찰 및 질문

1. 특정 구절들을 참조하여 성에 대한 성경의 긍정적인 태도를 당신 자신의 말로 기술하라.
2. 왜 당신은 성이 성경에서 그토록 중요한 주제라고 생각하는가?
3. 앞서 기술된 동성애에 관한 구절들을 재검토한 후 이 장에서 제시된 해석과 상호작용하면서 당신만의 결론을 내려보라. 당신은 이 장에서 제시된 해석에 동의하는가, 아니면 그렇지 않은가?
4. 당신은 그리스도인들이 성의 영역을 다루는 공공 정책에 영향을 미쳐야 한다고 생각하는가? 이유는 무엇인가?
5. 교회는 구성원들의 성적 행위에 관심을 가져야 하는가? 그 이유는 무엇인가? 만약 그렇다면 교회는 그 관심을 어떻게 표현해야 하는가?

11

이 책을 집필할 당시 환경법에 관한 기사가 신문 1면에 자리하고 있었는데, 앞으로도 수십 년 동안 그럴 것 같다. 자동차와 공장에서 배출되는 가스량의 허용 기준, 물과 공기 규제, 토지 사용 제한 같은 문제를 놓고 환경을 보호하려는 사람들과 그런 보호가 불필요하며 경제를 해친다고 느끼는 사람들이 격렬한 논쟁을 벌이고 있다. 경제적인 관심은 탐욕에 의해 동기가 부여될 수 있지만, 우리가 어떤 입장에 서든 환경 정책은 부유한 사람들의 수익뿐만 아니라 재력이 많지 않은 사람들에게도 영향을 미친다는 사실을 기억해야 한다. 일부 환경 정책은 가족을 부양하기 위해 일하는 사람들의 일자리를 없애는 결과로 이어지기 때문이다. 다른 한편 상대적으로 느슨한 환경 정책으로 인해 발생하는 환경 파괴는 현재 더 많은 일자리를 유지할 수 있을지는 몰라도 미래의 환경을 극도로 손상시켜 일자리뿐만 아니라 미래 세대의 삶 자체를 위험에 몰아넣을 수도 있다. 논란이 많은 기후 변화 문제가 논쟁의 중심에 있다. 현재의 환경에 큰 영향을 미치는 인간의 행동이 결국 미래의 재난을 야기하고 있는가?

성경은 이런 질문에 대해 구체적으로 답하지 않는다. 실제로 우리는 자연이 신의 계시를 전하는 또 하나의 책이라고 주장할 것이다. 이는 과학이 자연을 통해 하나님의 음성을 분별하는 도구가 될 수 있음을 의미한다. 우리는 과학을 신앙의 적이 아닌 보완재로 여겨야 한다. 그런 형태의 과학은 공공 정책을 개발할 때 우리가 탐구하려는 성경적 원칙들을 현재 상황에 적용하는 데 도움이 될 만한 정보를 제공할 것이다. 그에 대해서는 나중에 더 자세히 살펴보기로 하고, 우선 성경이 우리가 살고 있는 환경에 대해 뭐라고 말하고 있는지 확인해보자. 앞으로 살펴보겠지만 성경은 환경뿐만 아니라 환경과 우리의 관계에 대해서도 많은 것을 가르쳐준다. 이야기는 창조와 함께 시작된다.[1]

창세기 1-2장에 나타난 하나님, 세상, 인간

창세기 1-2장에는 창조에 대한 두 이야기가 기록되어 있다. 첫 번째 이야기 (1:1-2:4a)는 우주적 관점을, 두 번째 이야기(2:4b-25)는 인간에 대한 관점을 보여준다. 이 이야기를 둘러싼 많은 현대의 논의들은 과연 이 두 이야기가 하나님이 어떻게 세상을 창조하셨는지를 설명하기 위해 기록된 것인지를 놓고 논쟁하느라 막상 이 이야기들이 전하는 하나님, 인간, 세상의 본질 및

---

1   나는 이 장을 쓴 후 Sandra L. Richter, *Environmentalism and the Bible: What Scripture Says about Creation and Why It Matters*(Downers Grove, IL: InterVarsity, 2019)를 읽고 유익을 얻었다. 저자는 내가 여기서 풀어낼 수 있는 것보다 훨씬 더 상세하게 성경적인 환경 신학을 제시한다.

그 셋 사이의 관계에 대한 가르침을 놓치고 만다. 우리는 당면한 질문에 초점을 맞춤으로써 창세기 1-2장이 환경과 그에 관련된 인간의 책임에 대해 뭐라고 말하는지 살펴볼 것이다.[2]

창세기 1-2장에 대한 모든 논쟁 가운데 가장 크고 분명하게 들리는 것은 만물과 모든 사람을 창조하신 분이 야웨 하나님이라는 주장이다. 창세기 1장에서는 형태가 없는 물질을 취하여("땅이 혼돈하고 공허하며 흑암이 깊음 위에 있고"[1:2]) 엿새 동안 동물뿐만 아니라 인간 피조물을 위한 기능적이고 거주 가능한 환경을 창조하시는 예술가로서 하나님의 모습이 제시된다. 다음은 상당히 자세하게 인용할 가치가 있는, 하나님의 창조에 대한 아름다운 시적 성찰이다.

> 땅에 기초를 놓으사
>
> 영원히 흔들리지 아니하게 하셨나이다.
>
> 옷으로 덮음같이 주께서 땅을 깊은 바다로 덮으시매
>
> 물이 산들 위로 솟아올랐으나
>
> 주께서 꾸짖으시니 물은 도망하며
>
> 주의 우렛소리로 말미암아 빨리 가며
>
> 주께서 그들을 위하여 정하여 주신 곳으로 흘러갔고
>
> 산은 오르고 골짜기는 내려갔나이다.

---

2 창 1-2장이 실제 사건을 비유적 언어로 제시하면서 창조의 방법이 아닌 창조의 주체와 이유를 전하려는 의도를 가진 신학적 역사(theological history)라는 견해에 대해서는 Tremper Longman III, *Confronting Old Testament Controversies: Pressing Questions about Evolution, Sexuality, History, and Violence*(Grand Rapids: Baker, 2019)를 참조하라. 그리고 창 1-2장의 풍성한 신학적 가르침에 대한 더 자세한 내용은 Tremper Longman III, *Genesis*, The Story of God Bible Commentary (Grand Rapids: Zondervan, 2016), 27-59을 참조하라.

주께서 물의 경계를 정하여 넘치지 못하게 하시며

다시 돌아와 땅을 덮지 못하게 하셨나이다.

여호와께서 샘을 골짜기에서 솟아나게 하시고

산 사이에 흐르게 하사

각종 들짐승에게 마시게 하시니

들나귀들도 해갈하며

공중의 새들도 그 가에서 깃들이며

나뭇가지 사이에서 지저귀는도다.

그가 그의 누각에서부터 산에 물을 부어주시니

주께서 하시는 일의 결실이 땅을 만족시켜주는도다.

그가 가축을 위한 풀과

사람을 위한 채소를 자라게 하시며

땅에서 먹을 것이 나게 하셔서

사람의 마음을 기쁘게 하는 포도주와

사람의 얼굴을 윤택하게 하는 기름과

사람의 마음을 힘있게 하는 양식을 주셨도다.

여호와의 나무에는 물이 흡족함이여

곧 그가 심으신 레바논 백향목들이로다.

새들이 그 속에 깃들임이여

학은 잣나무로 집을 삼는도다.

높은 산들은 산양을 위함이여

바위는 너구리의 피난처로다.

여호와께서 달로 절기를 정하심이여

해는 그 지는 때를 알도다.

주께서 흑암을 지어 밤이 되게 하시니

삼림의 모든 짐승이 기어나오나이다.

젊은 사자들은 그들의 먹이를 쫓아 부르짖으며

그들의 먹이를 하나님께 구하다가

해가 돋으면 물러가서

그들의 굴 속에 눕고

사람은 나와서 일하며

저녁까지 수고하는도다.

여호와여, 주께서 하신 일이 어찌 그리 많은지요?

주께서 지혜로 그들을 다 지으셨으니

주께서 지으신 것들이 땅에 가득하니이다.

거기에는 크고 넓은 바다가 있고

그 속에는 생물 곧 크고 작은 동물들이 무수하니이다.

그곳에는 배들이 다니며

주께서 지으신 리워야단이 그 속에서 노나이다(시 104:5-26).[3]

시편 104편은 하나님이 모든 동물과 인간에게 자원을 공급하시는 조화로운 창조를 묘사한다. 일주일을 기반으로 돌아가는 현재 근무 패턴의 바탕이 된 창세기 1장이 창조에 대해 묘사하는 바에 따르면 인간은 하나님의 마지막 창조물이며, 창세기 1:26-28로부터 알 수 있듯이 특별한 지위와 책임을 소유한 존재다.

---

3   더 완전한 해석은 Tremper Longman III, *Psalms*, Tyndale Old Testament Commentaries (Downers Grove, IL: InterVarsity, 2014), 358-64을 참조하라.

하나님이 이르시되 "우리의 형상을 따라 우리의 모양대로 우리가 사람을 만들고 그들로 바다의 물고기와 하늘의 새와 가축과 온 땅과 땅에 기는 모든 것을 다스리게 하자" 하시고 하나님이 자기 형상 곧 하나님의 형상대로 사람을 창조하시되 남자와 여자를 창조하시고 하나님이 그들에게 복을 주시며 하나님이 그들에게 이르시되 "생육하고 번성하여 땅에 충만하라, 땅을 정복하라, 바다의 물고기와 하늘의 새와 땅에 움직이는 모든 생물을 다스리라" 하시니라(창 1:26-28).

이는 이 구절이 환경을 착취할 수 있는 면허를 준다고 믿는 사람들, 즉 자신의 탐욕이나 부주의를 허용하기 위해 이 말씀을 인용할 수 있는 사람들과 그렇게 하도록 허용하는 성경에 대해 비판적인 사람들 모두에 의해 자주 오해를 받는 말씀이다. 이런 오해는 인간이 피조물을 다스리고 정복한다는 사상을 중심으로 하고 있으나 그 통치의 성격을 설명하지 못한다. 그 통치는 하나님의 형상을 지닌 자로서 인간의 지위에 기초한다. 따라서 우리는 인간이 하나님의 형상으로 창조된 의미를 숙고하는 것에서부터 시작해야 한다.

성경은 하나님의 **형상**(image)이 무엇을 의미하는지 뚜렷하게 정의하지 않는다. 왜냐하면 당시 독자들은 그 의미를 본능적으로 알았을 것이기 때문이다. 우리는 **형상**(image)과 **모양**(likeness)이라는 단어가 성경의 다른 곳과 더 넓은 고대 근동 문헌에서 어떻게 사용되는지를 살펴봄으로써 그 본래 의미를 밝힐 수 있다. 이 책은 그 증거를 제시하는 곳은 아니지만 관련 연구는 통치자의 존재(presence)와 권위를 나타내는 왕(그리고 신)의 상(像)과 관련하여 이 언어가 어떻게 사용되는지를 지적했다.[4] 상(像)은 왕의 권위를 상징한

---

4   Longman, *Genesis*, 35-38; W. Randall Garr, "'Image' and 'Likeness' in the Inscriptions from Tell Fakhariyeh," *Israel Exploration Journal* 50 (2000): 228; W. Randall Garr, *In His Own Image and Likeness: Humanity, Divinity, and Monotheism* (Leiden: Brill, 2003); Catherine L.

다. 따라서 이 증거로 인해 성서학자들 사이에서는 하나님의 형상이 인간의 실제 특성이 아닌 지위(status)라는 점이 널리 받아들여지게 되었다. 그 지위는 왕의 상이 그의 왕국에서 통치자의 권위를 나타내는 것처럼 우리가 세상에서 하나님을 나타낸다는 의미로 해석된다. 우리는 달이 태양의 빛을 반사하는 것처럼 하나님의 영광을 반사한다. 이런 이유로 또 다른 시편은 인간의 창조된 영광을 다음과 같이 묘사한다.

> 주의 손가락으로 만드신 주의 하늘과
>
> 주께서 베풀어 두신 달과 별들을 내가 보오니
>
> 사람이 무엇이기에 주께서 그를 생각하시며
>
> 인자가 무엇이기에 주께서 그를 돌보시나이까?
>
> 그를 하나님보다 조금 못하게[5] 하시고
>
> 영화와 존귀로 관을 씌우셨나이다.
>
> 주의 손으로 만드신 것을 다스리게 하시고
>
> 만물을 그의 발아래 두셨으니
>
> 곧 모든 소와 양과
>
> 들짐승이며
>
> 공중의 새와

....

McDowell, The "Image of God" in Eden: The Creation of Mankind in Genesis 2:5-3:24 in Light of the mīs pî pīt pî and wpr-r Rituals of Mesopotamia and Ancient Egypt(Winona Lake, IN: Eisenbrauns, 2016)를 참조하라.

5 원서의 본문은 NIV에서 인용한 것인데 한 가지 변경 사항이 있다. NIV는 "천사들보다 조금 못하게"로 번역하는 반면, 저자는 히브리어 엘로힘('elohim)의 가장 자연스러운 번역에 기초하여 "천사들"을 "하나님"으로 대체한다(한글 본문 인용은 개역개정에 따른 것이다—역자주). NIV 각주를 참고하라.

바다의 물고기와

바닷길에 다니는 것이니이다.

여호와 우리 주여,

주의 이름이 온 땅에 어찌 그리 아름다운지요?(시 8:3-9)

그렇다. 창세기 1장은 인간을 나머지 피조물의 왕으로 묘사한다. 인간은 실제로 "다스리고" "정복"해야 한다. 즉 "하나님의 형상"으로서의 지위는 피조물을 돌볼 책임과 함께 주어진다.[6] 인간은 그들을 창조하신 하늘의 왕을 닮은 왕이 되어야 한다. 인간은 지구를 착취하도록 창조되고 임명된 것이 아니라, 그들의 모델이자 신이신 왕께서 자신의 소중한 피조물에 대해 가지고 있는 관심을 반영하면서 자비로운 통치자로서 지구를 돌보도록 창조되고 임명되었다. 리처드 미들턴은 이를 다음과 같은 말로 표현한다. "**하나님의 형상**(*imagio Dei*)은 지상의 자원과 피조물에 대한 하나님의 통치 또는 관리에 참여할 수 있는 권한을 부여받은, 세상에서 하나님의 대행자 및 대리인으로서 인간이 지닌 왕적 직무 또는 소명을 가리킨다."[7]

따라서 첫 번째 창조 이야기는 환경에 대한 기독교의 관심에 근거를 제공한다. 그렇다면 인간에 초점을 두는 두 번째 창조 이야기(창 2:4b-25)로부터 우리는 무엇을 배울 수 있는가?

여기서는 창조의 순서가 다르다. 최초의 인간은 식물보다 먼저 창조되었으며 땅의 티끌과 하나님의 숨으로 창조된다(창 2:7). 이는 인간이 창조의

---

6 N. T. Wright, *Surprised by Scriptures* (San Francisco: HarperOne, 2014), 35: "형상은 소명, 즉 부르심이다."

7 J. Richard Middleton, *The Liberating Image: The "Imago Dei" in Genesis 1* (Grand Rapids: Brazos, 2005), 27.

일부지만 하나님과 특별한 관계를 맺고 있음을 강조하는 비유적인 묘사다. 그런 다음 우리는 인간의 직접적인 환경 곧 에덴이라 불리는 땅에 대한 묘사를 읽는다.

> 여호와 하나님이 동방의 에덴에 동산을 창설하시고 그 지으신 사람을 거기 두시니라. 여호와 하나님이 그 땅에서 보기에 아름답고 먹기에 좋은 나무가 나게 하시니 동산 가운데에는 생명 나무와 선악을 알게 하는 나무도 있더라(창 2:8-9).

에덴은 **즐거움**(luxury) 또는 **풍부함**(abundance)을 의미한다. 그리고 인류 최초의 거주지에 대한 비유적인 묘사일 가능성이 있지만, 에덴은 인간이 번성할 수 있는 환경에서 살고 있다는 개념을 나타낸다.[8]

창세기 2장은 에덴에서 사는, 나중에 아담이라고 이름 지어진 첫 번째 남자와 첫 번째 여자인 하와를 묘사한다. 약간 불분명하여 논쟁의 여지가 있지만, 에덴은 최초의 인간의 거주 장소로 묘사되면서도 온 땅을 설명하는 것 같지는 않다. 만일 그렇다면 그리고 창세기 1장을 배경 이야기로 보고 창세기 2장을 읽으면, 신의 형상을 지닌 첫 사람들에게 땅을 "다스리고" "정복"하라고 한 명령은 그들이 에덴의 조화를 나머지 바깥쪽 땅으로 확장해야 했다는 것을 의미한다.[9] 동시에 두 번째 창조 이야기에 따르면, 그들은 에

---

8   에덴이 실제 장소인지, 아니면 이쪽이 더 가능성이 높지만 어떤 장소에 대한 비유적인 묘사인지(Longman, *Confronting Old Testament Controversies*, 36 참조)는 당면한 문제와 관련이 없다. 중요한 것은 두 번째 창조 이야기가 첫 번째 창조 이야기와 마찬가지로 인간과 환경 사이의 조화를 암시한다는 것이다.

9   이 두 창조 이야기가 별개의 기원을 가지고 있을 가능성이 높지만, 현재 우리가 다루는 정경 안에서의 두 이야기의 위치를 고려해보면 둘을 따로 읽기보다는 함께 읽는 것이 낫다.

덴동산을 "일하고"('abad[아바드]) "돌봐야"(shamar[샤마르], "지키다"가 더 낫다; 79-80쪽 참조) 했다. 두 번째 창조 이야기는 첫 번째 창조 이야기와 마찬가지로 그들의 환경을 돌보아야 할 인간의 책임을 이런 방식으로 다룬다. 에덴동산을 지키는 것은 사악한 세력(창 3장에서 뱀에 의해 표현됨; 다음 섹션 참조)의 공격으로부터 그 장소를 보호해야 할 필요성을 강조하는데, 또한 그들은 그 동산에서 일해야 했다.

따라서 환경을 돌보고 보존함으로써 인간과 환경 사이의 조화를 꾀하는 것은 신이 인간에게 부여한 책임이었다. 창세기 1-2장의 이야기는 인간이 하나님의 명령을 받고 일하면서 땅을 돌보도록 창조되었다는 사실을 알려준다. 이런 의미에서 볼 때 우리는 환경운동가로 창조되었다. 그렇다면 왜 우리의 환경은 이토록 문제가 많은 상태가 되었는가? 이 질문에 답하기 위해 창세기 3장을 살펴볼 것이다.

창세기 3장에 나타난 하나님, 세상, 인간

창세기 1-2장은 인간, 동물, 그들이 사는 지상 및 우주 환경을 포함하여 하나님의 세상 창조에 대한 이야기를 들려준다. 여기서 우리는 환경과 생명의 번성을 위해 신이 인간에게 부여한 책임에 초점을 맞췄다. 인간은 마치 왕이 자비심을 갖고 자신의 왕국을 돌보는 것처럼 환경에 대한 하나님의 돌보심을 대표할 자들로 임명되었다(창 1장). 인간은 에덴의 경계를 나머지 세상으로 확장시킬 뿐만 아니라 그곳에서 일하고 그곳을 돌보거나 지켜야 했다.

창세기 3장은 우리를 인간과 거주지 사이의 관계뿐만 아니라 신과 인간 간의 관계 및 인간이 인간과 맺는 관계에 파괴적인 영향을 미치는 인간

드라마의 다음 막(幕)으로 데려간다. 또한 하나님에 대한 인간의 반역과 그 반역으로 인한 결과를 말해준다.[10]

하나님은 아담에게 단 하나의 명령을 주셨다. "여호와 하나님이 그 사람에게 명하여 이르시되 '동산 각종 나무의 열매는 네가 임의로 먹되 선악을 알게 하는 나무의 열매는 먹지 말라. 네가 먹는 날에는 반드시 죽으리라' 하시니라"(창 2:16-17). 창세기 1장과 2장에서 묘사된 조화는 3장의 맨 처음 절에서 (고대 근동에서 입증된 악의 상징인) 뱀이 등장하면서 도전을 받는다. 뱀은 이 명령에 의문을 제기한다. "하나님이 참으로 너희에게 동산 모든 나무의 열매를 먹지 말라 하시더냐?"(창 3:1)[11] 여자는 뱀을 동산의 경계 밖으로 쫓아냄으로써 동산을 지키기보다는 뱀을 논쟁에 참여시킨다. 뱀은 궁극적으로 여자에게 그 나무의 열매를 먹도록 설득하는 반면, 남자는 줄곧 그곳에 있었음에도 불구하고 아무 논쟁이나 말도 하지 않고 그저 먹기만 한다.

따라서 아담과 하와는 각기 자신의 도덕적 자율성(moral autonomy)을 주장함으로써 스스로에게 과실이 있음을 보여준다. 그들은 단순히 하나님의 명령을 따르기보다는 본질적으로 하나님이 아닌 자신들에게 무엇이 옳고 그른지를 정의할 권리가 있다고 말한다. 곧 반역의 결과가 뒤따른다. 신과 인간 사이의 관계가 깨어졌기 때문에, 아담과 하와는 더 이상 조화로운 관계 속에서 살 수 없다. 이는 그들이 서로 숨는 모습을 통해 드러난다. 죽음이 신의 형상으로 창조된 인간의 경험 안으로 들어온다. 그리고 환경과 인간에게

---

10 창 1-2장과 마찬가지로, 나는 창 3장이 창세기의 처음 11개 장 전체와 조화를 이루고 있으며 과거의 실제 사건을 비유적인 언어를 사용하여 이야기하는 신학적 역사(theological history)라고 주장한다(Longman, *Confronting Old Testament Controversies*, 61-73을 참조하라). 현재의 목적을 위해 나는 이야기 자체에 기초하여 의견을 개진할 것이다.

11 Tremper Longman III, "Serpent," in *The Dictionary of Christianity and Science*, ed. Paul Copan et al. (Grand Rapids: Zondervan, 2017), 627-28을 참조하라.

도 악영향이 미친다. "땅은 너로 말미암아 저주를 받고 너는 네 평생에 수고하여야 그 소산을 먹으리라. 땅이 네게 가시덤불과 엉겅퀴를 낼 것이라. 네가 먹을 것은 밭의 채소인즉 네가 흙으로 돌아갈 때까지 얼굴에 땀을 흘려야 먹을 것을 먹으리니 네가 그것에서 취함을 입었음이라. 너는 흙이니 흙으로 돌아갈 것이니라"(3:17b-19). 또한 하나님은 아담과 하와를 동산 밖 땅 가운데 정복되지 않은 부분으로 쫓아내신다.

따라서 창세기 1-3장은 신의 계시를 통하지 않고는 결코 알 수 없는 것을 우리에게 말해준다. 현재 인간의 상태는 하나님이 그분의 형상으로 창조된 인간을 만드신 방식에 의한 결과가 아니라 인간이 반역을 저지른 결과다. 하나님은 인간을 순결한 존재로 만드시고 다른 인간 및 나머지 환경뿐만 아니라 하나님 자신과 조화를 이루도록 창조하셨다. 그러나 인간의 죄가 그 조화를 깨뜨렸다.

그러나 창세기 3:17b-19에서 새로운 차원의 투쟁을 인정하면서도 인간이 여전히 환경을 관리하는 모습에 주목하라. 인간은 단순히 하나님이나 인간 및 환경과의 깨어진 관계에 굴복해서는 안 된다. 결국 하나님은 인간이 저지른 죄의 부정적인 결과를 선언하시고는 즉각적으로 화해를 위해 일하신다. 우리는 하나님이 벌거벗은 것을 부끄러워하는 인간 피조물에게 옷을 선물로 주신 것과(3:21) 악의 세력에 대한 미래의 승리에 대해 선언하시는 모습을 통해 은혜의 징표를 본다. "내가 너로 여자와 원수가 되게 하고 네 후손도 여자의 후손과 원수가 되게 하리니 여자의 후손은 네 머리를 상하게 할 것이요 너는 그의 발꿈치를 상하게 할 것이니라"(3:15).

하나님, 세상, 인간: 심판과 구속

성경이 마치 동물의 죽음이나 포식 또는 지진이나 화산 폭발이 없는 것처럼 원창조(original creation)를 완전한 것으로 묘사한다고 믿는다면 성경을 잘 못 읽은 것이다.[12] 첫 번째 창조 이야기는 기능적이라는 의미에서 모든 것이 "완전하다"에서 멈추지 않고 "좋다"라고 선언함으로써 끝난다.[13] 그렇기는 하지만 성경은 창세기 3장에서 인간의 죄로 인해 창조세계가 붕괴되었음을 분명히 한다. 때로는 죄 자체가 창조세계를 직접적으로 손상시킨다. 어떤 때는 죄에 대한 하나님의 심판이 조화를 깨뜨리는데, 이는 궁극적으로 창조적 조화를 회복하기 위한 구속을 목적으로 한다. 바울은 로마인들에게 보내는 편지의 핵심부에서 다음과 같이 이 점을 주장한다.

> 생각하건대 현재의 고난은 장차 우리에게 나타날 영광과 비교할 수 없도다. 피조물이 고대하는 바는 하나님의 아들들이 나타나는 것이니 피조물이 허무한 데 굴복하는 것은 자기 뜻이 아니요 오직 굴복하게 하시는 이로 말미암음이라. 그 바라는 것은 피조물도 썩어짐의 종노릇한 데서 해방되어 하나님의 자녀들의 영광의 자유에 이르는 것이니라.
>
> 피조물이 다 이제까지 함께 탄식하며 함께 고통을 겪고 있는 것을 우리가 아느니라. 그뿐 아니라 또한 우리 곧 성령의 처음 익은 열매를 받은 우리까지도

---

12   Ronald E. Osborn, *Death before the Fall: Biblical Literalism and the Problem of Animal Suffering* (Downers Grove, IL: InterVarsity, 2014), 그리고 Terence E. Fretheim, *Creation Untamed: The Bible, God, and Natural Disasters*(Grand Rapids: Baker, 2010)를 참조하라.

13   John H. Walton의 연구는 특히 이 점에 대해 통찰력이 있다(*The Lost World of Genesis 1* [Downers Grove, IL: InterVarsity, 2009]을 참조하라). 『창세기 1장의 잃어버린 세계』(그리심 역간).

속으로 탄식하여 양자 될 것 곧 우리 몸의 속량을 기다리느니라(롬 8:18-23).

여기서 바울은 하나님의 피조물을 의인화한다. 물론 피조물은 우리가 환경이라고 일컫는 것(물, 공기, 땅)보다 더 넓다. 피조물은 고통을 겪고 신음(탄식)한다. 왜 그런가? 바울은 피조물이 좌절에 굴복하게 되었다고(개역개정에서는 "허무한 데 굴복하는 것") 지적한다. 하지만 이런 일이 언제 어떻게 일어나는가? 학자들은 여기에 쓰인 동사 형태를 신적 수동태(divine passive)로 인식한다("굴복되었다"). 하나님이 피조물을 좌절에 굴복시키셨다. 언제에 대한 질문에는 이유에 대한 문제가 포함된다. 하나님은 인간이 처음 죄를 지었을 때 피조물을 좌절에 굴복시키셨다. 바울은 창세기 3장에 묘사된 사건을 돌아본다. 인간의 죄는 우리의 사회뿐만 아니라 자연 세계를 파괴했다. 죄는 다른 사람과 피조물 자체를 희생시킴으로써 자아에게로 돌아서는 것이다.

그러나 하나님이 "피조물도 썩어짐의 종노릇한 데서 해방되어 하나님의 자녀들의 영광의 자유에 이르는 것"을 바라시며 피조물을 굴복시키셨다는 점에 주목하라. 피조물의 신음(탄식)은 출산의 전조다. 다시 말해 인간의 죄는 하나님의 피조물에 부정적인 영향을 미치고 그분의 심판을 초래한다. 이 하나님의 심판은 더 넓은 범위의 피조물에 파괴적인 영향을 미치겠지만, 적어도 미래의 회복에 대한 희망이 있다.

홍수는 죄와 심판과 구속 사이의 연관성을 보여준다(창 6-9장). 하나님은 왜 홍수를 보내셨는가? "그때에 온 땅이 하나님 앞에 부패하여 포악함이 땅에 가득한지라"(6:11). 사실상 그때 하나님은 다시 시작하기로 결정하신다. 하나님은 피조물을 창조 이전의 상태로 되돌리신다("땅이 혼돈하고 공허하며 흑암이 깊음 위에 있고 하나님의 영은 수면 위에 운행하시니라"[1:2]). 또한 바울의 말을 인용하면 하나님은 구속을 바라시면서 피조물을 좌절에 굴복시키시고, 노아와 그의 가족이 방주로 동물을 모아 다가오는 대홍수에서 살아남게 하신다. 그리고 홍수 이후에 인간 피조물뿐만 아니라 모든 피조물과 언약을 맺으신다.

> 내가 내 언약을 너희와 너희 후손과 너희와 함께 한 모든 생물 곧 너희와 함께 한 새와 가축과 땅의 모든 생물에게 세우리니 방주에서 나온 모든 것 곧 땅의 모든 짐승에게니라. 내가 너희와 언약을 세우리니 다시는 모든 생물을 홍수로 멸하지 아니할 것이라. 땅을 멸할 홍수가 다시 있지 아니하리라(창 9:9-11).

인간의 죄가 피조물을 파괴하고 하나님의 심판을 초래한 끝에 피조물이 좌절에 굴복하지만, 항상 구속에 대한 확실한 소망이 있다. 창세기 6-9장 외에 하나님의 심판을 선언하는 다른 구절들도 죄와 환경적 영향 사이의 연관성을 반영한다. 종종 후기 묵시 문학과 비교되는 이사야서의 한 구절은 죄 많은 하나님의 백성에게 임박할 그분의 심판을 선언한다.

> 땅이 슬퍼하고 쇠잔하며 세계가 쇠약하고 쇠잔하며 세상 백성 중에 높은 자가 쇠약하며 땅이 또한 그 주민 아래서 더럽게 되었으니 이는 그들이 율법을 범하며 율례를 어기며 영원한 언약을 깨뜨렸음이라. 그러므로 저주가 땅을 삼켰고 그중에 사는 자들이 정죄함을 당하였고 땅의 주민이 불타서 남은 자가 적도다. 새 포도즙이 슬퍼하고 포도나무가 쇠잔하며 마음이 즐겁던 자가 다 탄식하며 (사 24:4-7).

그러므로 바울이 피조물의 신음(탄식)에 대해 이야기하는 것은 놀라운 일이 아니다. 이는 출산과 같은 신음으로서 즐거운 결말을 기대하는 소리다. 시편 저자는 피조물을 향해 하나님이 심판자로 오실 것을 기대하며 기뻐하라고 요구함으로써 바울의 통찰력을 예견한다. 시편 98편은 과거 이스라엘의 적들에 대한 하나님의 승리(1-3절), 현재 왕으로서의 하나님의 지위(4-6절), 마지막으로 미래에 있을 땅에 대한 하나님의 심판을 기뻐하며 용사이신 하나님을 찬양하는 시(divine warrior hymn)다.

> 바다와 거기 충만한 것과
> 세계와 그중에 거주하는 자는 다 외칠지어다.
> 여호와 앞에서 큰물은 박수할지어다.
> 산악이 함께 즐겁게 노래할지어다.
> 그가 땅을 심판하러 임하실 것임이로다.
> 그가 의로 세계를 판단하시며
> 공평으로 그의 백성을 심판하시리로다(시 98:7-9).

다시 말하면 인간의 죄는 피조물을 오염시킴으로써 구속과 회복을 최종 목표로 하는 하나님의 심판을 초래한다. 그러므로 피조물 자체는 에덴의 회복과 그보다 훨씬 더 나은 것으로 이어질 하나님의 심판을 갈망한다. 따라서 이사야는 하나님의 "새 하늘과 새 땅"이 창조되기를 고대했다(사 65:17; 참조. 66:22). 이는 하나님의 오심에 뒤따르는 미래에 대한 베드로의 환상에 반영된다. 하나님이 임하시는 날에 다음과 같은 일이 일어날 것이다. "그날에 하늘이 불에 타서 풀어지고 물질이 뜨거운 불에 녹아지려니와 우리는 그의 약속대로 의가 있는 곳인 새 하늘과 새 땅을 바라보도다"(벤후 3:12-13). 요한계시록은 절정에 이르러 새 예루살렘의 형태로 된 새 창조에 대한 장엄한 비유로 끝을 맺는다. 새 예루살렘은 악의 부재(바다가 없음; 계 21:1)와 에덴의 회복을 상징한다. 에덴에서 인간은 하나님과 그들을 둘러싼 환경과 조화를 이루며 살았다.

> 또 그가 수정같이 맑은 생명수의 강을 내게 보이니 하나님과 및 어린 양의 보좌로부터 나와서 길 가운데로 흐르더라. 강 좌우에 생명나무가 있어 열두 가지 열매를 맺되 달마다 그 열매를 맺고 그 나무 잎사귀들은 만국을 치료하기 위하여 있더라. 다시 저주가 없으며 하나님과 그 어린 양의 보좌가 그 가운데에 있으리니 그의 종들이 그를 섬기며 그의 얼굴을 볼 터이요 그의 이름도 그들의 이마에 있으리라. 다시 밤이 없겠고 등불과 햇빛이 쓸 데 없으니 이는 주 하나님이 그들에게 비치심이라. 그들이 세세토록 왕 노릇 하리로다(계 22:1-5).

그것은 우리를 어디로 이끄는가? 성경은 환경 손상을 인간의 죄와 연결시키는 한편 환경에 대한 희망을 하나님의 심판 및 구속과 연결시킴으로써 하나님의 백성이 피조물을 돌보는 노력에 앞장서야 한다는 메시지를 전한다. 즉 우리는 과거의 죄에 내맡겨지기보다는 미래의 구속이 비출 빛 안에서 산다. 우리는 죄에 맞서 싸운다. 또한 질병이나 빈곤에 대응하는 태도로 환경에 대응한다. 질병이나 빈곤 중 어떤 것도 근절할 순 없겠지만, 그로 인해 인류의 건강과 경제적 안녕을 향상시키기 위해 의사를 양성하거나 정책 및 관습을 개발하는 일에 소홀해서는 안 된다. 또한 동일한 방식으로 건강한 환경을 만들기 위해 노력해야 한다. 우리는 하늘에 궁극적인 소망을 둔 채로 다가오는 새 하늘과 새 땅을 고대하고 있지만, 그렇다고 현재 우리가 가진 몸과 환경을 경시하지 않는다.[14] 우리는 무엇보다도 깨끗한 물과 공기와 땅을 보존하

....

14   이 섹션을 쓴 후 나는 Ian K. Smith, *Not Home Yet: How the Renewal of the Earth Fits into God's*

는 데 최선을 다해야 한다.

기후 변화 논쟁

이 글을 쓰는 지금 기후 변화만큼 큰 정치적 논란거리는 거의 없다. 이 문제
는 향후 수십 년 동안 지속될 가능성이 크기 때문에 특별한 논평이 필요하
다. 우리가 기후 변화에 관해 명확히 이야기해야 하는 또 다른 이유는 피조
물을 돌보라는 성경의 메시지를 완전히 긍정하면서도 동시에 기후 변화에
대해 무엇이든 해야 한다는 생각이나 그 필요성을 거부할 여지가 있기 때문
이다. 대다수의 과학 전문가들이 기후 변화의 증거를 제시하면서 인간 행동
의 결과로 위험한 방향으로의 변화가 가속화되고 있다고 주장하지만, 그 증
거가 설득력이 없고 실제적이지 않다고 부인하는 사람들은 그런 관점을 가
질 수 있다. 과학계의 대체적인 합의에 대한 이런 거부는 종종 기후 변화를
해결하려는 시도가 빚어낼 경제적 결과에 관한 걱정과 연결된다. 일반적으
로 환경 문제를 해결하려는 시도에는 경제적인 결과가 따른다. 이 문제를 고
찰하는 것은 중요하다. 왜냐하면 그것은 더 부유하게 되려는 탐욕스러운 사
업가들뿐만 아니라 가족을 부양하기 위해 직업을 가져야 하는 근로자들의
문제가 되기 때문이다.

　이를 다루기 위해서는 성경 해석과 직접적으로 관련이 없는 문제를 검
토해야 하지만, 그럼에도 불구하고 이것은 매우 중요한 문제다. 우리가 어

....

Plan for the World(Wheaton, IL: Crossway, 2019)를 읽었다. 이 책은 창조와 새 창조에 대한
주제를 신학적으로 매우 상세하게 살펴보면서 환경 및 기후 관리 문제에 대한 성경적 가르침
의 영향을 보여준다.

떤 문제의 사실 여부를 밝힐 때 과학은 어떤 역할을 하는가? 우리가 성경적 원칙을 공공 정책에 적용할 때, 과학이 우리의 지혜에 도움이 될 정보를 제공할 수 있는가? 구체적으로 기후 변화에 대한 과학적 합의는 우리가 피조물을 돌봐야 한다는 성경적 원칙을 적용하는 방법에 어떤 정보를 제공할 수 있는가? 내가 이 점을 강조하는 이유는, 나 자신이 보수적인 그리스도인으로서 기후 변화의 문제뿐만 아니라 (비록 나도 주장하건대 그런 믿음이 성경적이지 않을지라도) 일부 그리스도인들이 믿고 있는 것에 반하는 강력한 과학적 증거가 있는 분야에서도 오늘날 많은 그리스도인들이 어떤 의심을 품고 있는지 잘 알기 때문이다.

내가 여기서 주장하고 싶은 요점은 강력하게 입증된 과학적 결론을 주의 깊게 듣는 것에 대한 성경적 원칙이 있다는 것이다. 왜냐하면 그것은 하나님이 우리에게 말씀하시는 또 다른 방법이기 때문이다. 우리는 과학과 종교가 충돌한다는 오래된 유언비어에 속아서는 안 된다. 오히려 성경과 우리의 이차적인 신앙고백은 모두 실제로 과학―하나님이 우리에게 성경뿐만 아니라 자연을 통해서도 말씀하신다는 가르침―에 대한 기독교의 근본적인 신뢰를 토대로 삼는다.

> 하나님의 진노가 불의로 진리를 막는 사람들의 모든 경건하지 않음과 불의에 대하여 하늘로부터 나타나나니 이는 하나님을 알 만한 것이 그들 속에 보임이라. 하나님께서 이를 그들에게 보이셨느니라. 창세로부터 그의 보이지 아니하는 것들 곧 그의 영원하신 능력과 신성이 그가 만드신 만물에 분명히 보여 알려졌나니 그러므로 그들이 핑계하지 못할지니라(롬 1:18-20).

구약에도 자연 자체가 하나님의 메시지를 선포한다는 생각이 드러난다.

하늘이 하나님의 영광을 선포하고

궁창이 그의 손으로 하신 일을 나타내는도다.

날은 날에게 말하고

밤은 밤에게 지식을 전하니

언어도 없고 말씀도 없으며

들리는 소리도 없으나

그의 소리가 온 땅에 통하고

그의 말씀이 세상 끝까지 이르도다(시 19:1-4).

여호와 우리 주여,

주의 이름이 온 땅에 어찌 그리 아름다운지요?(시 8:1, 9)

교회는 이 성경적 가르침을 받아들여 성경과 자연(과학적 연구의 주제) 사이의 관계에 대한 **두 책** 이해(two-books understanding)라고 불리는 것을 설명해왔다. 예를 들어 벨기에 신앙고백(Belgic Confession, 1561) 2조는 다음과 같다.

우리는 두 가지 방법으로 그분을 안다. 첫째, 우주의 창조, 보존, 통치에 의해 그분을 안다. 우주는 우리 눈앞에 있는 가장 고상한 책이다. 그 책에 있는 크고 작은 모든 피조물은 많은 글자와 같아서 사도 바울이 로마서 1:20에서 말한 바와 같이 우리로 하여금 하나님의 보이지 않는 것들과 심지어 그의 영원하신 능력과 신성을 분명히 보도록 인도한다. 만물은 사람들에게 확신을 주기에 충분하여 핑계를 대지 못하게 만든다. 둘째, 하나님은 그분의 거룩하고 신성한 말씀(Word)으로 우리에게 자신을 더 분명하고 완전하게 알려주신다. 즉 우리가 이생에서 그분의 영광과 우리의 구원을 위해 알 필요가 있는 만큼을 알려주신다.

벨기에 신앙고백은 하나님이 성경 **그리고** 자연을 통해 자신을 계시하신다는 개념을 발전시킨다. 성경과 자연은 둘 다 해석을 필요로 하는 "책"이다. 해석학은 성경 본문을 해석하기(본문으로부터 의미를 끌어냄) 위해 성경에 적용되는 해석 원칙들을 제공한다. 과학적 방법은 자연으로부터 이론을 뒷받침하기 위해 자연을 탐구하는 방법론적 원칙을 제공한다.

다시 말하지만 동일한 하나님이 성경과 자연 모두의 궁극적인 저자이시다. 둘 다 정확하게 해석되면 충돌하지 않을 것이다. 그리고 하나님이 성경과 자연의 저자이시기 때문에 둘 다 참이다. 하지만 둘 중 하나에 대한 우리의 해석은 그렇지 않을 수 있다. 우리가 가지고 있는 해석과 다른 해석에 열린 자세를 갖는 것은 성경을 배반하는 일이 아니라 오히려 존중하는 것이다. 물론 자연에 대한 해석도 마찬가지다.

이 성경적 가르침은 최소한 그리스도인들이 강력하게 입증된 과학의 결론을 매우 진지하게 받아들여야 함을 의미한다. 사람들이 반종교적 편견을 갖거나 데이터를 조작함으로써 과학자들을 비난하기 시작하는 것은 절망의 표시다.[15] 또한 강력하게 입증된 과학 이론에 대한 주요 비평가들이 과학자가 아니거나 자신의 전문 분야 밖에서 논평하는 과학자일 때 그런 일이 생긴다. 성경을 근거로 한 신앙고백서들이 가르치는 두 책 신학(two-books theology)에 비추어 볼 때 그리스도인들은 과학자들의 말에 특히 주의해야 한다. 그렇지 않으면 자연을 통해 말씀하시는 하나님의 음성을 듣지 못할 수도 있다. 많은 현대 그리스도인들은 성 아우구스티누스(354-430)와 장 칼뱅(1509-1564)이 하는 말에 귀를 기울여야 한다. 아우구스티누스는 다음과 같

---

15 자신의 경력을 쌓기 위해 데이터를 조작하는 과학자가 없는 건 아닌데, 그들은 동료 전문가들에 의해 배척된다. 그리고 전체 기획(진화, 지구의 나이 또는 기후 변화에 관한 것)을 내던지기 위해 매우 드문 경우를 인용하는 것은 잘못된 생각이다.

이 말한다.

일반적으로 심지어 비그리스도인이라도 지구, 하늘, 이 세상의 다른 요소들, 별의 운행과 궤도, 별의 크기와 상대적 위치, 예측 가능한 일식과 월식, 해(year)와 계절의 순환, 동물, 관목, 돌 등의 종류에 관해 얼마간 알고 있다.…이제 불신자는 그리스도인이 그 성경의 의미를 알려준다면서 이 주제들에 대해 허튼소리 하는 것을 듣는 것을 수치스럽고 위험한 일로 여긴다. 그런 난처한 상황을 방지하기 위해 모든 수단을 취해야 한다.…그리고 성경 저자들이 비판을 받으면 우리가 구원시키려고 수고하는 사람들을 많이 잃게 된다.[16]

그리고 칼뱅은 다음과 같이 말한다.

그러나 만약 주께서 물리학, 변증학, 수학, 기타 유사한 학문[오늘날에는 주께서 생물학을 추가하실 것이라고 상상할 수 있다]에서 불경건한 사람들의 업적과 봉사로 인해 우리가 도움받기를 원하셨다면, 이 도움을 사용하도록 하자. 왜냐하면 만약 이런 학문에서 값없이 베푸시는 하나님의 선물을 소홀히 한다면, 우리는 나태함에 대해 정당한 형벌을 받아 마땅하기 때문이다.[17]

독실한 복음주의자이자 선도적인 생물학자인 칼 가이버슨과 프랜시스 콜린

----

16   Augustine, *The Literal Meaning of Genesis: Volume 1, Books 1-6*, Ancient Christian Writers 41 (New York: Paulist Press, 1982), 42-43.

17   *Institutes* 2.2.16 (Library of Christian Classics 1:275), Randall C. Zachman, "Why Should Free Scientific Inquiry Matter to Faith? The Case of John Calvin," in *Knowing Creation: Perspectives from Theology, Philosophy, and Science*, ed. Andrew B. Torrance and Thomas H. McCall (Grand Rapids: Zondervan, 2018), 1:73에서 인용됨.

스는 사실상 거의 모든 연구 생물학자들에게 진화가 인간의 기원을 설명하는 최고의 이론이라고 납득시키는 방대한 증거 중에서도 특히 유전적 증거를 간결하고 쉽게 제시한다. 그들은 다음과 같이 올바르게 주장한다. "과학자들 사이에 어떤 것이 사실이라는 보편적인 합의가 있을 때, 우리는 그 결론이 마음에 들지 않더라도 그것을 진지하게 받아들여야 한다."[18] 물론 가이버슨과 콜린스는 진화론을 지지하는 증거를 언급하고 있지만, 동일한 진술이 기후 변화 과학에도 적용될 수 있다.

실제로 기후 변화를 비판하는 사람들조차도, 과학계에서는 인간이 기후에 악영향을 미쳤으며 미래에 닥쳐올 환경 재앙의 극단적인 가능성을 피하기 위해서라면 어떤 조치가 행해져야 한다는 것을 압도적으로 믿고 있다는 사실을 인정해야 한다. 그런 증거는 다른 곳에서도 찾을 수 있으며 재차 강조하지만 그에 대해 의심의 여지가 없다.[19] 그런 이유로 우리가 하나님의 형상으로 창조된 사람들답게 행동하기를 바라시는 그분의 뜻을 따르고자 하는 그리스도인들은 하나님의 창조물에 대해 자비로운 통치를 행사함으로써 환경에 가해지는 피해를 바로잡기 위해 노력해야 한다. 특정 정책을 논의할 여지가 충분히 있지만, 어쨌든 그 문제를 부정하는 것은 현명하지도 않고 성경적이지도 않은 태도다.

하나님께서 성경과 자연이라는 그분의 두 책을 통해 말씀하신 것에 비추어볼 때 그 문제를 부정하는 것은 현명하지 않은 태도다. 우리는 경제에 최소한의 타격을 감수하는 방식으로 문제를 해결하는 방법에 관해 정직하

....

18 Karl W. Giberson and Francis S. Collins, *The Language of Science and Faith* (Downers Grove, IL: InterVarsity, 2011), 28. 『과학과 하나님의 존재』(새물결플러스 역간).
19 Calvin B. DeWitt, "Climate Change(Global-Warming View)," in Copan et al., *The Dictionary of Christianity and Science*, 85-88.

고 냉정하게 논의해야 한다. 후자의 측면에서 개인이나 기업의 부(富)의 생산보다는 노동 계급의 건강에 초점을 맞춰야 한다.

태도와 성향

그리스도인은 환경에 깊은 관심을 가져야 한다. 환경은 하나님의 선한 피조물이기 때문이다. 그리스도인은 땅을 다스리고 정복하도록 부름을 받은 하나님의 형상을 지닌 자이자 피조물에 대한 하나님의 자비로운 통치의 대리인으로서, 더 넓은 환경의 건강에 민감해야 한다.

성경적 원칙들

1. 창세기 1-2장에 기술된 바와 같이 하나님의 창조 이상은 인간이 환경과 조화를 이루며 사는 것이다.
2. 신의 형상을 지닌 인간은 번성하는 환경의 이익을 추구하는 자비로운 통치자로서 피조물을 섬긴다.
3. 창세기 3장은 인간이 환경을 돌보고 지키지 못하는 것이 인간과 환경 사이의 관계에서 파생된 문제임을 정확히 지적한다.
4. 죄는 환경을 파괴한다.
5. 하나님은 구속을 위해 죄를 심판하신다.
6. 구속 사역에는 환경의 회복을 위한 노력이 포함되며, 이는 기독교의 피조물 돌봄의 신학으로 이어진다.

성찰 및 질문

1. 그리스도인은 피조물을 돌볼 책임을 부여받았는가? 그 이유는 무엇인가?
2. 왜 우리의 환경에 문제가 있는가?
3. 하나님이 우리에게 새로운 피조물을 주실 것이라는 사실로 인해 환경을 돌보아야 하는 책임을 면제받을 수 있는가?
4. 오늘날 가장 긴급한 환경 문제는 무엇인가? 그 문제를 어떻게 해결해야 하는가?
5. 당신은 기후 변화의 문제를 어떻게 이해하고 있는가? 그에 대한 정보를 어디에서 얻는가? 성경이 우리로 하여금 기후 변화에 대해 어떤 행동을 하게 만든다고 생각하는가?

12   빈곤

다양한 문제에 관해 말하는 성경 구절의 양에 의거하여 판단한다면 (아마도 그래야 할 테지만), 빈곤만큼 그리스도인들을 자극하여 행동에 나서게 만드는 주제는 없다. 성경은 낙태, 동성 관계, 기후, 이민(이 문제는 관련이 있지만), 형사 사법 제도, 전쟁, 종교의 자유 등과 같은 문제보다 빈곤한 사람에 대해 큰 관심을 보인다. 곧 살펴보겠지만 이에 대한 성경의 명령은 분명하다. 가난한 사람들을 도우라. 그러나 오늘날의 복음주의 교회는 다른 문제에 대해서는 온갖 의견을 강력하게 피력하는 반면, 미국의 빈자들을 돕는 일에는 별 관심을 보이지 않는다. 물론 이것은 포괄적 진술이 아니다. 많은 시간과 돈을 들여 가난한 사람들을 열심히 돕는 기독교 단체와 그리스도인들이 있기 때문이다. 그러나 공공의 차원에서 교회 전체적으로 그렇게 인식되지 않고 있는데, 우리는 곧 그렇게 되어야 한다는 사실을 깨닫게 될 것이다.

이처럼 명백한 관심의 결여에는 몇 가지 이유가 있다. 어떤 사람들은 가난한 사람을 돕는 것이 정부가 아닌 개인과 교회의 역할이라고 믿는다. 또 다른 사람들은 교회가 사회 전반에서 눈을 돌려 교회 내의 궁핍한 사람들에게 집중해야 한다고 믿는다. 심지어 가난한 사람들―또는 적어도 그들 중 다수―은 게으르기 때문에 "지원금"을 받아서는 안 된다고 여기거나 그런 생각을 드러내는 행동을 하는 사람들도 있다. 특히 열심히 일하는 사람들이 내는 세금을 빼앗아서 일하지 않는 사람들에게 줘서는 안 된다고 주장하는 사람들도 있다.

우리는 빈자를 도우라는 성경의 가르침과 이런 명령을 딱히 강조하지 않는 교회와 그리스도인들 사이의 명백한 불일치를 어떻게 해석해야 하는가? 우선 빈곤과 가난한 사람들에 대해 성경이 어떻게 이야기하는지 알아보자.

가난한 사람들을 향한 하나님의 태도

우선 가난한 사람들에 대한 하나님의 사랑과 보살핌을 보여주는 구약의 구절들을 살펴보자. 이 구절이 모든 것을 포괄하진 않겠지만, 하나님의 마음이 가난한 사람들을 향하고 있다는 것을 보여주는 데는 도움이 된다. 다음은 가난한 사람들을 압제로부터 보호하시고 그들의 고통을 경감시키기 위해 일하시는 하나님을 찬양하는 시편의 세 구절이다.

> 가난한 자를 먼지 더미에서 일으키시며
> 궁핍한 자를 거름 더미에서 들어 세워
> 지도자들 곧 그의 백성의 지도자들과 함께
> 세우시며(시 113:7-8).

너희가 가난한 자의 계획을 부끄럽게 하나

오직 여호와는 그의 피난처가 되시도다(시 14:6).

그는 가난한 자를 그보다 강한 자에게서 건지시고

가난하고 궁핍한 자를 노략하는 자에게서 건지시는 이라(시 35:10).

다음에 인용되는 구절은 맥락을 이해해야 한다. 시편 82편은 하나님이 압제하는 자에 대항하여 싸우는 의무의 일환으로 가난한 자들을 잘 돌봐야 한다고 "신들"(구약에서 천사들을 부르는 한 방법)을 질책하시는 이야기다. 하나님은 그들의 현재 관행을 문제 삼으시면서 가난한 자들에 대한 의무를 충실히 행하라고 요구하신다.

"너희가 불공평한 판단을 하며

악인의 낯 보기를 언제까지 하려느냐? (셀라)

가난한 자와 고아를 위하여 판단하며

곤란한 자와 빈궁한 자에게 공의를 베풀지며

가난한 자와 궁핍한 자를 구원하여

악인들의 손에서 건질지니라" 하시는도다(시 82:2-4).

만약 이 천사들이 하나님의 명령을 이행하지 않는다면 하나님은 그들이 사람처럼 죽고 고관의 하나 같이 넘어지는 모습을 보실 것이다(시 82:7). 시편 저자는 천사들에 대한 하나님의 비판을 전하면서 다음과 같이 끝맺는다. "하나님이여, 일어나사 세상을 심판하소서. 모든 나라가 주의 소유이기 때문이니이다"(시 82:8).

잠언은 부와 빈곤에 관해 많이 이야기하고 있는데(자세한 내용은 아래 참조), 우리는 그중 다음 구절을 살펴볼 것이다.

가난한 자와 부한 자가 함께 살거니와

그 모두를 지으신 이는 여호와시니라(잠 22:2; 참조. 29:13).

아래에서 이 구절에 대해 더 많은 내용을 말할 것이다. 이 구절은 강조되어야 하지만 종종 망각되는 점을 지적하기 때문에 특히 중요하다. 하나님은 부자, 빈자를 가리지 않고 모든 인간 남자와 여자를 창조하신 분이다. 이는 가난한 사람들에 대한 하나님의 보살핌이 그분과 관계를 맺고 있는 사람들을 넘어서 모든 이에게로 확장된다는 사실을 상기시켜 준다.

예언자들 역시 가난한 사람들에 대해 자주 이야기한다. 그들은 하나님과 맺은 언약에 반기를 든 그분의 백성들을 회개시키기 위해 왔다. 동시에 백성들이 자기들 가운데 있는 가난한 사람들을 압제한 것을 질책한다. 그런 맥락에서 예언자들은 가난한 사람들에 대한 하나님의 돌보심을 상기시킨다.

예를 들어 이사야는 시편에 기록된 것과 매우 유사한 언어를 사용하여 하나님에 대해 말한다. 하나님은 가난한 사람들을 돌보시고 보호하시는 분이다.

주는 포학자의 기세가 성벽을 치는 폭풍과 같을 때에 빈궁한 자의 요새이시며

환난 당한 가난한 자의 요새이시며 폭풍 중의 피난처시며 폭양을 피하는 그늘이

되셨사오니 마른 땅에 폭양을 제함 같이 주께서 이방인의 소란을 그치게 하시며

폭양을 구름으로 가림 같이 포학한 자의 노래를 낮추시리이다(사 25:4-5).

가련하고 가난한 자가 물을 구하되 물이 없어서 갈증으로 그들의 혀가 마를 때에 나 여호와가 그들에게 응답하겠고 나 이스라엘의 하나님이 그들을 버리지 아니할 것이라(사 41:17).

이 예언서의 앞부분에서 이사야는 "이새의 줄기에서" 나올 "한 싹"에 대해 말한다(사 11:1). 이새는 다윗 왕의 아버지다. 하나님은 다윗에게 이스라엘을 다스릴 왕조를 선물로 주셨다(삼하 7:1-17). 이사야 시대에 다윗의 후손들은 예루살렘을 수도로 하는 남쪽 유다 왕국만 다스렸다. 이사야는 1세기 후(기원전 586년)에 일어날 다윗 왕조의 멸망을 예언하고, 더 나아가 다윗 왕조 멸망 이후를 예견한다. 이는 나무를 베어내는 것으로 묘사된다. 그 베임을 당한 나무는 "한 싹"의 형태로 다시 나올 것인데, 이는 미래에 다윗의 가계에서 나올 왕을 상징한다. 다윗 가문에서 나올 이 미래의 왕은 과거의 왕들과 달리 공평하게 가난한 사람들을 돌볼 것이다. 과거 왕들의 착취 행위는 열왕기 전체에 걸쳐 묘사되어 있다. 예언자는 다음과 같이 말한다.

공의로 가난한 자를 심판하며 정직으로 세상의 겸손한 자를 판단할 것이며(사 11:4).

신약은 이사야서에서 발견되는 약속이 그리스도(메시아)이자 다윗의 자손인 예수 안에서 성취되었다고 이해한다. 실제로 나사렛의 한 회당에서 예수는 이사야서에 기록된 말씀을 읽으신다.

주의 성령이 내게 임하셨으니 이는 가난한 자에게 복음을 전하게 하시려고 내게 기름을 부으시고 나를 보내사 포로 된 자에게 자유를, 눈먼 자에게 다시 보게 함을 전파하며 눌린 자를 자유롭게 하고 주의 은혜의 해를 전파하게 하려 하심이라(눅 4:18-19).

그 말을 마치고 앉으신 후 예수는 다음과 같이 담대하게 선포하셨다. "이 글이 오늘 너희 귀에 응하였느니라"(눅 4:21). 예수는 다윗의 싹이신 그리스도(메시아)이시며 가난한 사람들을 돌보고 보호하시는 분이다.

이 본문들은 하나님이 가난하고 궁핍한 사람들을 돌보시고 보호하신다는 사실을 분명히 한다. 또한 이들에 맞서는 자들은 하나님의 진노의 대상이 될 것이라고 경고한다.

이처럼 성경에 나타난 가난한 사람들을 향한 하나님의 태도 외에 우리는 또 무엇을 볼 수 있는가? 이제는 성경이 말하는 빈곤의 원인을 살펴보자. 그리고 그 과정에서 가난해질 수 있는 이유가 두 가지 이상이라는 사실을 알게 된다.

빈곤의 이유

가난한 사람들이 게으르고 방종하다는 굳은 믿음을 바탕으로 그런 사람들을 돌보는 일이 중요하지 않다고 생각하는 사람들도 있다. 1970년대부터 1990년대에 이르기까지 정치가들은 "복지 여왕"(welfare queen)이라는 인종 차별적 고정 관념을 복지 제도 개혁을 주장하는 수사학적 수단으로 사용했다. (헤지펀드 매니저들이 절대로 사기를 치지 않는다고 생각하는 것이 순진한 일인 것처럼) 복지 사기(welfare fraud)의 존재를 부정하는 것 역시 어리석은 일이지만, 그 고정 관념은 실제로 게으름과 방종이 빈곤의 주요 원인이라고 믿는 일반인을 양산해낼 정도로 대중의 인식에 영향을 미친다. 그럼에도 불구하고 우리는 게으름과 방종이 실제로 빈곤을 초래할 수 있다는 현실에 충실한 성경적 가르침을 먼저 언급하고자 한다. 잠언은 게으름과 방종의 부정적인 결과에 대해 경고함으로써 성실을 권면하는 것으로 특히 유명하다.

> 게으른 자여, 네가 어느 때까지 누워 있겠느냐?
> 네가 어느 때에 잠이 깨어 일어나겠느냐?
> "좀 더 자자, 좀 더 졸자,
> 손을 모으고 좀 더 누워 있자" 하면
> 네 빈궁이 강도같이 오며
> 네 곤핍이 군사같이 이르리라(잠 6:9-11).

> 손을 게으르게 놀리는 자는 가난하게 되고
> 손이 부지런한 자는 부하게 되느니라(잠 10:4; 참조. 잠 13:18).

> 연락을 좋아하는 자는 가난하게 되고
> 술과 기름을 좋아하는 자는 부하게 되지 못하느니라(잠 21:17).

> 술을 즐겨 하는 자들과
> 고기를 탐하는 자들과도 더불어 사귀지 말라.
> 술 취하고 음식을 탐하는 자는 가난하여질 것이요
> 잠자기를 즐겨 하는 자는 해어진 옷을 입을 것임이니라(잠 23:20-21).

잠언의 목적이 보편적으로 참된 원칙이 아닌 다른 모든 조건이 동등할 때

바람직한 결론에 이르는 최선의 경로에 대한 지침의 제공이라는 점을 이해한다면, 자연스럽게 이 잠언의 구절들이 전달하는 메시지에 동의하게 된다. 대다수의 사람들은 게으르고 방종하면 결국 궁핍하게 될 것이다.

그러나 이 구절 및 이와 유사한 다른 잠언들이 궁핍한 사람들 전부 또는 대다수가 게으르고 방종하다는 의미를 전한다고 주장한다면 그 말씀들을 잘못 사용하는 것이다. 실제로 이런 식의 잠언 사용은 욥의 세 친구가 저지른 오류와 비슷하다. 욥의 친구들은 욥의 고난을 포함한 모든 고난이 개인의 죄로 말미암아 생긴다고 주장한 결과 하나님께 징계를 받는다(번영을 중시하는 사고방식[prosperity thinking]에 관해서는 315-318쪽을 참조하라).

잠언을 저술한 지혜자들은 실상을 제대로 알고 다음과 같이 말했다.

> 가난한 자는 밭을 경작함으로 양식이 많아지거니와
> 불의로 말미암아 가산을 탕진하는 자가 있느니라(잠 13:23).

여기서 지적하는 상황을 보면 빈곤은 게으름 때문에 오는 것이 아니다. 오히려 그 반대다. 이 구절에 등장하는 사람은 부지런히 땅을 일구어 생산한 많은 식량이 불의에 의해 휩쓸려가는 일을 겪는다. 잠언의 특성상 그 불의가 무엇인지는 구체적으로 명시되지 않는다. 왜냐하면 불의는 여러 가지 수단을 통해 올 수 있기 때문이다. 부패한 관리, 폭풍 또는 다른 많은 사건으로 인해 사람의 수고가 짓밟히고 빈곤이 초래될 수 있다.

우리는 전도서의 전도자로부터 비슷한 통찰을 얻는다. 전도자는 해 아래의 삶이 무의미하다는 당혹스러운 결론에 이른다. 그는 당시 사회를 바라보면서 빈곤을 만들고 유지하는 부패에 주목한다. 전도서를 자세히 읽어보면 그가 삶의 의미를 묻는 질문에 대해 최종적인 답을 제시하지 못하고 있음을 알 수 있지만, 많은 사람을 가난하게 만드는 불의의 유형에 관한 그의 말은 시대를 초월하는 옳은 통찰을 보여준다.

> 너는 어느 지방에서든지 빈민을 학대하는 것과 정의와 공의를 짓밟는 것을 볼지라도 그것을 이상히 여기지 말라. 높은 자는 더 높은 자가 감찰하고 또 그들보다 더 높은 자들도 있음이니라. 땅의 소산물은 모든 사람을 위하여 있나니 왕도 밭의 소산을 받느니라(전 5:8-9).

또한 불의를 행한 결과로 빈곤이 발생한다는 사실을 이해한 예언자들은 백성들을 향해 회개하고 가난한 사람들의 고통을 덜어주기 위해 노력하라고 가르친다.

> 여호와께서 자기 백성의 장로들과 고관들을 심문하러 오시리니 "포도원을 삼킨 자는 너희이며 가난한 자에게서 탈취한 물건이 너희의 집에 있도다. 어찌하여 너희가 내 백성을 짓밟으며 가난한 자의 얼굴에 맷돌질하느냐? 주 만군의 여호와 내가 말하였느니라" 하시도다(사 3:14-15).

> 불의한 법령을 만들며 불의한 말을 기록하며 가난한 자를 불공평하게 판결하여 가난한 내 백성의 권리를 박탈하며 과부에게 토색하고 고아의 것을 약탈하는 자는 화 있을진저(사 10:1-2).

> 악인이 칼을 빼고 활을 당겨 가난하고 궁핍한 자를 엎드러뜨리며 행위가 정직한 자를 죽이고자 하나 그들의 칼은 오히려 그들의 양심을 찌르고 그들의 활은 부러지리로다(시 37:14-15).

주의 회중을 그 가운데에 살게 하셨나이다. 하나님이여, 주께서 가난한 자를 위하여 주의 은택을 준비하셨나이다(시 68:10).

가난한 사람을 학대하는 자는 그를 지으신 이를 멸시하는 자요 궁핍한 사람을 불쌍히 여기는 자는 주를 공경하는 자니라(잠 14:31; 참조. 17:5).

네 아우 소돔의 죄악은 이러하니 그와 그의 딸들에게 교만함과 음식물의 풍족함과 태평함이 있음이며 또 그가 가난하고 궁핍한 자를 도와주지 아니하며(겔 16:49).

이 땅 백성은 포악하고 강탈을 일삼고 가난하고 궁핍한 자를 압제하고 나그네를 부당하게 학대하였으므로(겔 22:29).

이런 성경 구절들을 통해 알 수 있듯이 성경 저자들은 삶이 단순히 공평하지 않고 타인을 빈곤에 이르는 방식으로 사는 사람들이 있기 때문에 세상에 빈곤이 존재한다고 생각했다. 물론 이것이 빈곤이 존재하는 유일한 이유는 아니다. 그렇지만 가난한 사람들이 곤경을 겪지 않도록 관심을 가져야 할 이유로는 충분하다. 우리가 앞에서 살펴보았듯이 하나님이 가난한 사람들을 돌보시기 때문에 우리도 그렇게 해야 한다. 따라서 지금부터는 하나님이 가난한 사람들을 도우라고 명령하시는 일련의 성경 본문을 살펴볼 것이다.

가난한 사람들을 도우라는 명령

잠언 마지막 장에 나오는 두 구절을 우선 확인해보자. 잠언은 종종 가난한 사람을 게으른 사람으로 매도할 때 잘못 이용된다. 잠언 31장은 르무엘이라는 왕에게 그의 어머니가 전해준 "영감 어린 말"(개역개정에서는 "잠언")로 시작된다. 르무엘 왕이 누구인지 확실치 않지만, 현명한 통치로 인해 이스라엘 현자들의 주목을 받은 이방 왕일 가능성이 높다. 하지만 그의 정체성이 이 구절을 이해하는 데 영향을 미치지 않는다. 왜냐하면 그 구절의 권위는 그것이 하나님의 영감을 받은 이 책 안에 존재한다는 사실에 근거를 두고 있기 때문이다. 조언자는 가난한 사람에 대한 왕의 태도를 중요하게 여긴다. 또한 왕은 술을 마시지 말아야 하는데, 그 이유는 "압제당하는 모든 사람에게서 권리를 빼앗지"않도록 하기 위해서다("모든 곤고한 자들의 송사를 굽게 할까 두려우니라", 31:5).

> 너는 말 못하는 자와 모든 고독한 자의 송사를 위하여 입을 열지니라.
> 너는 입을 열어 공의로 재판하여 곤고한 자와 궁핍한 자를 신원할지니라(잠 31:8-9).

31장의 두 번째 부분에는 "고귀한 성품의 아내"(개역개정에서는 "현숙한 여인")를 칭송하는 유명한 시가 나온다. 그녀는 가난한 사람들을 대하는 태도와 행동을 포함한 모든 면에서 지혜의 전형을 선보인다.

> 그는 곤고한 자에게 손을 펴며 궁핍한 자를 위하여 손을 내밀며(잠 31:20).

하나님은 예언자 이사야를 통해 가난한 사람들을 압제하면서도 금식함으로써 하나님을 옳게 예배한다고 생각하는 자들을 책망하신다. 참된 금식과 참된 예배는 "흉악의 결박"(NIV에서는 "chains of injustice"[불의의 사슬])을 풀어주며 멍에의 줄을 끌러주고 압제당하는 자를 자유케 하며 모든 멍에를 꺾는다(사 58:6). 이어서 하나님은 참된 예배가 무엇인지를 직접적으로 말씀하신다.

> 또 주린 자에게 네 양식을 나누어 주며 유리하는 빈민을 집에 들이며 헐벗은 자를 보면 입히며 또 네 골육을 피하여 스스로 숨지 아니하는 것이 아니겠느냐?(사 58:7)

예레미야는 이사야보다 약 1세기 후에 사역했던 예언자다. 그 역시 가난한 사람들에 대한 하나님의 크신 보살핌에 관해 이야기했다. 예레미야는 여호야김이 백성들을 착취하여 사치스러운 궁궐을 건축하는 행위에 관해 하나님을 대신해 말씀을 전하면서 여호야김의 아버지인 요시야의 독실한 행실을 언급한다.

> 그(요시야)는 가난한 자와 궁핍한 자를 변호하고 형통하였나니 이것이 나를 앎이 아니냐?(렘 22:16)

여기서 잠시 수사의문문의 효과를 생각해보자. 우리는 하나님을 어떻게 아는가? 우리가 하나님을 사랑한다는 것을 세상에 어떻게 나타내는가? 가난하고 궁핍한 사람들을 돌봄으로써 드러낸다.

이사야와 예레미야는 청중에게 가난한 사람들을 돌보라고 지시하는 예언자의 전형이다(참조. 슥 7:10). 이제 마지막으로 신약의 가르침으로 넘어가

자. 이건 논쟁의 여지가 있는 유명한 말씀인데, 예수는 영생을 얻는 방법을 묻는 한 부자에게 말씀하셨다(마 19:16-30). 먼저 그가 계명을 지키는지를 물으셨다. 이에 부자는 긍정적으로 대답했다. 그러자 예수는 그에게 완전해지기를 원한다면 모든 소유를 팔아 가난한 사람들에게 나누어주어야 한다고 알려주셨다(마 19:21; 참조. 막 14:7; 눅 12:33). 이대로 행할 수 없었던 부자는 슬퍼하며 떠났다.

예수는 자신의 아버지인 성부처럼 가난한 사람들에 대한 애정을 품고 계셨고, 재력이 있는 그분의 백성들이 가난한 사람들에게 관심을 갖길 원하셨다. 물론 예수는 하나님에 대한 헌신이 가장 중요하다고 말씀하셨다. 한 여인이 값비싼 향유를 예수의 머리에 붓자, 어떤 사람들은 그녀가 차라리 그것을 팔아 가난한 사람들에게 돈을 주었어야 한다고 주장했다. 예수는 다음과 같이 말씀하시면서 그녀를 옹호하셨다. "가난한 자들은 항상 너희와 함께 있거니와 나는 항상 함께 있지 아니하리라. 이 여자가 내 몸에 이 향유를 부은 것은 내 장례를 위하여 함이니라"(마 26:11-12; 참조. 막 14:7). 그러나 예수가 자기 백성에게 가난한 사람들을 돌봐서는 안 된다고 말씀하신 것은 아니다. 실제로 그는 이것을 특별한 경우로 언급하셨다. 또 다른 경우에 예수는 봉헌 의식은 중시하면서 가난한 사람들을 무시하는 종교 지도자들을 꾸짖으셨다. 종교적인 정결에 대해 걱정하는 그 사람들에게 예수는 다음과 같이 응답하셨다. "그러나 그 안에 있는 것으로 구제하라. 그리하면 모든 것이 너희에게 깨끗하리라"(눅 11:41).

그렇다. 예수의 말씀처럼 가난한 사람들은 항상 우리와 함께 있을 것이다. 이 땅 위에 사는 동안 가난의 문제는 끝이 없어 보이지만, 빈곤에 관해 정말 중요한 것은 그 문제에 등을 돌리기보다 행동하라는 요청에 반응하는 것이다.

가난한 사람들의 기본적인 필요를 채워주는 것에 관한 구약의 율법

토라는 이스라엘을 위한 하나님의 율법을 전한다. 앞서 우리는 오늘날에도 관련이 있는 토라의 원칙들을 알기 위해, 구약의 맥락에서 이 율법을 해석하는 방법을 살펴보고 신약과의 연속성 및 불연속성의 문제를 다루는 방법을 이야기했다. 여기서는 가장 먼저 가난한 사람들을 돌보는 것에 대한 율법의 관심을 대표하는 법을 인용한 다음, 연속성과 불연속성의 문제에 관해 몇 가지 의견을 제시할 것이다.

> 너는 여섯 해 동안은 너의 땅에 파종하여 그 소산을 거두고 일곱째 해에는 갈지 말고 묵혀두어서 네 백성의 가난한 자들이 먹게 하라. 그 남은 것은 들짐승이 먹으리라. 네 포도원과 감람원도 그리할지니라(출 23:10-11; 유사하게 말하는 레 19:9-10; 23:22 참조).

> 네가 만일 네 하나님 여호와의 말씀만 듣고 내가 오늘 네게 내리는 그 명령을 다 지켜 행하면 네 하나님 여호와께서 네게 기업으로 주신 땅에서 네가 반드시 복을 받으리니 너희 중에 가난한 자가 없으리라. 네 하나님 여호와께서 네게 허락하신 대로 네게 복을 주시리니 네가 여러 나라에 꾸어줄지라도 너는 꾸지 아니하겠고 네가 여러 나라를 통치할지라도 너는 통치를 당하지 아니하리라(신 15:4-6).

> 네 하나님 여호와께서 네게 주신 땅 어느 성읍에서든지 가난한 형제가 너와 함께 거주하거든 그 가난한 형제에게 네 마음을 완악하게 하지 말며 네 손을 움켜쥐지 말고 반드시 네 손을 그에게 펴서 그에게 필요한 대로 쓸 것을 넉넉히

꾸어주라. 삼가 너는 마음에 악한 생각을 품지 말라. 곧 이르기를 "일곱째 해 면
제년이 가까이 왔다" 하고 네 궁핍한 형제를 악한 눈으로 바라보며 아무것도
주지 아니하면 그가 너를 여호와께 호소하리니 그것이 네게 죄가 되리라. 너는
반드시 그에게 줄 것이요, 줄 때에는 아끼는 마음을 품지 말 것이니라. 이로 말
미암아 네 하나님 여호와께서 네가 하는 모든 일과 네 손이 닿는 모든 일에 네
게 복을 주시리라. 땅에는 언제든지 가난한 자가 그치지 아니하겠으므로 내가
네게 명령하여 이르노니 너는 반드시 네 땅 안에 네 형제 중 곤란한 자와 궁핍
한 자에게 네 손을 펼지니라(신 15:7-11).

네 이웃에게 무엇을 꾸어줄 때에 너는 그의 집에 들어가서 전당물을 취하지 말
고 너는 밖에 서 있고 네게 꾸는 자가 전당물을 밖으로 가지고 나와서 네게 줄
것이며 그가 가난한 자이면 너는 그의 전당물을 가지고 자지 말고 해 질 때에
그 전당물을 반드시 그에게 돌려줄 것이라. 그리하면 그가 그 옷을 입고 자며
너를 위하여 축복하리니 그 일이 네 하나님 여호와 앞에서 네 공의로움이 되리
라(신 24:10-13).

다시 말하지만 이 말씀은 토라에서 가난한 사람들에 관한 율법 유형을 대표
하는 것으로 선별된 본문에 불과하다. 여기에는 7년마다 맞이하는 안식년과
7번의 안식년 주기가 지난 후 50번째 되는 해에 오는 희년에 관해 확장된 법
(레 25장)이 추가된다. 만 1년 동안 땅을 쉬게 하는 것 외에도 경제적 공정성
을 관리하고 사람들이 궁핍하게 되는 것을 막는 규정들이 포함된다. 그 가운
데는 "네 형제가 가난하게 되어 빈손으로 네 곁에 있거든 너는 그를 도와 거
류민이나 동거인처럼 너와 함께 생활하게 하되"(레 25:35)라는 규정도 있다.
이 구절은 매우 흥미롭다. 왜냐하면 이스라엘 사람들이 하나님의 백성의 일

부로 여겨지는 사람 외에도 그들 가운데 있는 이방인과 나그네를 돌보고 있다고 가정하기 때문이다.

앞서 관찰했듯이 여기에 제시된 사례법은 십계명이 보여주는 원칙들을 적용한 것이다. 구체적으로는 "도둑질하지 말라"는 제8계명과 연관되어 있다. 가난한 사람들을 돌보지 않는 것은 그들의 소유를 도둑질하는 것과 같다.

앞서 우리는 이 사례법들이 더 나아가 당시 하나님의 백성이 맞이할 문화적, 구속사적 순간을 위해 형성되었음을 살펴보았다. 우선 이 법이 특정 유형의 경제 시스템을 갖춘 고대 농업 문화의 맥락에서 가난한 사람들을 향한 태도와 행동에 "도둑질하지 말라"는 원칙을 어떻게 적용하고 있는지 볼 수 있다. 이스라엘 농부들에게 가난한 사람들을 위해 이삭을 남겨두라고 한 율법의 준수는 오늘날 농부들이 밭에 이삭을 남겨두는 것으로는 성취되지 않는다. 그러나 그 가르침은 노동의 열매가 무엇이든 그것을 가난한 사람들을 돕는 데 사용할 수 있는 방법에 대해 생각하게끔 만든다. 여러 번 강조한 것처럼 이 책은 특정한 공공 정책을 개발하는 것이 아니라 특정한 공공 정책으로 이어지는 일반적인 성경 원칙을 관찰하려는 목적 아래 집필되었다. 여기서 원칙은 분명하다. 가난한 사람들을 도울 방법을 찾아라. 모든 일련의 구절들이 지적하는 바와 같이 가난한 사람들을 돕는 자들은 의인으로 간주된다.

그가 재물을 흩어 빈궁한 자들에게 주었으니 그의 의가 영구히 있고 그의 뿔이 영광 중에 들리리로다(시 112:9).

가난한 자를 불쌍히 여기는 것은 여호와께 꾸어 드리는 것이니 그의 선행을 그에게 갚아주시리라(잠 19:17).

선한 눈을 가진 자는 복을 받으리니 이는 양식을 가난한 자에게 줌이니라(잠 22:9).

의인은 가난한 자의 사정을 알아주나 악인은 알아줄 지식이 없느니라(잠 29:7).

번영을 중시하는 사고방식의 죄

성경과 빈곤에 관한 이 장에서 번영을 중시하는 사고방식에 대해 직접적으로 다룰 필요가 있다. 왜냐하면 그것이 성경을 오독하게 함으로써 부와 빈곤에 관한 잘못된 생각으로 이끌기 때문이다. 번영을 중시하는 사고방식(흔히 번영 복음[prosperity gospel]이라고도 함)은 진정한 믿음이 건강과 재정적 번영 및 전반적인 안녕(well-being)으로 이어진다고 믿는다. 가난한 사람은 틀림없이 믿음이 부족한 것이다. 하나님은 사람들이 이곳에서 지금 풍성한 삶을 살기 원하시며, 우리는 그분이 우리의 삶 속에서 일하시도록 하는 것밖에 할 일이 없다는 말은 이 개념을 잘 드러내는 표현이다.

텔레비전에 나오는 유명한 목사들을 비롯해 대형 교회 목사들이 이 개념을 퍼뜨렸다. 삶에서 고군분투하는 사람들에게 이런 메시지는 제법 매력적으로 들린다. 그러나 번영을 중시하는 사고방식에 반드시 동의하지는 않는 사람들조차도 믿음과 올바른 생활이 인생의 성공으로 이어진다는 것이 성경의 가르침이라고 믿게 된다. 실제로 성경의 특정 개념들이 메시지 전체에서 분리되면, 하나님과의 올바른 관계가 물질적 유익으로 이어지는 반면 그분과의 잘못된 관계는 인생의 고난을 불러온다는 사상을 지지하는 것처럼 보인다.

이 장의 앞부분에서 우리는 일부 개별 잠언들이 더 넓은 맥락에서 고려될 때 사람이 올바른 일을 하기만 하면 번영할 수 있다는 암시를 전할 수 있다고 언급했다. 우리는 잠언이 약속이면서 동시에 다른 모든 조건이 동일한 경우 바람직한 결론으로 인간을 이끄는 지침임을 기억해야 한다. 또한 살면서 빈곤과 부 사이에서 결정을 내려야 하는 일이 적지 않음을 시사하는 "비교" 잠언들("better-than" proverbs)이 많다는 사실을 잊어서는 안 된다(가령 "가난하여도 성실하게 행하는 자는 부유하면서 굽게 행하는 자보다 나으니라", 잠 28:6).

그러나 신명기 같은 책의 구조가 번영을 중시하는 이런 사고를 뒷받침할 수 있다는 점도 고려하라. 우리는 여기서 시내산에서 맺은 언약을 갱신함으로써 이스라엘을 인도하는 모세 이야기가 담긴 신명기의 긴 율법 부분(4-26장) 바로 뒤에 순종에 대한 보상과 불순종에 대한 형벌(물질적 번영이나 빈곤)을 설명하는 두 개의 긴 장이 배치된 것에 특히 주목한다. 예언자들은 죄로 인한 징벌을 강조하면서 이스라엘을 책망할 때 이 메시지를 택한다.

따라서 성경 특히 구약에서 번영을 중시하는 사고방식에 대한 사례를 제시하려는 목적으로 그것을 지지하는 구절을 입맛에 맞게 고르는 것은 어렵지 않다. (증거 본문 제시라고 불리는) 그런 선별은 잘못된 해석으로 이어지기 쉽다. 우리는 성경 구절을 전체 맥락 안에서 면밀히 살펴야 하며 궁극적으로는 전체 정경 내에서 읽어야 한다. 그렇게 할 때 이 본문 중 어떤 구절도 믿음과 경건한 삶이 번영을 보장한다거나 빈곤이 항상 믿음의 부족 또는 나쁜 삶의 결과라는 주장을 하지 않는다는 것을 알게 된다. 성경이 번영을 중시하는 사고를 지지한다는 주장에 많은 반례가 있지만 여기서 두 가지만 제시하고

자 한다. 하나는 욥기이고, 다른 하나는 복음서에서 제시된 예수의 인격이다.

욥기의 기본 플롯은 잘 알려져 있다. 우리의 목적을 위해서는 욥기가 시작부터 욥을 "온전하고 정직하여 하나님을 경외하며 악에서 떠난 자"(욥 1:1; 참조. 1:8)로 묘사한다는 점을 지적하는 것으로 충분하다. 욥은 처음에 크게 번영하고 대가족의 행복을 누리고 있었는데, 하나님과의 관계나 행실에 문제가 없었음에도 불구하고 고난을 당했다. 그의 세 친구는 오늘날의 번영 사상가들과 같은 인식을 갖고 있었다. 그들은 죄가 (재정의 어려움을 포함한) 고통으로 이어지기 때문에 모든 고난은 죄의 결과라고 믿었다. 그중 하나인 소발은 다음과 같이 말함으로써 이 개념을 명확히 드러낸다. "만일 네가 마음을 바로 정하고 주를 향하여 손을 들 때에 네 손에 죄악이 있거든 멀리 버리라. 불의가 네 장막에 있지 못하게 하라. 그리하면 네가 반드시 흠 없는 얼굴을 들게 되고…네 생명의 날이 대낮보다 밝으리니 어둠이 있다 할지라도 아침과 같이 될 것이요 희망이 있으므로 안전할 것이며"(욥 11:13-15a, 17-18a). 욥기의 끝부분에서 하나님은 고대의 번영 중심 사고로 욥을 압박해온 세 친구에게, 현대의 번영적 사고에도 대치되는 방식으로 다음과 같이 말씀하신다. "내가 너와 네 두 친구에게 노하나니 이는 너희가 나를 가리켜 말한 것이 내 종 욥의 말같이 옳지 못함이니라"(욥 42:7).

현대의 번영 중심 사고에 대한 두 번째 반례는 예수의 삶과 가르침이다. 후자의 측면에서 우리는 맹인으로 태어난 사람에게 번영에만 초점을 맞춘 사고를 적용한 제자들에 대한 예수의 반응을 생각한다. 그들이 "랍비여, 이 사람이 맹인으로 난 것이 누구의 죄로 인함이니이까? 자기니이까? 그의 부모니이까?"라고 질문하자, 예수는 "이 사람이나 그 부모의 죄로 인한 것이 아니라 그에게서 하나님이 하시는 일을 나타내고자 하심이라"(요 9:3)고 대답하셨다. 그리고 이생에서 믿음이 세상적인 보상을 보장해주지 않는다는 것을 예수의 삶을 통해 깨닫기 위해서는, 우리 주님이 고통을 받고 악인들의 손에 의해 끔찍한 죽음을 맞이하셔야만 했다는 사실을 기억해야만 한다. 성경을 읽다 보면 고통 중에서도 특히 빈곤은 단순한 믿음의 부족이나 잘못된 생활에 의해 설명될 수 없다는 점을 확실히 알 수 있다.

결론

우리는 이 장의 서두에서 성경이 다른 어떤 주제보다도 빈곤에 대해 많이 언급하고 있음을 지적했다. 그런데 이와 반대로 세상의 눈에 교회(적어도 복음주의 교회)는 가난한 자들을 옹호하는 사람들로 보이지 않는다. 교회가 직접적인 구제에 나서지도 않고 빈곤으로 이어지는 제도적인 문제를 해결하는 공공 정책을 지원하는 데도 관심을 보이지 않기 때문이다. 물론 확실한 예외가 존재하지만, 일반적으로는 복음주의 그리스도인이 빈곤을 완화하려는 정책보다 부자에 대한 세금 완화, 타국 빈곤층의 이민 제한, 기업에 대한 규제 철폐 같은 정책을 지지하는 경향이 있다는 인식이 널리 퍼져 있다. 그중 대부분은 번영하는 자본주의 시장을 지원하기 위한 방안이라고 할 수 있다.

인도와 중국의 최근 역사를 통해 확인할 수 있듯이 나는 자본주의가 실제로 헤아릴 수 없이 많은 사람을 빈곤에서 구해냈다고(그리고 이것이 근거 있는 사실에 의해 뒷받침된다고) 믿는다. 성경과 경제를 완전히 다루려면 또 다른 책이 필요하며, 그런 책은 성경이 자본주의나 사회주의 같은 단일 경제 체제를 장려하지 않는다는 점을 보여줄 것이다. 실제로 어느 쪽이든 그 관점을 지지하는 성경적 원칙들을 정리할 수 있을 것이다. 이 두 가지를 비롯한 다른 체제들은 인간의 번영을 도울 수 있지만, 동시에 그것을 부당하게 사용하는(자본주의 체제에서도 규제가 절대적으로 필요하게 만드는) 죄인들에 의해 부패할 수도 있다. 앞서 언급했듯이 경제와 성경에 관해 더 완전한 연구가 필요하다. 여기서 나의 유일한 요점은 빈곤과 공공 정책을 논의할 때 자본주의(현재 미국의 체제) 자체를 악마화해서는 안 된다는 것이다.

실제로 자본주의가 완전히 빈곤의 문제를 해결할 수 있을 것 같진 않다. 부에 대한 개인적 욕망을 숨긴 채 자본주의를 지지함으로써 도움이 필요한 사람들을 지원하는 일에 별로 관심을 드러내지 않는 사람들이 있기 때문이다. 하지만 그리스도인은 성경이 (특히 빈곤한 사람들에 대한 하나님의 사랑을 통해) 가난한 사람에 대해 큰 관심을 보이고 있다는 점을 기억하고 그것을 경제적인 고난을 겪고 있는 사람들에게 자비롭게 행동하는 동력으로 삼아야 한다.

그것을 어떻게 실행하는지는 지혜의 문제지만, 나는 때때로 사람들을 돕는 공공 정책에 대해 열광적이지는 않은 지지자가 되도록 사람들을 이끄는 몇 가지 의견과 신념을 이야기함으로써 결론을 내리고자 한다.

첫째, 그리스도인인 시민의 의무는 외부인이 아닌 교회나 동료 신자를 대상으로 해야 한다는 반대가 있을 수 있다. 실제로 우리가 살펴본 구절 중 다수는 교회(또는 이스라엘) 안에 있는 가난한 사람들을 돌보는 일에 중점을 둔다. 교회가 정말로 그들 가운데 있는 사람들을 확실히 돌본다면 빈곤과 관련된 사회적 문제의 상당 부분이 해결될 것이라고 말할 수 있을 것이다. 그러나 항상 주목할 만한 예외들이 있기는 하지만, 교회는 그런 관대함으로 알려진 적이 거의 없다. 둘째, 구약은 하나님의 백성이 민족 국가였을 때 기록되었으며 성경의 지시는 종교와 무관하게 모든 시민을 위한 것처럼 보인다. 예를 들어 우리가 알기로 모압 여인 룻은 이삭을 줍기 전에 종교적 시험을 받지 않았다. 그리고 신약 시대의 그리스도인들은 공공 정책에 실질적인 관심을 갖지 않아도 각자 삶의 현장에서 할 수 있는 일이 충분히 많았다.

문제는 교회나 각 그리스도인이 신앙 공동체에 속한 사람들을 먼저 돌봐야 하는지가 아니라, 그들이 다른 그리스도인들을 배타적으로 돌봐야 하는지다. 그리고 여기서 대답은 "그렇지 않다"다. 잠언의 현자들은 "가난한 자와 부한 자가 함께 살거니와 그 모두를 지으신 이는 여호와시니라"(잠 22:2)고 말한다. 그들이 먼저 "구원자"가 아닌 "창조주"로서의 하나님께 호소하는 것에 주목하라. 현자는 이처럼 절제된 표현을 통해 모든 사람을 자신의 형상으로 창조하시는 하나님을 명확히 언급하지는 않지만, 확실히 그 가르침을 강조하고자 한다(하나님의 형상에 관해서는 73-78쪽을 참조하라). 예수는 선한 사마리아인의 비유를 전함으로써 우리의 도움을 바라는 이웃에 대한 이해를 넓히신다. 그리고 바울은 "그러므로 우리는 기회 있는 대로 모든 이에게 착한 일을 하되 더욱 믿음의 가정들에게 할지니라"(갈 6:10)라는 가르침을 강조한다.

그러나 우리는 가난한 사람들을 돕는 정부 정책에 대한 그리스도인(그리고 다른 사람들)의 또 다른 반대 의견을 듣는다. 이들은 정부가 그런 지원의 통로가 되는 것이 비효율적이라고 생각한다. 정부가 비효율적일 수도 있다는 점을 의심해야 이 반대 의견에 대응할 수 있는 것은 아니다. 다시 말하지만 가난한 사람들이 보살핌을 받는다면 정부가 개입할 필요가 줄어든다. 만약 지원 과정에서 비효율적인 점들이 발견된다면, 그것을 공적 영역으로부터의 도움을 없애거나 줄이기 위한 논거로 삼기보다는 잘 검토하여 수정하면 된다.

또한 가난하거나 게으른 사람들 스스로 문제를 자초한 것이 아니냐며 그들을 비난하는 사람들이 있다. 그러면서 심지어 게으름이나 방종이 빈곤으로 이어질 것이라고 암시하는 잠언 구절을 인용하기도 한다. 게으름과 방종이 빈곤의 원인이 될 수도 있음을 부인하지는 않지만, 이 요인들이 빈곤의 (주요) 이유라고 말하는 것은 욥의 세 "친구들"과 똑같은 행동을 하는 것이다. 그들은 그런 증거가 없음에도 불구하고 욥의 고난이 죄의 결과라고 주장했다. 그들의 비뚤어진 마음에는 모든 고통이 죄의 결과였기 때문에 그들의 눈에는 욥의 고난만 보였다. 잠언은 모든 빈곤이 게으름이나 방종의 결과라고 주장하지 않는다(잠 13:23; 앞서 인용됨). 일할 능력이 있는데도 가난하다는 사실이 저항으로 이어지기보다는, 일자리를 창출해서 빈곤한 사람들이 평등한 고용의 기회를 갖는 것을 보증할 맞춤형 공공 정책으로 이어져야 한다.

그리고 진심으로 가난한 사람들을 돕기를 원하는 사람들이 있는데, 그들은 다양한 이유로 인해 정부가 아닌 시민 개인이나 교회가 그런 일을 담당해야 한다고 믿는다. 이런 관점에 대응하여 그런 지원이 교회와 시민 개인의 역할이라는 생각을 장려할 필요가 있다. 그리스도인은 이런 견해를 갖고 그에 따라 행동함으로써 어려움을 겪는 사람들을 자신의 재력의 범위 내에서 돕기 위해 최선을 다해야 한다. 만약 그들이 그런 사랑으로 인해 우리가 그리스도인임을 안다면(요 13:34-35) 세상을 향해 우리의 사랑을 표현하기에 그보다 더 좋은 방법이 있겠는가? 그러나 의지나 자원 부족을 이유로 교회가 그런 관대함을 널리 보이지 못해온 것이 엄중한 현실이다. 바로 우리 앞에 있는 필요를 충족시키는 것이 가난한 사람들의 고통을 경감시키기 위한 정부의 개입에 반대하는 가장 좋은 논거가 될 것이다. 그때까지 정부는 모든 시민의 기본 욕구를 충족시키는 데 중요한 역할을 한다.

태도와 성향

하나님의 백성은 가난한 사람들을 향해 애정을 품어야 하며, 그런 마음은 빈곤을 퇴치하고 가난한 사람들을 돌보는 방법을 찾고자 하는 열망으로 이어져야 한다.

성경적 원칙들

1. 성경은 가난한 사람들에 대해 광범위하고 열정적으로 깊은 관심을 보인다.
2. 하나님은 가난한 사람들을 사랑하시고 그들을 돌보신다.
3. 빈곤에는 여러 가지 이유가 존재하지만, 압제로 인한 빈곤이 압도적으로 많다.
4. 하나님의 백성과 그 가운데 있는 지도자들은 신앙 공동체 안팎의 가난한 사람들을 도울 의무가 있다.

성찰 및 질문

1. 그리스도인들이 가난한 사람들에 대해 어떤 책임을 갖고 있다고 생각하는가? 그 이유는 무엇인가?
2. 미국 사회에 빈곤한 사람들이 존재하는 주된 이유가 무엇이라고 생각하는가?
3. 우리가 가난한 사람을 도와야 할지 결정하는 데 그 사람이 가난하게 된 이유가 영향을 미치는가? 예를 들어보라.
4. 개인과 교회와 국가가 가난한 사람들을 돕는 최선의 방법은 무엇인가?

13

인종 차별

인종 차별은 특정 인종이나 민족이 다른 인종이나 민족보다 우월하다는 믿음에 기초한다. 그러다 보니 다른 인종의 사람들이 편견, 배제, 차별의 대상이 된다. 공공 정책의 측면에서 보면 한 인종을 다른 인종보다 선호하는 정책이나 법률에서 인종 차별이 드러날 수 있는데, 특히 가장 큰 힘을 가진 그룹이 다른 인종 그룹을 불리한 처지에 놓으려는 의도를 갖고 일할 때 이런 현상이 자주 발생한다. 반면 공공 정책을 통해 사회 내 인종 간 불균형을 바로잡으려고 노력할 수도 있다. 그리스도인들은 공공 정책에서 드러나는 인종 차별에 관해 어떤 성경적인 사고를 가져야 하는가? 성경은 다른 인종보다 특정 인종을 지지하는가?

이 질문에 답하기 위해 우선 성경이 다른 인종보다 한 인종을 우선시하는지를 살펴볼 것이다. 그런 다음 성경이 한 인종에게 특권을 부여하지 않으며 모든 사람을 하나님 보시기에 동등하게 여긴다는 것을 증명하는 본문 증거를 찾아볼 것이다. 성경의 이런 주요 가르침을 검토한 후에는 때때로 인종 차별적 의제를 조장하기 위해 사용된 구절을 선택하여 그것들이 비극적인 방식으로 그리고 가끔은 의도적으로 오용되었음을 증명할 것이다.

우선 오늘날에는 인종이라는 개념이 중대한 생물학적 근거를 기반으로 하기보다는 일종의 사회적 구성 개념이라는 사실을 인식할 필요가 있다. 성경의 저자들은 다양한 인종 사이에 중대한 생물학적 차이가 없다는 사실을 알 수 없었지만, 우리는 다르다. 그리스도인 유전학자인 조지아 던스턴(Georgia Dunston)은 다음과 같은 사실을 이야기함으로써 이 점을 강조한다. "오늘날 자연적인 개체군들(natural populations) 사이의 유전적 변이의 지리적 패턴들이, 인지된 인간의 생물학적 인종들과 일치하는 주요 단절 또는 경계를 인간 게놈 안에 나타내지 않는다는 사실은 인간의 진화생물학(evolutionary biology)에 대한 확고한 증거가 된다."[1] 그렇긴 하지만 여전히 많은 사람들이 성경 저자들과 마찬가지로 이 사실을 모르고 있다. 그들은 인종간에 실제보다 더 큰 차이가 있다고 생각하고 있으며, 그것이 때때로 다른 피부색을 가진 사람들 사이에 경쟁, 억압, 착취로 이어지는 방식으로 존재한다고 여긴다. 따라서 인종이라는 것이 생물학적 현실이 아닌 사회적 구성 개념을 근간으로 하더라도, 사람들의 행동과 태도 및 공공 정책이 한 사회 안의 인종 차별을 강화하거나 개선할 수 있다.

마지막 문제는 인종(race)과 민족 집단(ethnicity) 간의 관계에 관한 것이다. 이 두 용어에는 중복되는 부분이 있어 자주 혼동된다. 그러나 일반적으로 인종은 생물학(피부 색소를 비롯한 신체적 외모의 표면적 차이를 초래하는 극도로 작은 유전적 차이)과 인간의 사회적 범주 구성을 가리킨다. 반면 민족 집단은

---

1   Jeremiah Stout and Georgia M. Dunston, "Scientist Spotlight: Georgia M. Dunston," BioLogos, https://biologos.org/articles/scientist-spotlight-georgia-m-dunston.

공유된 문화, 언어, 유산 및 종교와 더 관련이 있다. 그러나 이 용어들이 대체로 중복되며 편견과 차별의 근거가 될 수 있기 때문에, 두 용어를 모두 사용할 것이다.

우리는 인종에 초점을 맞출 예정이지만 여러 지점에서 성경이 민족 집단에 관해 말하는 내용을 식별해야 한다. 이 중요한 문제들에 대해 성경은 무엇을 말해주는가?

하나님은 자신의 형상대로 한 사람을 창조하셨다

우선 아레오바고에서 바울이 했던 유명한 연설의 한 구절을 인용하려고 한다. 바울은 아테네에 있는 동안 현지 그리스 철학자들로부터 아레오바고로 초대되어 그의 낯선 종교 사상을 설명할 수 있는 기회를 얻는다. 그 자리에서 그는 "알지 못하는 신에게"(행 17:23) 바친 우상과 도시 주변에 있는 우상들의 수를 근거로 그들을 (아마도 비꼬듯이) 매우 종교적인 사람들이라고 칭한다. 바울은 그 시간을 그의 참 하나님에 관해 이야기할 수 있는 기회로 여기고 다음과 같이 이야기했다.

> 우주와 그 가운데 있는 만물을 지으신 하나님께서는 천지의 주재시니 손으로 지은 전에 계시지 아니하시고 또 무엇이 부족한 것처럼 사람의 손으로 섬김을 받으시는 것이 아니니 이는 만민에게 생명과 호흡과 만물을 친히 주시는 이심이라. 인류의 모든 족속을 한 혈통으로 만드사 온 땅에 살게 하시고 그들의 연대를 정하시며 거주의 경계를 한정하셨으니 이는 사람으로 혹 하나님을 더듬어 찾아 발견하게 하려 하심이로되 그는 우리 각 사람에게서 멀리 계시지 아니

하도다. 우리가 그를 힘입어 살며 기동하며 존재하느니라. 너희 시인 중 어떤 사람들의 말과 같이 "우리가 그의 소생이라" 하니(행 17:24-28).

바울은 도시의 풍경에 녹아든 많은 신전에 거처를 잡은 수많은 신들을 믿었던 그리스인들에게 신전에 거하시지 않는 한 분 하나님을 제시한다.[2] 그는 또한 이 하나님이 "한 사람"(개역개정에서는 "한 혈통")으로부터 모든 인간을 창조하셨으며, 이 한 사람으로부터 "모든 민족"이 나오고, 하나님이 그들에게 연대와 거주할 장소를 정해주셨다고 주장한다. 하나님이 "한 사람"으로부터 민족들을 창조하신 것은 그들이 하나님을 찾고 그분과 관계를 맺을 수 있도록 하기 위함이었다.

이 구절에서 우리의 주의를 끄는 것은 하나님이 모든 사람을 한 사람으로부터 창조하셨다는 주장이다. 이는 어떤 한 민족이나 인종 그룹이 다른 그룹보다 더 낫다는 개념을 무너뜨리는 놀라운 진술이다. 우리는 민족이나 인종적 정체성과 관계없이 모두 같은 기원을 가지고 있다.[3] 바울의 이런 진술은 우리를 창세기로 데려간다. 그러나 그가 언급한 "한 사람"이 아담인지 노아인지는 명확하지 않으며, 그로 인해 실질적인 차이가 생기는 것도 아니다. 어쨌든 성경 이야기는 모든 사람을 후손으로 삼는 최초의 인간이 아담이라고 언급하지만 홍수로 인해 원래 인구는 노아와 그의 가족으로 축소되었고,

---

2   바울이 말할 당시에 예루살렘에는 하나님이 자신의 임재를 알리실 것으로 생각되었던 성전이 있었다. 바울은 이를 알고 있었으며, 그 성전과 그 이전의 솔로몬 성전이 실제로 "사람의 손으로 지은" 것임을 인식하고 있었다. 그러나 바울은 솔로몬 자신이 첫 번째 성전을 봉헌할 때 분명히 밝혔던 것처럼(왕상 8:27) 하나님이 실제로 성전 안에 살고 계시지 않는다는 사실도 알고 있었다.
3   인종 간의 사소한 유전적 차이에 대해 앞서 언급한 내용을 다시 주목하라. 그것은 바울이 알 수 없었던 사실이지만, 행 17장에 나오는 바울의 진술을 뒷받침한다.

그다음에 등장한 모든 사람이 그들의 후손이 된다.[4] 하지만 그 구체적인 대상이 아담이든 노아든 어떤 피부색이든 관계없이 모든 인간은 하나님의 형상으로 창조된 한 인류라는 사실이 중요하다.

> 하나님이 이르시되 "우리의 형상을 따라 우리의 모양대로 우리가 사람을 만들고 그들로 바다의 물고기와 하늘의 새와 가축과 온 땅과 땅에 기는 모든 것을 다스리게 하자" 하시고 하나님이 자기 형상 곧 하나님의 형상대로 사람을 창조하시되 남자와 여자를 창조하시고(창 1:26-27).

창세기의 서술자는 홍수 이후에 인류가 세 개의 주요 그룹으로 나뉘었다고 언급한다. 각 그룹은 노아의 세 아들인 셈, 함, 야벳 중 한 명을 그들의 시조로 본다(창 10장). 우리가 다른 곳에서 주장한 바와 같이 이 "언어 지도"(linguistic map)를 문자적으로 받아들여서는 안 되지만, 여기서 인종 용어가 아닌 언어나 민족 용어를 사용하여 인류의 구분을 기술하고 있다는 점이 흥미롭다.[5] 노아의 아들 중 한 명의 자손을 기술하는 각 섹션의 끝에서 우리는 창세기 10:31의 변형으로 보이는 기록을 읽는다. "이들은 셈의 자손이니 그 족속과 언어와 지방과 나라대로였더라"(창 10:31). 또한 한 그룹이 다른

---

4 앞서 창조 이야기에 대한 다른 언급에서 진술한 바와 같이, 창 1-11장이 하나님이 어떻게 창조하셨는가에 대한 직접적인 설명이 아니라 역사적 사건의 비유적인 묘사라면 바울의 요점은 훼손되지 않는다. 여기서는 이 문제를 다룰 시간이 없지만 관심이 있는 독자들은 Tremper Longman III, *Confronting Old Testament Controversies: Pressing Questions about Evolution, Sexuality, History, and Violence* (Grand Rapids: Baker, 2019), 25-77을 참조하면 된다. 그리고 홍수 이야기는 Tremper Longman III and John H. Walton, *The Lost World of the Flood: Mythology, Theology, and the Deluge Debate*(Downers Grove, IL: InterVarsity, 2018)를 참조하라.

5 Tremper Longman III, *Genesis*, The Story of God Bible Commentary (Grand Rapids: Zondervan, 2016), 138-48.

그룹보다 우월하다는 표시가 전혀 없음에 주목해야 한다.[6]

그러므로 우리는 바울이 아테네인들을 향해 모든 사람이 한 인간 가족에 속한다고 한 말이 성경 이야기의 기초에서 발견되는 가르침에 근거하고 있음을 안다. 하나님은 모든 인간을 창조하셨고 그들은 그분의 형상을 반영한다.

모든 사람은 죄인이다

이제는 율법 외에 하나님의 한 의가 나타났으니 율법과 선지자들에게 증거를 받은 것이라. 곧 예수 그리스도를 믿음으로 말미암아 모든 믿는 자에게 미치는 하나님의 의니 차별이 없느니라. 모든 사람이 죄를 범하였으매 하나님의 영광에 이르지 못하더니(롬 3:21-23).

여기서 바울은 모든 사람이 하나님의 기준에 따라 살지 않음으로써 죄를 지었다고 분명히 선언한다. 그는 유대인과 이방인이라는 두 개의 범주를 사용하여 모든 인간을 가리킨다(저자가 사용한 역본은 TNIV다. TNIV는 22절의 "차별이 없느니라"에다가 그리스어 원문에 나타나지 않는 "between Jew and Gentile"을 첨가한다—역자주). "이방인"은 모든 비유대인을 지칭한다. 바울은 사람의 인종이나 민족이 무엇인지는 중요하지 않다고 말한다. 모든 사람은 죄인이다. 나중에 바울은 이 판결을 그의 "한 사람" 신학과 연결시킬 것이다. 바울은 "그러

---

6   민족주의, 애국심, 세계화에 관해 논한 4장에서 우리는 나라 및 언어 그룹으로의 분열이 인간의 죄(바벨탑)의 결과이긴 하지만 실제로는 (종종 죄에 의해 왜곡됨에도 불구하고) 신의 은총의 행위였다고 제안한 바 있다.

므로 한 사람으로 말미암아 죄가 세상에 들어오고 죄로 말미암아 사망이 들어왔나니 이와 같이 모든 사람이 죄를 지었으므로 사망이 모든 사람에게 이르렀느니라"(롬 5:12)고 말한다. 그는 모든 인종과 민족의 사람들에 관해 자기 주장을 밝히기 위해 창세기 앞부분의 이야기로 되돌아가는데, 이 경우에는 명백히 창세기 3장을 향한다. 모든 사람이 한 사람 안에서 같은 기원으로 돌아가듯이 인간의 죄의 이야기는 우리 모두에게 영향을 미치는 방식을 통해 한 사람에게로 거슬러 올라간다.[7]

구속

하나님이 모든 사람을 그분의 형상으로 창조하시고 모든 사람이 하나님께 죄를 지은 것처럼 인종이나 민족에 관계없이 그들의 구속을 추구하시고 성취하셨다.[8] 구약 시대 동안 하나님은 종종 "아브라함의 씨"[종종 "자손"으로 번역됨](이 문구에 대한 자세한 논의는 아래 참조)라고 불리는 특정 민족을 통해 일하셨다. 그러나 처음부터 하나님은 아브라함과 그의 씨뿐만 아니라 "땅의 모든 족속"(창 12:1-3)을 축복하려는 의도를 갖고 계셨다. 즉 하나님이 아브라함을 선택하신 것은 인종이나 민족이 아닌 인간의 구속적 목표를 추구하기 위함이었다.

---

7   이 책의 목적을 위해서는 첫 번째 죄(또는 원죄)에 대한 이야기가 미래의 사람들과 어떻게 관련이 있는지를 검토할 필요는 없다. 관심이 있는 사람들은 Longman, *Confronting Old Testament Controversies*, 66-73을 참조하라.
8   "모든 사람"은 인종이나 민족 또는 기타 구별되는 특징과 관계없이 모든 유형의 사람들을 의미한다. 이 진술은 모든 개인이 그리스도 안에서 구속되었음을 확언하기 위해 의도된 것이 아니다.

따라서 우리는 구약의 구속 이야기에 (문자적으로 아브라함의 씨가 아닌 사람들인) 타국인이 하나님의 백성의 일원이 되는 예가 많이 등장한다는 사실에 놀라지 말아야 한다. 다시 말해 아브라함의 씨는 순전히 인종적인 범주보다는 민족적 범주로 설명되는 것이 낫다. 그에 대해 생각하는 또 다른 방법은 "아브라함의 씨"를 하나로 묶는 것이 생물학적 혈통이 아니라 아브라함과 하나님의 관계에 달렸다고 보는 것이다.

언약 가족의 일원이 된 타국인의 다양한 예를 살펴보기 전에, 선택(또는 선택됨)이라는 성경적 개념을 생각해보자. 이 개념은 종종 다른 사람들에 대한 인종적, 민족적 우월성을 주장하는 것으로 잘못 받아들여진다. 아브라함은 이스라엘 백성의 조상이 되고 궁극적으로는 유대 민족의 조상이 되도록 하나님에 의해 선택된다. 그러나 이 지위로 인해 아브라함과 그의 자손이 다른 민족들에 비해 우월한 위치에 있게 되는가? 그런 사고방식은 선민의 역할에 대한 오해를 수반한다.

조엘 카민스키는 빛을 비춰주는 연구에서 선택의 성경적 의미를 풀어 설명한다.[9] 그는 선택되는 사람들이 특별한 지위와 특권을 받기 위해서가 아니라 다른 사람들을 섬기기 위해 선택되는 것임을 보여준다. 실제로 이런 역할은 특권은커녕 고통을 가져오는 경우가 많다.

요셉을 예로 들어보자. 요셉은 어릴 때 꿈에서 본 것과 같이 야곱의 열두 아들 중에서 특별한 역할을 수행하기 위해 선택받는다(창 37:5-11). 그는 자신이 가족에 대해 특권을 가지고 있다고 생각하고 꿈에서 본 것을 가족에게 이야기한다. 시간이 흐름에 따라 하나님이 요셉의 가족을 구원하기 위

---

9   Joel Kaminsky, *Yet I Loved Jacob: Reclaiming the Biblical Concept of Election* (Nashville: Abingdon, 2007).

해 그를 이집트 궁정의 고위직에 올리고 사용하셨다는 것이 분명해진다(창 50:19-20).

그렇게 하나님은 모든 민족에게 복이 되도록 아브라함과 그의 씨를 선택하셨다. 구약은 이 선택받은 사람들이 불완전하게 행한 기록으로 가득하다. 그럼에도 불구하고 우리는 아브라함의 생물학적 자손이 아닌데도 오랜 이스라엘의 역사 동안에 언약 공동체의 일원이 되는 사람들에 주목하게 된다.

여기서는 잘 알려진 대표적인 몇 가지 예만 언급할 것이다. 우리는 그 예들이 다른 많은 사람의 이야기를 대표한다고 생각한다. 첫째, 그들이 이집트를 떠났을 때 공동체에 이미 "많은 다른 사람들"(또는 "수많은 잡족"[출 12:38, ESV "a mixed multitude"])이 합류했다. 이들 모두가 언약 공동체에 포함된 것은 아니었지만, 인종이나 민족적인 근거로 배제된 것도 아니었다. 출애굽기 12:43-49에서 우리는 타국인이 할례를 받지 않으면 유월절에 참여할 수 없다는 조항을 확인한다. 이 요구 사항은 언약 공동체에 포함되기 위해서는 인종이나 민족적 근거가 아닌 종교적 근거가 있어야 함을 나타낸다. 출애굽과 광야 시기에 관해서는 모세의 아내들을 특별히 언급해야 한다. 모세는 처음에 이집트에서 도망친 후 미디안 족장 이드로(르우엘이라고도 불림)의 딸인 십보라와 결혼했다. 우리는 그가 나중에 구스 여자를 아내로 맞아들였다는 사실을 알게 된다. 구스는 대략적으로 오늘날 에티오피아가 위치한 곳이다.

광야에서 40년을 보낸 이스라엘 백성은 마침내 약속의 땅에 도착했으며, 여호수아는 즉시 그들을 에발산으로 데려가 언약을 갱신한다. 여기서도 우리는 본토인과 타국인 모두 언약 공동체에 포함되어 있음을 발견한다(수 8:30-35).

우리는 성경 이야기를 계속 읽어가면서 이스라엘의 하나님과 연합함으로써 언약 공동체에 포함된 많은 외국인들을 본다. 라합(수 2장), 삼갈(삿 3:31), 룻, 헷 사람 우리야(삼하 11장), 아람 왕의 군대 장관 나아만(왕하 5장)은 제법 잘 알려진 인물들이다. 또한 아시리아의 니느웨 성읍 사람들을 떠올릴 수도 있다. 하나님이 임박한 멸망을 경고하는 일을 내켜하지 않는 예언자 요나를 보내셨을 때 그들은 하나님의 심판을 피할 수 있었다.

여기서 나는 하나님이 세상 나머지 나라들에 대한 구속 사역의 도구로써 한 민족(아브라함의 씨)을 선택하셨을지라도 구속은 한 인종이나 민족 그룹에게만 주어지는 것이 아님을 강조하고 싶다. 그렇지만 구약 시대에 하나님의 백성은 일반적으로 오늘날 우리가 적극적인 복음 전도라고 부르는 일에 관여하지 않았다. 언약 공동체에 가입하려면 룻과 같은 타국인은 (굳이 오늘날에 비유하자면) 모압 여권을 반납하고 이스라엘 사람이 되어야 했을 것이다.

신약에서는 상황이 극적으로 변한다. 이 시기에는 복음의 메시지가 유대인과 이방인을 포함한 모든 민족에게 전해져서 그들로 하여금 유대인이 되는 표징(할례) 없이도 예수와 관계를 맺을 수 있게 되었다. 우리는 신약을 통해 예수 안에서 열방에 대한 하나님의 축복이 세상에 온다는 것을 배운다.

다시 말하지만 구약 시대의 이방인들이 언약 공동체에 가입하는 것이 금지되지는 않았다. 하지만 그들은 아브라함 언약의 표징인 할례를 받는 것 같은 과정을 거쳐 이스라엘에 완전히 통합되어야 했다. 그러나 신약에서는 구약에서 예견된 바와 같이[10] 이방인에게 유대인이 되라고 요구하지 않으면서 보다 극적이고 널리 퍼지는 방식의 부르심이 이방인들에게 가서 닿는다. 따라서 (레 11장의) 음식법은 더 이상 유효하지 않으며(행 9-10장) 할례도 필

----

10   예를 들어 사 9:1-7; 42:6; 49:6, 22.

요하지 않다.

가장 자주 인용되는 신약 구절 중 하나는 다음과 같다. "하나님이 세상을 이처럼 사랑하사 독생자를 주셨으니 이는 그를 믿는 자마다 멸망하지 않고 영생을 얻게 하려 하심이라"(요 3:16). 마태복음은 아기 예수에게 귀중한 선물을 가져온 동방박사들(이방인 점성술사들)의 방문 이야기를 전함으로써 이방인들이 언약에 새롭게 포함되었음을 알려준다(마 2:1-12).

십자가에서의 죽음과 부활이라는 예수의 사역은 유대인과 이방인 사이의 분리를 종식시켰다. 바울은 여러 곳에서 이에 대해 숙고한다. 그중에서 두 곳만 인용해보자. 첫째, 에베소서에서 바울은 길게 인용할 가치가 있는 한 단락을 통틀어 그리스도 안에서의 하나님의 화목 사역(reconciling work)에 관해 말한다.

> 그러므로 생각하라. 너희는 그때에 육체로는 이방인이요 손으로 육체에 행한 할례를 받은 무리라 칭하는 자들로부터 할례를 받지 않은 무리라 칭함을 받는 자들이라. 그때에 너희는 그리스도 밖에 있었고 이스라엘 나라 밖의 사람이라. 약속의 언약들에 대하여는 외인이요 세상에서 소망이 없고 하나님도 없는 자이더니 이제는 전에 멀리 있던 너희가 그리스도 예수 안에서 그리스도의 피로 가까워졌느니라. 그는 우리의 화평이신지라. 둘로 하나를 만드사 원수 된 것 곧 중간에 막힌 담을 자기 육체로 허시고 법조문으로 된 계명의 율법을 폐하셨으니 이는 이 둘로 자기 안에서 한 새 사람을 지어 화평하게 하시고 또 십자가로 이 둘을 한 몸으로 하나님과 화목하게 하려 하심이라. 원수 된 것을 십자가로 소멸하시고 또 오셔서 먼 데 있는 너희에게 평안을 전하시고 가까운 데 있는 자들에게 평안을 전하셨으니 이는 그로 말미암아 우리 둘이 한 성령 안에서 아버지께 나아감을 얻게 하려 하심이라(엡 2:11-18).

그리스도는 "둘[유대인과 이방인]로 하나를" 만드셨다. 그들 사이에는 더이상 장벽이 없다. 이제 그리스도의 사역을 통해 유대인과 이방인이 하나님과 화목하게 되었기 때문에 "한 새 사람"(NIV "one new humanity")이 있다. 모든 인간은 인종, 민족, 기타 구별되는 특성과 관계없이 하나님께 동등하게 접근할 수 있다.

바울은 갈라디아서의 또 다른 중추적인 구절에서 동일한 주장을 한다. 그는 서신 앞부분에서 믿음으로 말미암지 않고 율법을 지킴으로써 하나님과 관계를 맺는다고 믿는 사람들을 반박한다. 바울은 아브라함도 믿음을 통해 심지어 할례를 받기 전에 하나님과 관계를 맺었음을 상기시킨다(갈 3:6; 참조. 창 15:6). 그런 다음 계속해서 모세의 율법 언약이 아브라함의 약속 언약을 대체했다는 주장을 반박하면서 오히려 그것들이 서로 위에 세워지고 그리스도 안에서 성취됨으로써 절정에 이른다고 주장한다.

현재 우리의 초점과 관련하여 이 부분을 결론 짓는 바울의 진술에 관심을 둘 필요가 있다.

> 너희가 다 믿음으로 말미암아 그리스도 예수 안에서 하나님의 아들이 되었으니 누구든지 그리스도와 합하기 위하여 세례를 받은 자는 그리스도로 옷 입었느니라. 너희는 유대인이나 헬라인이나 종이나 자유인이나 남자나 여자나 다 그리스도 예수 안에서 하나이니라. 너희가 그리스도의 것이면 곧 아브라함의 자손이요 약속대로 유업을 이을 자니라(갈 3:26-29).

하나님이 그리스도의 구속 사역을 통해 유대인과 이방인 모두에게 화해와 관계를 제공하시기 때문에, 예수가 친히 다음과 같이 열방에 이르라는 명령을 내리시는 것은 놀라운 일이 아니다.

예수께서 나아와 말씀하여 이르시되 "하늘과 땅의 모든 권세를 내게 주셨으니 그러므로 너희는 가서 모든 민족을 제자로 삼아 아버지와 아들과 성령의 이름으로 세례를 베풀고 내가 너희에게 분부한 모든 것을 가르쳐 지키게 하라. 볼지어다, 내가 세상 끝날까지 너희와 항상 함께 있으리라" 하시니라(마 28:18-20).

이 구절은 세상 모든 사람이 창조, 죄, 구속을 통해 결속된다는 성경의 이해를 보여준다. 따라서 성경은 어떤 형태의 인종 차별도 정죄할 것이다. 그렇기는 하지만 인종 차별적 경향을 지지하기 위해 사용되었거나 그런 경향을 보여준다고 여겨진 특정 구절들과 성경적 개념들이 있다. 이쯤에서 가장 오용된 성경 본문 중 일부를 살펴보자.

오용된 본문들

가인의 표

에덴에서 쫓겨난 후 아담과 하와는 자녀를 낳는다. 첫째인 가인은 자라서 농부가 되고, 아벨은 목자가 된다(창 4:1-2). 나중에 둘 다 각자 수고하여 얻은 것으로부터 하나님께 제물을 가져오는데, 하나님은 아벨의 제물은 받으시지만 가인의 제물은 거부하신다. 서술자는 전형적인 히브리 이야기의 전개 방식에 따라 하나님이 가인의 제물을 거절하신 이유를 명확하게 알려주지 않는다. 그러나 자세히 읽어보면 아벨이 가장 좋은 "양의 첫 새끼와 그 기름"(창 4:4)을 가져온 반면, 가인은 "땅의 소산"(4:3)을 바쳤음을 알 수 있다. 즉 아벨은 가장 좋은 것을 가져왔지만 가인은 평범한 것을 바쳤다.

가인이 화를 내자 하나님은 "네가 선을 행하면 어찌 낯을 들지 못하겠느냐?"(창 4:7)라고 충고하신다. 그러나 가인은 옳은 일(개역개정에서는 "선")을 행하는 대신 동생을 죽임으로써 하나님의 심판을 초래한다.

하나님은 가인이 그의 부모에게 내려진 것보다 더 강한 형벌을 받게 될 것이라고 선언하신다. 아담과 하와는 에덴동산에서 쫓겨났지만 그는 "땅에서 피하며 유리하는 자"(창 4:12)가 될 것이다. 하나님은 아담에게 그의 노동이 힘든 일이 될 것이지만 땅이 가시덤불과 엉겅퀴를 낼지라도 그가 "밭의 채소"를 먹을 것이라고 말씀하셨다(3:19). 하지만 가인이 땅을 경작할 때 땅은 더 이상 그를 위해 농작물을 내지 않을 것이다("네가 밭을 갈아도 땅이 다시는 그 효력을 네게 주지 아니할 것이요"[4:12]).

가인은 이 형벌을 듣고 두려움에 떨면서 "무릇 나를 만나는 자마다 나를 죽이겠나이다"(창 4:14)라고 말하며 자신의 생명을 걱정한다. 이 시점에서 하나님은 다음과 같이 말씀하심으로써 가인에게 은혜를 베푸신다.

"그렇지 아니하다. 가인을 죽이는 자는 벌을 칠 배나 받으리라" 하시고 가인에게 표를 주사 그를 만나는 모든 사람에게서 죽임을 면하게 하시니라(창 4:15).

여기서 "표" 또는 "표징"로 번역되는 히브리어 단어 "오트"(*'ot*)는 그 자체 너머의 것을 가리키는 시각적, 언어적인 표현이다. 문맥에서 볼 때 이 표가 가인에게 해를 입혀서는 안 된다는 것을 사람들에게 어떤 식으로든 알린 것 같지만, 그 표나 표징이 무엇인지, 그것이 물리적인 것인지, 하나님의 언어적 보호에 대한 언급인지는 분명하지 않다.

애석하게도 해석사에서 우리는 가인의 표가 검은 피부라고 주장함으로써 그 모호성을 해소하려는 사람들을 발견한다. 그러나 성경에는 그런 해석을 정당화할만한 내용이 전혀 없다. 이는 현대에 노예제와 아파르트헤이트(apartheid, 과거 남아프리카공화국의 인종 차별 정책)를 지지하는 데 사용되었다. 비평을 통해 말해져야 하는 점은 그 표를 이런 인종 차별적 방식으로 해석할만한 정당한 이유가 없다는 것이다.

함에 대한 저주

가인이 아벨을 죽인 지 수년이 지나고 인간의 죄는 하나님이 파괴적인 홍수를 보내 노아와 그의 가족을 제외한 모든 인류를 멸망시키시는 지경에 이르렀다.[11] 홍수가 그치고 나서 하나님은 노아와 모든 피조물과 언약을 맺으셨다(창 9:1-17). 이 언약으로 인해 노아는 본질적으로 두 번째 아담이 된다. 그러나 이 언약을 맺은 후에 나오는 첫 번째 이야기는 창세기 3장에 나오는 타락 이야기와 매우 유사하며, 이는 하나님의 극적인 심판이 있고 나서도 인간의 반역이 계속되고 있음을 보여준다.

노아는 어느 날 포도나무를 심고 술에 취해 장막에서 벌거벗은 채 누워 있었다. 노아의 세 아들 중 함은 맨 먼저 노아를 보고 그 상황을 형제들에게 알리기만 했다. 셈과 야벳은 아버지를 보지 않고(그렇게 해서 아버지의 존엄성을 보호함) 조심스럽게 다가가 벗은 몸을 가렸다.[12]

무슨 일이 있었는지 알게 된 노아는 함의 아들인 가나안을 저주했다.

이에 이르되 "가나안은 저주를 받아 그의 형제의 종들의 종이 되기를 원하노

---

11 홍수 이야기에 대한 문학적, 역사적, 신학적 연구에 대해서는 Longman and Walton, *Lost World of the Flood*를 참조하라.
12 다른 해석들과의 상호 작용을 포함하여 이 구절에 대한 자세한 검토는 Longman, *Genesis*, 132-37을 참조하라.

라" 하고 또 이르되 "셈의 하나님 여호와를 찬송하리로다. 가나안은 셈의 종이 되고 하나님이 야벳을 창대하게 하사 셈의 장막에 거하게 하시고 가나안은 그의 종이 되게 하시기를 원하노라" 하였더라(창 9:25-27).

이 구절은 역사적, 신학적, 윤리적인 질문을 제기하지만 여기서는 특히 파괴적인 해석에 초점을 맞추려고 한다. 이것은 인종 차별적이고 근거가 없는 해석이다. 어떤 사람들은 이 구절이 "함에 대한 저주"로서 흑인종을 대표하는 함이 그들을 영원한 노예 신분에 처하게 만들었다고 설명한다.[13]

우리는 우선 함이 비록 저주의 동기였지만 여기서 저주를 받은 것은 함 자신이 아니라 그의 아들 가나안이라는 점을 지적할 수 있다. 둘째, 함이나 가나안이 검다고 생각할 이유는 없다. 훗날의 가나안 사람들은 아브라함의 자손들과 민족적으로 사촌인 셈족이다. 창세기 10장을 보면 함은 문자 그대로 받아들여선 안 되는 족보에서 족속과 언어를 달리하는 많은 사람의 조상이며, 특히 함의 자손은 다른 인종으로부터 온 사람들이라고 한다.[14]

즉 저주는 함이 아닌 가나안에 대한 것이며 그들 중 누구도 흑인종과 동일시되어서는 안 된다. 이 구절은 특정 인종에 대해 부정적으로 말하지 않으며 오히려 훗날 있을 이스라엘과 가나안의 갈등을 예견한다. 이 갈등은 인종적이거나 민족적인 갈등이 아니라 종교적인 갈등이다(집단 학살로서의 정복에 관한 아래 섹션을 참조하라).

---

13 Emmanuel Katongole(*Mirror of the Church: Resurrecting Faith after Genocide in Rwanda* [Grand Rapids: Zondervan, 2009], 56-57)은 아프리카 상황에서 함에 대한 저주를 인종 차별적으로 사용한 예를 제시한다.

14 Katongole, *Mirror of the Church*, 141-48.

비느하스 제사장단

민수기 25장은 하나님이 이스라엘 백성을 향한 발람의 저주를 막으신 후 약속의 땅에 도달하려는 이스라엘 백성의 시도를 꺾으려는 모압 사람들의 지속적인 노력에 대한 이야기를 전한다. 모압 여인들은 바알브올이라는 곳에서 이스라엘 남자들을 유혹하여 성관계를 갖고 자신들이 모시는 신에게 희생을 바치게 함으로써 이스라엘 백성들이 하나님의 심판을 받게 만든다. 이는 발람이 고안한 것으로 여겨지는 전략이다(민 31:16). 모세가 고집스러운 지도자들에 대한 하나님의 심판을 집행하고 있을 때, 이스라엘 자손의 한 남자가 공개적으로 미디안 여인을 진영으로 데려와 성관계를 갖기 위해 자기 장막으로 들어갔다. 제사장 비느하스는 장막으로 들어가 그 두 사람을 창으로 단번에 찔러 죽였다. 이로 인해 인해 비느하스는 하나님으로부터 큰 영예를 얻었다. 하나님은 다음과 같이 공포하셨다.

> 여호와께서 모세에게 말씀하여 이르시되 "제사장 아론의 손자 엘르아살의 아들 비느하스가 내 질투심으로 질투하여 이스라엘 자손 중에서 내 노를 돌이켜서 내 질투심으로 그들을 소멸하지 않게 하였도다. 그러므로 말하라. 내가 그에게 내 평화의 언약을 주리니 그와 그의 후손에게 영원한 제사장 직분의 언약이라. 그가 그의 하나님을 위하여 질투하여 이스라엘 자손을 속죄하였음이니라"(민 25:10-13).

시편 106편은 이 칭찬을 되풀이한다. 시편 저자는 바알브올 사건을 이야기한 후 다음과 같이 외친다.

> 그때에 비느하스가 일어서서 중재하니

이에 재앙이 그쳤도다.

이 일이 그의 의로 인정되었으니

대대로 영원까지로다(시 106:30-31).

티모시 빌은 최근 몇 년 동안 백인 우월주의자들이 다인종 커플에 대한 살해를 정당화하기 위한 목적으로 이 구절들을 어떻게 사용했는지 상세히 설명한다.[15] 자칭 비느하스 제사장단(Phinehas Priesthood)이라고 주장하는 그 사람들은 그런 끔찍한 일을 저지르면서도 자신들이 비느하스가 하던 일을 계속하고 있다고 주장한다.

다시 말하지만 우리가 이 본문의 다른 불편한 측면들을 무시하지는 않지만 그런 해석과 적용은 매우 잘못된 것으로서 무지 또는 의도적인 왜곡의 결과임에 틀림없다. 비느하스가 그렇게 행동한 것은 그 두 사람이 다른 인종이라서가 아니라(미디안인과 이스라엘인은 둘 다 셈족이기 때문에 다른 인종이 아니었다) 종교적인 이유 때문이었다. 이 인종 차별적 해석의 아이러니는 이 행동이 실제로 타인종과 결혼(구스 여인과)한 모세의 면전에서 그에 대한 칭송으로 행해졌다는 것이다.

집단 학살로서의 정복

여호수아서는 이스라엘의 가나안 정복을 기술하는 책이다. 이스라엘은 이집트의 속박에서 풀려나 40년 동안 광야를 여행하다가 가나안 땅에 입성해

---

15   나는 처음에 Timothy Beal, "Cultural-Historical Criticism of Bible," in *New Meanings for Ancient Texts: Recent Approaches to Biblical Criticisms and Their Applications*, ed. Steven L. McKenzie and John Kaltner (Louisville: Westminster John Knox, 2013), 9-14으로부터 비느하스 제사장단과 민 25장 및 시 106편에 대한 그들의 인종 차별적 해석을 접하게 되었으며, 그의 설명과 비평적 분석을 통해 큰 도움을 받았다.

가나안 원주민과 싸우기 시작했다. 모세는 일찍이 이 전쟁에 관한 하나님의 지시를 확실하게 전달했다. 하나님은 그들에게 외부의 민족들과는 대조적으로 그 땅 내부의 민족들과 어떻게 싸워야 하는지를 지시하시면서 다음과 같이 선언하셨다.

> 오직 네 하나님 여호와께서 네게 기업으로 주시는 이 민족들의 성읍에서는 호흡 있는 자를 하나도 살리지 말지니 곧 헷 족속과 아모리 족속과 가나안 족속과 브리스 족속과 히위 족속과 여부스 족속을 네가 진멸하되 네 하나님 여호와께서 네게 명령하신 대로 하라. 이는 그들이 그 신들에게 행하는 모든 가증한 일을 너희에게 가르쳐 본받게 하여 너희가 너희의 하나님 여호와께 범죄하게 할까 함이니라(신 20:16-18).

현대인에게는 이 말씀과 정복 자체가 민족적, 인종적 집단 학살처럼 무시무시하게 들린다. 이스라엘이 가나안 사람들을 멸망시킨 것과 홀로코스트에서 유대인을 말살하려는 나치의 시도 또는 르완다에서 투치족을 말살하려던 후투족의 시도 사이에 어떤 차이가 있는지 의문을 갖게 된다.

오늘날 가나안 정복은 이 장의 주제 밖에 있는 모든 종류의 역사적, 신학적, 윤리적 문제를 제기한다. 우리는 앞 장에서 전쟁에 관해 논하면서 정복이 성경의 전체적인 플롯에 어떻게 들어맞는지를 자세히 살펴보았다. 그리고 나는 또 다른 책에서 윤리적인 문제를 다룬 바 있다.[16] 그러나 당면한 주제와 관련하여 단순히 이렇게 물을 수 있다. 정복은 민족적, 인종적 집단 학살인가?

---

16 Longman, *Confronting Old Testament Controversies*, 123-206.

정복을 집단 학살 행위로 특징짓는 사람들이 교회 안팎으로 존재한다. 리처드 도킨스는 정복의 하나님을 "도덕적 괴물"(moral monster)이라고 칭한 것으로 유명하고, 피터 엔스는 "과거 집단 학살을 명령하신 성경의 하나님께 오늘날 집단 학살을 책망하시도록 호소하기는 어렵다"라고 주장한다.[17]

그러나 폴 코판을 비롯한 다른 사람들이 지적하듯이 그런 행위를 민족적, 인종적 집단 학살 행위로 특징짓는 것은 잘못된 생각이다. 정복의 기준은 민족이나 인종이 아닌 종교다. 또는 코판이 표현한 것처럼 "하나님은 민족이 아니라 죄에 관심을 두셨다."[18] 가나안 사람들은 이스라엘의 하나님을 받아들임으로써 (라합이 그랬던 것처럼) 이스라엘인이 될 수 있었다. 그리고 이스라엘인들은 (아간이 그랬던 것처럼) 이스라엘의 하나님을 거부함으로써 가나안 사람이 될 수 있었다. 수많은 가나안 사람들(기브온 사람들)은 속임수를 통해 이스라엘로 들어왔다(수 9장). 성경에 따르면 정복의 동기는 민족적, 인종적 적대감이 아닌 죄에 대한 심판이었다(참조. 창 15:16).

마지막으로 앞서 전쟁에 관한 장에서 지적한 바와 같이, 구약의 물리적 전쟁(우리가 1단계, 2단계로 부른 것)에서 그리스도의 초림과 재림 사이 기간에 있는 영적 전쟁(4단계)으로의 전환이 의미하는 바는 오늘날 어떤 목적으로든 구약의 전쟁에 호소하면서 하나님의 이름으로 물리적 전쟁을 정당화하려고 시도해서는 안 된다는 것이다. 바울은 다음과 같이 말한다.

우리의 씨름은 혈과 육을 상대하는 것이 아니요 통치자들과 권세들과 이 어둠

---

17 Peter Enns, *The Bible Tells Me So: Why Defending Scripture Has Made Us Unable to Read It* (San Francisco: HarperOne, 2014), 30.

18 Paul Copan, *Is God a Moral Monster? Making Sense of the Old Testament God* (Grand Rapids: Baker, 2011), 163; 또한 Paul Copan and Matt Flannagan, *Did God Really Command Genocide? Coming to Terms with the Justice of God* (Grand Rapids: Baker, 2014)을 참조하라.

의 세상 주관자들과 하늘에 있는 악의 영들을 상대함이라(엡 6:12).

적극적 우대 조치 및 배상의 문제

성경은 우리가 피부색과 관계없이 하나의 민족이며 하나님의 형상으로 창조된 형제자매이고, 모두 죄인으로서 우리를 위한 하나님의 구속 행위의 초점이라고 말한다. 하나님은 모든 나라와 인종과 민족의 사람들을 그분의 교회로 이끄셨다. 따라서 한 인종이나 민족이 다른 인종이나 민족을 지배하지 않고 어떤 인종이나 민족에게도 종속되지 않는다. 특정 사람, 인종, 민족이 하나님과 더 가깝지 않다. 따라서 그리스도인들은 어떤 특정 인종이나 민족을 우대하거나 한 인종이나 민족이 다른 인종이나 민족보다 우월하다고 암시하는 공공 정책에 반대해야 한다.

그렇다면 적극적 우대 조치나 배상을 지지하는 정책이 성경적으로 잘못되었다는 의미인가? 반드시 그렇지는 않다.

미국의 맥락에서 볼 때 적극적 우대 조치는 고용이나 교육 분야에서 특정 인종이나 민족에 속한 사람들을 우대하는 정책을 가리킨다. 예를 들어 교육에서는 더 낮은 학점이나 수능 점수를 상쇄하는 한 요인으로 인종이나 민족이 고려될 수 있다. 그것을 정당화하는 근거는 지원자의 타고난 지능과는 관련이 없고, 지원자가 과거 불리한 조건에서 받은 교육과 관련이 있다. 반면 배상은 과거에 행해진 불의에 대한 보상으로서 한 인종이나 민족에게 금전적인 대가를 지불하는 것이다.

그런 정책의 정당성은 과거의 불의에서 비롯된다. 노예 제도는 과거에 엄청난 고통을 야기했을 뿐만 아니라 아프리카계 미국인들이 백인처럼 번영할 수 없는 상황을 만들었기 때문이다. 노예 제도 이후 짐 크로우(Jim Crow) 시대부터 흑인 민권 운동(civil rights movement)을 거쳐 현재에 이르기까지 여러 상황이 흑인들의 교육과 경제적 발전을 위한 동등한 기회를 앗아 갔다. 적극적 우대 조치와 배상은 과거의 불균형을 시정하기 위한 정책이다. 이는 모든 인종과 민족이 평등하다는 성경적 가르침에 비추어 볼 때도 특정 상황에서 한 인종을 다른 인종보다 우대하는 정책을 지원하는 데 제시될 수 있는 이유다.

그러나 그런 정책이 과거 다른 사람들이 저지른 잘못에 대해 현재 존재하는 사람들을 벌한다는 이유로 반대하는 사람이 많다.[19] 그 자신이 행한 일이 아니라 조상이나 소속 집단의 다른 구성원이 저지른 악행에 대해 어떤 사람을 유죄라고 여기는 것이 공정한가?

흥미롭게도 성경의 시각으로는 이 질문에 대한 대답이 "예"다. 어떤 사람들은 내가 여기서 아담과 원죄에 대한 특정 이해를 염두에 두고 있다고 믿겠지만, 일반적인 견해와 달리 성경은 일찍이 아담이 지은 죄 때문에 아담의 자손이 유죄라고 가르치지 않는다.[20] 사람들이 자신이 아닌 이전 세대의 죄에 책임을 느끼는 것에 대한 질문은 나로 하여금 다니엘과 에스라 같은 인물들이 했던 참회 기도로 눈을 돌리게 만든다.

....

19 2019년 의회에서 배상에 관한 논의(HR 40)를 시작하려는 노력에 대해, 켄터키주 상원 다수당 리더인 Mitch McConnell은 150년 전에 발생한 일에 대해 이 시대의 사람들이 지불해서는 안 되며 그들에 대해 현재 살고 있는 우리 중 누구도 책임이 없다고 말했다(S. G. Stolberg, "At Historic Hearing House Panel Explores Reparations," *New York Times*, June 19, 2019, https://www.nytimes.com/2019/06/19/us/politics/slavery-reparations-hearing.html?module=inline에서 보도됨).

20 롬 5:12-20은 아담이 죄와 사망을 세상에 들여왔다고 주장하지만, 아담의 죄 때문에 사람들이 유죄라고 주장하지 않는다는 점에 주의하라. 그들은 자신의 죄 때문에 유죄다(특히 롬 5:12). 자세한 내용은 Longman, *Confronting Old Testament Controversies*, 66-73을 참조하라.

성경에서 다니엘과 에스라보다 더 훌륭한 인물을 발견할 수 없다는 데서 시작해보자. 성경이 그들을 소개하는 바와 같이 이들에게서 결점을 찾아내기는 쉽지 않다. 그러나 그들이 하나님과 화해를 추구할 때 자신을 다른 사람들의 죄와 어떻게 동일시하는지에 주목하라.

책 앞부분에서 우리는 이방인의 궁정에서 다니엘이 보여준 삶의 모습은 신앙에 독이 되는 문화 가운데서 신앙 생활을 하고 싶어 하는 사람들에게 모범이 된다고 이야기했다.[21] 그는 바빌로니아 포로기에는 바빌론 도성에 살았고, 나중에 페르시아 제국 초기에는 바빌론 도성에 위치한 페르시아 궁정에서 살았다. 포로기가 끝날 무렵 다니엘은 예레미야서를 읽다가 포로기가 70년간 지속될 것임을 암시하는 구절을 발견했다(단 9:1-3; 참조. 렘 25:8-14; 29:10). 포로기가 끝날 시점이 다가오고 있다고 믿은 다니엘은 하나님께 이스라엘 백성을 회복시켜달라고 기도했다.

이 시점에서 우리는 다니엘이 하나님과의 화해를 구하면서 아뢴 기도의 내용 외에는 별 관심이 없다. 다니엘은 자신이 개인적으로 죄를 지은 것은 아니지만 용서를 구하기 위해 자신을 그의 죄 많은 백성과 동일시했다. 우리는 긴 기도의 처음 몇 문장을 통해 그가 개인적으로 그 죄에 가담하지는 않았어도 자신을 조상들의 죄와 동일시하고 있음을 알 수 있다.

내 하나님 여호와께 기도하며 자복하여 이르기를 "크시고 두려워할 주 하나님, 주를 사랑하고 주의 계명을 지키는 자를 위하여 언약을 지키시고 그에게 인자를 베푸시는 이시여, 우리는 이미 범죄하여 패역하며 행악하며 반역하여 주의 법도와 규례를 떠났사오며 우리가 또 주의 종 선지자들이 주의 이름으로 우리

---

21   131-133쪽을 참조하라.

의 왕들과 우리의 고관과 조상들과 온 국민에게 말씀한 것을 듣지 아니하였나
이다. 주여, 공의는 주께로 돌아가고 수치는 우리 얼굴로 돌아옴이 오늘과 같아
서 유다 사람들과 예루살렘 거민들과 이스라엘이 가까운 곳에 있는 자들이나
먼 곳에 있는 자들이 다 주께서 쫓아내신 각국에서 수치를 당하였사오니 이는
그들이 주께 죄를 범하였음이니이다"(단 9:4-7).

다니엘은 계속해서 회개하면서 용서를 베풀어달라고 간구한다. 다시 말하
지만 그는 개인적인 과실이 없을지라도 자신이 민족과 동떨어진 존재가 아
니며 하나님으로부터 등을 돌린 그분의 백성의 일원임을 이해했다. 다니엘
은 포로기가 끝날 무렵에 그렇게 기도했지만(기원전 539년 이전), 에스라는 포
로기가 끝난 후 비슷한 맥락에서 기도했다. 페르시아는 바빌로니아를 몰아
낸 다음 유다와 수도 예루살렘을 광대한 제국의 한 속주로 물려받았다. 그러
나 페르시아는 바빌로니아와는 다른 외교 정책을 실행했다. 그들은 귀환을
원하는 유대인 포로들을 고국으로 돌려보냈다. 실제로 당시 페르시아 왕인
아닥사스다는 제사장이었던 에스라에게 그 땅으로 돌아가 모세의 율법을
그 땅의 법으로 재정립할 수 있는 권한을 위임했다. 에스라가 귀환했을 때
당시 유대 민족인 그의 백성은 이방의 이교도 여인과 결혼함으로써 하나님
께 죄를 지었다. 에스라는 이런 관계가 얼마나 위험한지 알고 있었다. 왜냐
하면 역사적으로 그의 백성이 여러 차례 이교도와의 결혼으로 인해 미혹되
었기 때문이다(특히 솔로몬[왕상 11장], 민 25장도 참조하라). 에스라는 이들을 대
면하고 나서 용서를 구하는 기도를 했다. 그는 개인적으로 이방 여인과 결혼
하지는 않았지만, 하나님께 용서를 구하는 회개 기도를 올리면서 자신과 이
방 여인과 결혼한 사람들을 동일시했다.

말하기를 "나의 하나님이여, 내가 부끄럽고 낯이 뜨거워서 감히 나의 하나님을 향하여 얼굴을 들지 못하오니 이는 우리 죄악이 많아 정수리에 넘치고 우리 허물이 커서 하늘에 미침이니이다. 우리 조상들의 때로부터 오늘까지 우리의 죄가 심하매 우리의 죄악으로 말미암아 우리와 우리 왕들과 우리 제사장들을 여러 나라 왕들의 손에 넘기사 칼에 죽으며 사로잡히며 노략을 당하며 얼굴을 부끄럽게 하심이 오늘날과 같으니이다"(스 9:6-7).

나는 백인 미국인이며 내 조상은 북부 출신으로서 노예를 소유한 적이 없다. 그럼에도 불구하고 본의 아니게 이곳으로 끌려와 이 나라의 부를 쌓는 데 이용당한 아프리카인에게 가해진 잔혹 행위에 관해 읽거나 오늘날까지 지속되는 불공평한 사례들을 관찰할 때마다 나는 에스라가 그랬던 것처럼 "나의 하나님이여, 내가 부끄럽고 낯이 뜨거워서 감히 나의 하나님을 향하여 얼굴을 들지 못합니다"라고 말한다.

최근 타네히시 코츠가 *The Atlantic*에 발표한 기고문이 많은 논의를 일으켰는데, 그는 여기서 신명기 구절을 인용하면서 배상 논의를 지지하는 주장을 펼친다.

네 동족 히브리 남자나 히브리 여자가 네게 팔렸다 하자. 만일 여섯 해 동안 너를 섬겼거든 일곱째 해에 너는 그를 놓아 자유롭게 할 것이요 그를 놓아 자유하게 할 때에는 빈손으로 가게 하지 말고 네 양 무리 중에서와 타작마당에서와 포도주 틀에서 그에게 후히 줄지니 곧 네 하나님 여호와께서 네게 복을 주신 대로 그에게 줄지니라. 너는 애굽 땅에서 종 되었던 것과 네 하나님 여호와께서 너를 속량하셨음을 기억하라. 그것으로 말미암아 내가 오늘 이같이 네게 명령

하노라(신 15:12-15).[22]

코츠는 이 구절에 주석을 달지 않는다. 그가 이 구절을 인용하면서 염두에
둔 바를 내가 말하는 것은 옳지 않지만, 적어도 내 반응을 기술할 수는 있다.
이 책의 다른 부분에서 나는 노예 제도가 하나님의 창조 이상(creation ideal)
과 일치하지 않는다고 주장했다. 구약에서 하나님은 한 사람이 다른 사람을
섬길 기간을 7년으로 제한하심으로써 이스라엘이 있던 자리에서부터 창조
이상을 향해 그들을 움직이셨다.[23] 이스라엘에서 노예 제도는 부채의 결과
였기 때문에, 이 구절은 소유자가 해방된 노예에게 "후히" 주라고 분명히 밝
힌다. 또한 우리는 앞서 노예 제도의 폐지를 위해 노력했던 그리스도인들이
"종이나 자유인이나…그리스도 예수 안에서 하나이니라"(갈 3:28)라고 선포
하는 신약의 부르심에 귀를 기울이고 있었다고 주장했다.

미국의 노예 제도는 하나님께 가증한 것으로서 신의 형상으로 창조된
피조물을 재산으로 취급한 것이었다. 비록 노예 주인들이 이미 잘못된 그들
의 행위를 정당화하기 위해 구약에 호소했을지라도, 그들은 구약의 가르침
에 따라 살지 않음으로써 또 다른 잘못을 저질렀다. 그들은 노예의 권리를
보호하지도 않았고 그들에게 보상을 주거나 풀어주지도 않았다. 남북전쟁
이후 연합군의 셔먼 장군(General Sherman)은 해방된 노예들에게 "40에이커
와 노새 한 마리"를 주겠다고 약속했다. 이 약속은 에이브러햄 링컨(Abraham
Lincoln) 대통령이 승인한 것이었다. 그러나 링컨은 암살당하고 앤드루 존슨

----

22 인용문과 기사는 Ta-Nehisi Coats, "The Case for Reparations," *The Atlantic*, June 2014,
    https://www.theatlantic.com/magazine/archive/2014/06/the-case-for-reparations/361631/
    에서 발췌한 것이다.
23 66-72쪽을 참조하라.

(Andrew Johnson)이 그 자리를 이어받았다. 그는 그 제안을 철회했다. 만약 그 약속이 지켜졌더라면 해방된 노예에게 부의 창출을 위한 기반이 제공되었을 것이고, 그것은 이후 세대들에게 도움이 되었을 것이다.

이 책 전체에 걸쳐 나는 성경이 우리에게 특정한 공공 정책을 제시하지 않는다고 반복해서 주장했는데 여기서도 마찬가지다. 나는 동시에 성경이 특정한 공공 정책을 형성해야 하는 원칙들을 제시한다고 주장했다. 이 섹션에서 내가 주장하는 바는 한 그룹이 또 다른 그룹에 의해 극도로 불이익을 받았던 사회에서 어떤 형태의 배상이나 적극적 우대 조치를 장려하는 성경적 원칙들이 있다는 것이다. 그런 조치에 따르는 문제가 많겠지만 그 배상이 어떤 형태를 취할 것인지를 논의하는 것은 중요한 일이다. 배상에 대한 논의를 막으려는 시도는 당파적인 행위지 성경적인 것은 아니다.

배상에 관한 기고문의 결론부에서 코츠는 의회에서 공식적인 논의를 갖는 것의 가치와 이 문제의 복잡성을 우아하면서도 강력하게 포착한다. 그의 말을 인용함으로써 이 섹션을 마무리하고자 한다.

아무도 그러한 논쟁에서 무엇이 나올지 알 수 없다. 어떤 숫자도 수 세기에 걸쳐 미국의 흑인들에 대해 행해진 강탈을 완전히 포착할 수 없을 것이다. 그 수가 너무 커서 계산과 분배는 고사하고 상상조차 할 수 없을 것이다. 그러나 나는 공개적으로 이 질문들과 씨름하는 일 자체가 생성될 수 있는 구체적인 답변만큼이나(비록 그 이상은 아니더라도) 중요하다고 믿는다. 이 나라가 가장 취약한 시민들에게 무엇을 빚고 있는지를 묻는 미국인은 개선되고 인도적인 사람이다. 이를 외면하는 미국인은 과거의 죄뿐만 아니라 현재의 죄와 미래의 특정한 죄를 무시하는 것이다. 아프리카계 미국인에게 발행된 수표보다 더 중요한 것은, 배상금 지급이 미국이 순수한 유년기 신화를 벗어나 이 나라의 건국

자들에게 어울리는 지혜로 성숙했음을 보여주는 지표가 될 것이라는 점이다.[24]

요약 및 결론

성경에는 어떤 형태의 인종 차별도 정당화할 만한 근거가 없다. 성경은 도처에서 인류가 기원, 죄, 구속에 있어서 하나임을 강조한다. 성경이 인종 차별적 이데올로기를 뒷받침하기 위해 사용되는 것은 의도적이거나 무지한 해석의 결과다. 우리는 가장 자주 인용되는 일부 구절을 검토함으로써 이런 오용을 설명하고 정정하기 위해 노력했다. 공공 정책의 측면에서 우리는 다음과 같은 태도 및 성향과 원칙들을 제안한다.

태도와 성향

하나님은 피부색이나 민족에 관계없이 모든 인류를 창조하셨다. 하나님의 형상으로 창조된 우리는 모두 평등하다. 따라서 우리는 모든 인종의 사람을 사랑하고 존중하며 그들이 번영하고 평등한 대우를 받기를 원해야 한다.

성경적 원칙들

1. 피부색과 민족에 관계없이 하나님이 모든 사람을 창조하셨다.
2. 모든 사람은 하나님의 형상을 지니고 있으므로 존엄과 존중을 받을 자격이 있다.
3. 또한 모든 사람은 하나님의 영광에 이르지 못했다. 즉 우리 모두는 죄인이다.
4. 그리스도는 모든 사람을 위해 죽으셨다.
5. 한 인종을 다른 인종보다 우대하는 것을 정당화할 성경적 근거는 없다.

....

24   Coats, "Case for Reparations."

6. 우리는 인종이나 민족을 근거로 누군가를 동등하게 대우하는 데 방해가 되는 모든 장벽을 제거하고자 노력해야 한다.

성찰 및 질문

1. 사람들이 어떻게 인종이나 민족을 우상숭배적인 방식으로 대할 수 있는가?
2. 인종 평등에 대한 성경적 그림을 촉진하는 방식으로 공공 정책을 형성하기 위해서는 어떻게 해야 하는가?
3. 적극적 우대 조치는 과거의 불의를 바로잡기 위해 특정 그룹에 대해 호의를 베푸는 관행을 가리킨다. 성경의 가르침에 비추어 이 전략을 숙고해보라. 성경은 적극적 우대 조치 정책을 지지하는가, 아니면 지지하지 않는가?
4. 미국에는 자신을 기독교 백인 우월주의자라고 밝히는 사람들이 있다. 성경의 가르침에 비추어 볼 때 그런 견해가 정당화될 수 있는가?
5. 미국 정부는 국민을 대표하여 배상 문제를 논의해야 하는가? 그 이유는 무엇인가?

성경과 현대의 공적 이슈

공적 의사 결정을 내릴 때 성경을 사용하는 법

Copyright ⓒ 새물결플러스 2023

1쇄 발행 2023년 3월 30일

지은이 트렘퍼 롱맨 3세
옮긴이 안영미
펴낸이 김요한
펴낸곳 새물결플러스

편 집 왕희광 정인철 노재현 이형일 나유영 노동래
디자인 황진주 김은경
마케팅 박성민 이원혁
총 무 김명화 이성순
영 상 최정호 곽상원
아카데미 차상희

홈페이지 www.holywaveplus.com
이메일 hwpbooks@hwpbooks.com
출판등록 2008년 8월 21일 제2008-24호
주 소 (우) 04118 서울시 마포구 마포대로19길 33
전 화 02) 2652-3161
팩 스 02) 2652-3191

ISBN 979-11-6129-253-3 03230

책값은 뒤표지에 있습니다.